高等职业教育
产教深度融合

效能评价与实现路径研究

Research on the Effectiveness Evaluation and
Implementation Path of Deep Integration of Industry and Education
in Higher Vocational Education

吴向明◎著

ZHEJIANG UNIVERSITY PRESS
浙江大学出版社
·杭州·

图书在版编目（CIP）数据

高等职业教育产教深度融合效能评价与实现路径研究 /
吴向明著. -- 杭州：浙江大学出版社，2025.3.
ISBN 978-7-308-26098-5

Ⅰ. G718.5

中国国家版本馆 CIP 数据核字第 2025KK2489 号

高等职业教育产教深度融合效能评价与实现路径研究
GAODENG ZHIYE JIAOYU CHANJIAO SHENDU RONGHE XIAONENG
PINGJIA YU SHIXIAN LUJING YANJIU

吴向明　著

策划编辑　吴伟伟
责任编辑　梅　雪
责任校对　陈逸行
封面设计　雷建军
出版发行　浙江大学出版社
　　　　　（杭州市天目山路 148 号　邮政编码 310007）
　　　　　（网址：http://www.zjupress.com）
排　　版　浙江大千时代文化传媒有限公司
印　　刷　杭州高腾印务有限公司
开　　本　710mm×1000mm　1/16
印　　张　20.25
字　　数　321 千
版 印 次　2025 年 3 月第 1 版　2025 年 3 月第 1 次印刷
书　　号　ISBN 978-7-308-26098-5
定　　价　98.00 元

前　言

　　"产教融合"概念最早正式出现在《教育部关于 2013 年深化教育领域综合改革的意见》中,随后相继被写入"双一流"建设、"双高计划"[①]项目建设、国家产教融合建设试点改革、2022 年修订的《中华人民共和国职业教育法》等系列法律政策文件,旨在破解人才供需结构性矛盾,激发行业企业参与积极性,推动职业教育内涵式发展。党的二十大报告提出,"深入实施科教兴国战略、人才强国战略、创新驱动发展战略,开辟发展新领域新赛道,不断塑造发展新动能新优势""推进职普融通、产教融合、科教融汇,优化职业教育类型定位",标志着产教融合已从教育、产业政策的制度供给上升为职业教育高质量发展的国家战略。深化产教融合,促进教育链、人才链、产业链、创新链有机衔接,是新时代职业教育服务国家重大战略需求与区域经济社会发展的战略性路径,是推进教育、科技、人才三位一体发展的重要举措,更是深化职业教育办学模式改革发展的重点与难点,也是优化高等职业教育供给侧结构,提高人才培养质量的重要保障机制。

　　本书在系统梳理产教融合理论体系与分析我国高等职业教育产教融合发展政策与实践的基础上,针对产教融合的多主体性与系统复杂性,从产教融合指标的构建原则与依据出发,结合高职院校产教深度融合特征,基于利益相关者理论视角,运用 CIPP 评价模型从产教融合环境、投入、过程、效益四个方面构建了高等职业院校产教深度融合水平评价指标体系,为高职院校深入推进产教融合提供了诊断模型。浙江省的职业教育水平处于全国前列,针对如何

---

　　① "双高计划"是 2019 年教育部、财政部出台的《关于实施中国特色高水平高职学校和专业建设计划的意见》的简称。

评价高职院校产教融合效能水平,综合运用熵值法、CIPP 评价模型、耦合协调模型等前沿评价技术,定量研究评价了浙江省 11 个地级市的高等职业教育产教深度融合效能,开展了产教深度融合与经济高质量发展的耦合性分析,尽可能客观地揭示高等职业教育产教融合水平和耦合协调度,为推进高等职业教育系统与产业系统融合走深走实提供方向与着力点。针对产教融合政策受益面窄、产权困惑、资源配置不均衡与模式载体相对单一等问题,构建了基于利益平衡机制、制度保障机制、价值共创机制和开放合作机制等方面的产教融合动力机制。从理念文化融合、体制机制融合、模式创新融合、育训并举融合以及专业对接融合五个层面提出了产教融合发展路径。鉴于已有全国职业教育界较多地探索政府、行业、企业、学校协同发展模式,本书通过系统剖析万向集团与吉利集团两家首批国家级产教融合型企业,以及台州市域职业教育产教融合案例,总结提炼了地方政府或行业企业牵头实施产教融合的特色与实践,为高等职业教育围绕新质生产力加大产教融合、科教融汇力度,创新市域产教联合体、行业产教融合共同体等育人新形态,推动行业企业高质量发展提供理论、制度与实践借鉴。

本书大部分内容来自作者实践研究以及指导研究生的科研成果。浙江工业大学管理学院赵磊老师参与第六章内容整理工作,浙江工业大学教育学院杜学文老师参与第七章内容整理工作,朋腾老师参与第九章内容整理工作,浙江工业大学教育学院栾清雁、张慧玲、郏瑞新、刘思晴、朱心怡等研究生参与全书资料整理工作,在此感谢大家的辛勤劳动与付出。

最后,感谢浙江大学出版社对本书出版给予的支持和帮助,感谢出版社梅雪编辑对书稿修改、出版所做的辛勤工作。本书相关研究得到了国家社科基金项目(21BJY083)的资助。本书在撰写过程中参考和引用了大量的学术文献资料,在此一并表示感谢。

由于著者研究水平有限,书中难免存在疏漏和不妥之处,恳请同行专家和读者批评指正。

吴向明

2024 年 5 月

目　录

第一章　绪　论

潘懋元先生在《高等教育学讲座》一书中提出了教育内外部关系规律,认为教育必须与社会的政治、经济、文化发展相适应,社会主义教育必须服务于社会主义社会发展,这是教育发展的外部关系规律。同时,教育必须遵循为社会主义培养德、智、体、美、劳全面发展的人的内部关系规律,教育的内部关系规律和外部关系规律密不可分、相互作用,职业教育也不例外(潘懋元,2010)。党的十八大以来,党和国家更加高度重视职业教育,中共中央、国务院及有关部门相继出台了《关于加快发展现代职业教育的决定》《国家职业教育改革实施方案》《关于推动现代职业教育高质量发展的意见》《关于加强新时代高技能人才队伍建设的意见》《关于深化现代职业教育体系建设改革的意见》等一系列文件,推动职业教育迈上新台阶。2022年修订施行的《中华人民共和国职业教育法》以法律的形式明确了职业教育的类型地位,并强调职业教育与普通教育同等重要,是国民教育体系和人力资源开发的重要组成部分,是培养多样化人才、传承技术技能、促进就业创业的重要途径。

职业教育的特点之一是与产业经济发展结合紧密,是培养高素质技术技能人才的主阵地。党的十九届五中全会提出,要"以推动高质量发展为主题,以深化供给侧结构性改革为主线……加快建设现代化经济体系,加快构建以国内大循环为主体、国内国际双循环相互促进的新发展格局,推进国家治理体系和治理能力现代化,实现经济行稳致远";要实现"国内市场更加强大,经济结构更加优化,创新能力显著提升,产业基础高级化、产业链现代化水平明显提高"等经济社会发展目标。党的二十大作出了教育、科技、人才三位一体的统筹部署,强调加快建设高质量教育体系,统筹职业教育、高等教育、继续教育协同创新,推进职普融通、产教融合、科教融汇,优化职业教育类型定位,并将大国工匠、高技能人才与大师、战略科学家、一流科技领军人才和创新团队、青年科技人才、卓越工程师一起纳入"国家战略人才力量"。为对接产业变革和科技革命出现的新经济、新技术、新业态、新职业需求,提高职业教育适应性,教育部组织专门力量在课题研究和广泛调研的基础上出台了《职业教育专业目录(2021年)》,科学分析产业、职业、岗位、专业关系,依据国民经济行业分类、职业分类,统一采用专业大类、专业类、专业三级分类,一体化设计中等职业教育、高等职业教育专科、高等职业教育本科不同层次专业,共设置19个专业大类、97个专业类、1349个专业,包括中职专业358个、高职专科专业744个、高职本科专业247个。《职业教育专业目录(2021年)》全面覆盖联合国产业分类中所列全部41个工业大类以及我国发布的新职业,对接现代产业体系,推动职业教育中高本专业之间纵向贯通、横向融通,强化类型教育特征,面向战略性新兴产业、现代制造业和现代服务业推进数字化升级改造,服务技能型社会建设和全民终身学习需求。

产教融合既是加速汇聚产业转型升级核心要素、加快建设科技和人才引领的现代化产业体系的关键机制,也是提升职业教育人才培养质量的基本办学模式和类型特征。2014年出台的《国务院关于加快发展现代职业教育的决定》在国家层面的文件中首次提出了"产教融合"的要求。2017年出台的《国务院办公厅关于深化产教融合的若干意见》是国家正式颁布的第一部专门针对"产教融合"的政策文件。2022年修订的《中华人民共和国职业教育法》有九处提到了"产教融合",并在"总则"中强调"坚持产教融合、校企合作";"国家发挥企业的重要办学主体作用,推动企业深度参与职业教育,鼓励企业举办高质量职业教育"。习近平总书记在2014年全国职业教育工作会议上作出指示,要牢牢把握服务发展、促进就业的办学方向,深化体制机制改革,创新各层次各类型职业教育模式,坚持产教融合、校企合作,坚持工学结合、知行合一,引导社会各界特别是行业企业积极支持职业教育,努力建设中国特色职业教育体系[①]。在2021年全国职业教育大会上,习近平总书记再次强调,坚持立德树

人,优化职业教育类型定位,深化产教融合、校企合作,深入推进育人方式、办学模式、管理体制、保障机制改革,稳步发展职业本科教育,建设一批高水平职业院校和专业,推动职普融通,增强职业教育适应性,加快构建现代职业教育体系,培养更多高素质技术技能人才、能工巧匠、大国工匠[①]。产教融合已成为国家优化高等职业教育供给侧结构、提高教育质量的重要机制。但从社会需求上判断,目前职业教育的规模、结构、质量和效益还存在适应性不强的问题。2022年,全国有约1.127万所职业学校、3478万名在校生,在现代制造业、战略性新兴产业和现代服务业等行业领域,一线新增从业人员70%以上来自职业院校,我国建成了全球规模最大的职业教育体系。但随着以人工智能、大数据、云计算等为代表的第四次工业革命的加速推进,技术技能人才的供需结构出现偏差。截至目前,我国技能劳动者超过2亿人,占就业人口总量的26%,高技能人才已超过6000万人(李昌禹等,2024),但与发达国家的平均35%—40%的水平相比仍然有较大差距。另据2017年教育部、人力资源和社会保障部、工业和信息化部等部门共同编制的《制造业人才发展规划指南》预测,2025年我国制造业十大重点领域人才需求缺口约3000万人,缺口率约为48%。产业行业的需求端也反映出目前企业用工中存在初级工多、高级工少,传统型技工多、现代型技工少,单一型技工多、复合型技工少的现象。以人工智能(AI)领域为例,中国现有的AI人才数量与需求量比例为1∶20,人才供应严重失衡。导致这种现象出现的深层次原因,还在于职业教育未能与产业需求端深度融合,现代学徒制、企业新型学徒制等中国特色学徒制探索还未能实现校企双元育人的目标,专业对接产业、课程对接岗位、教学过程对接生产过程、学历对接技能等级证书还未形成良性的培养模式。

高等职业教育是现代职业教育体系的主体,是培养高层次技术技能人才的主体,是未来扩大就业容量,提升就业质量,促进更充分就业,获取更高薪酬收入,进而拉动内需等方面的主体力量。在新发展格局下,提高人才培养质量,促进创新创业,服务企业高质量发展,迫切需要充分发挥政府统筹、产业聚合、企业牵引、学校主体作用,坚持以教促产、以产助教,深化产教融合、产学合

① 加快构建现代职业教育体系　培养更多高素质技术技能人才能工巧匠大国工匠[N].人民日报,2021-04-14(1).

作,促进教育链、人才链与产业链、创新链"四链联动",并推动全社会加大人力资本投入,促进超过2亿技能劳动者成为中等收入群体,进而畅通以科技创新为核心的双循环。如何解决高等职业教育与需求侧的产教深度融合? 问题的核心在于通过建立产教深度融合的评价标准,找准产教融合深度不够的原因,用产教融合评价引导构建职业教育评价体系,完善产教融合配套法律、政策、制度,以产教融合质量评价结果推动职业教育高质量发展,这已成为我国现代职业教育体系建设和推进技能型社会建设的迫切要求。

第一节　研究背景与意义

教育的内外部关系规律揭示了高等职业教育主动适应经济社会的发展规律,这离不开人才培养质量的自评价和他评价。迄今为止,我国高等职业教育产教融合在人才培养、能力发挥、资源利用、质量建设等方面取得了一定成效,但在实践探索过程中仍存在诸多挑战。高职院校、企业行业、政府各产教融合参与主体多从自身利益出发探讨产教深度融合的可行性和必要性,如高等职业院校旨在充分发挥产教深度融合优势,由此培养"知行合一"的高素质技术技能型人才,企业则旨在实现"利益最大化"的盈利目标。主体间的办学立场与利益诉求差异致使其在对产教深度融合的认知深度、参与程度等方面难以达成一致,对中共中央、国务院关于产教融合的改革部署缺乏统一行动,凝聚多元主体参与合力难以实现。与此同时,我国高等职业院校在创新人才培养模式中并未获得产业转型升级所带来的更多红利,培养出来的高等职业院校学生与行业、企业需求契合度不够,在行业、企业以及区域经济规划发展中存在感较弱,高等职业院校人才供给侧结构性矛盾依然存在。产教深度融合价值共识或工业技术文化尚未形成是产教深度融合过程中遇到的瓶颈问题,各利益主体间仍停留在浅层次合作、短期沟通的阶段,产教深度融合的规模和深度也远未达到发展预期,产教融合有效模式尚未形成(丁红玲、王晶,2015),这在很大程度上阻碍了技术技能人才培养质量的提升,亟须推出针对性强且有效的解决措施(余静,2023)。

一、研究背景

经济高质量发展的时代背景下,随着现代农业、先进制造业、现代服务业、战略性新兴产业而出现的新职业、新岗位、新技术越来越多,高等职业教育作为与产业发展和技术进步紧密联系的中高端技术技能人才培养类型,推进产教融合深度发展已经成为国家与区域经济社会协调发展的制度性安排,这也是学校提升人才培养质量的重要举措。

(一)新时代呼唤高等职业教育高质量发展

经济转型发展对我国高等职业教育提出了高质量发展的新要求。随着我国经济转向高质量发展阶段,全社会对高素质应用型人才的需求越来越旺盛。经济社会发展需要大量高素质技术技能人才支撑,新一轮科技革命和产业变革不断深化同样需要大量高素质技术技能人才支撑。为此,高等职业院校必须主动适应经济社会发展需要,主动对接产业转型升级需求,主动适应技术技能人才培养需要。

2019 年,国务院印发的《国家职业教育改革实施方案》明确指出,"没有职业教育现代化就没有教育现代化",提出"到 2022 年,职业院校教学条件基本达标,一大批普通本科高等学校向应用型转变,建设 50 所高水平高等职业学校和 150 个骨干专业(群)";"建成覆盖大部分行业领域、具有国际先进水平的中国职业教育标准体系"。2021 年 10 月,中共中央办公厅、国务院办公厅印发的《关于推动现代职业教育高质量发展的意见》明确指出:"加快构建现代职业教育体系,建设技能型社会,弘扬工匠精神,培养更多高素质技术技能人才、能工巧匠、大国工匠,为全面建设社会主义现代化国家提供有力人才和技能支撑。"高职教育作为我国高等教育的重要组成部分,在为经济社会发展培养高素质应用型人才以及为产业转型升级提供人才支持和智力支持方面具有重要作用。新时代背景下,职业教育特别是高等职业教育要实现高质量发展,就必然要肩负起更大的责任。

(二)产教深度融合是新形势下高职教育发展的必然要求

随着国家供给侧结构性改革的深入,高等职业院校的建设和发展被赋予了新的历史使命,要求为国家重大发展战略提供高素质技术技能人才,服务于区域经济高质量发展。专业是高等教育人才培养的基本形式,也是高等学校教育结构的基本单元,是高职院校可持续发展的重要抓手和办学质量的具体体现。要建设一批高水平专业(群),引领高职教育乃至推动产业的发展,产教融合、校企合作是必由之路,校企共建可以说是高职教育实施产教融合的根本任务及有效落脚点。然而在实际运行中,人才供需"两张皮",产教"合而不融""融而不深"的现象依然突出。由此,推动产教深度融合、深化校企合作,既是我国高职教育改革的新方向,也是我国高职教育高质量发展的必由之路。

具体来说,产教融合作为解决校企关系、缓解供需矛盾的新思路,可充分为企业及高职院校提供高层次人才培养、技能匹配及培训等方面的专业化服务。除此之外,它还可以有效地缓解政府在人才培养方面的政策压力,为高素质应用型人才提供有实践价值的职业指导和生涯规划,对高职教育的高质量发展有着重要的指导意义。为有效加强职业院校产教融合,2017年国务院办公厅发布《关于深化产教融合的若干意见》,提出要"将产教融合作为促进经济社会协调发展的重要举措"。2022年修订的《中华人民共和国职业教育法》将"产教融合、校企合作"写入了"总则",并以"产教融合"一词替代"产教结合",一字变化蕴含着职业教育发展理念的重大变革。同年12月,党的二十大报告指出,要"统筹职业教育、高等教育、继续教育协同创新,推进职普融通、产教融合、科教融汇,优化职业教育类型定位",再次明确了职业教育的发展方向。由此,立足产业和区域经济,深化产教融合,推动校企合作,培养一流技术技能人才成为高等职业教育发展的重要方向,也是高职院校强化区域产业服务功能、推动区域产业转型升级的现实需求。因此,在新发展阶段,深化高职院校产教融合具有重要意义。

(三)效能评价是深化产教融合水平的重要手段

产教融合评价指标体系的构建,是推动职业教育产教融合从理念到实践的重要保障,是实施职业教育产教融合评价的关键环节,也是深化职业教育教学改革的重要举措。2017年,国务院办公厅发布的《关于深化产教融合的若干意见》提出,要"积极支持社会第三方机构开展产教融合效能评价,健全统计评价体系";2019年,国务院印发的《国家职业教育改革实施方案》明确提出,要"以学习者的职业道德、技术技能水平和就业质量,以及产教融合、校企合作水平为核心,建立职业教育质量评价体系";2020年,中共中央、国务院印发的《深化新时代教育评价改革总体方案》明确提出,要健全职业学校评价。重点评价职业学校德技并修、产教融合、校企合作、育训结合、学生获取职业资格或职业技能等级证书、毕业生就业质量、"双师型"教师队伍建设等情况。为推动产教融合的发展,国家层面出台了一系列政策措施,并强调职业教育质量评价的重要作用,这反映了国家层面对产教融合及其质量评价的重视,但与质量评价在我国职业院校的高速发展相矛盾的是我国高职院校产教融合质量评价标准的缺失。目前我国尚未形成标准化的产教融合质量评价指标体系,且现有的产教融合质量评价研究中定性分析多,微观研究和量化评价极少,且定性指标分析大多停留在宏观和中观层面,尚未建立全面、科学的评价体系。综上所述,对高职院校产教融合情况进行全面、科学的评价,是提升高等职业教育产教融合质量的重要手段。

二、研究意义

20世纪末以来,我国高职院校产教关系建构成为研究者关注的焦点,根本原因是我国高等职业院校产教融合低效状况尚未得到根本改善。21世纪初,我国颁布了一系列促进高等职业院校产教融合发展的政策法规,但我国高等职业院校产教融合发展水平仍在低位徘徊,如何创新产教深度融合方式以及提升高等职业院校产教深度融合"四链"高效对接水平已成为我国高等职业院校产教深度融合发展必须破解的议题。鉴于此,从质量评价和实现路径两方面探讨高等职业院校产教深度融合发展具有极其重要的理论意义和实践意义。

(一)理论意义

通过梳理文献发现,产教融合在国外学术界已是一个历久弥新的研究课题,且在产教融合概念、模式构建、评价指标设计等方面做了大量的有益探索。我国产教融合还处于浅表层,政府各方面的支持力度还不够大,企业方参与合作的积极性也不高,产教融合评价标准尚未统一。本书对有关产教融合评价的已有文献进行整理、总结和分析发现,首先,有关产教融合评价研究的文献并不多。本书利用中国知网(CNKI)全文数据库平台,以"产教融合评价"为主题进行检索(截至 2023 年 2 月),查阅到 359 篇文献,仅占产教融合相关文献研究总数的 1.92%,关于高职教育产教融合评价的文章则更少。其次,在研究方法方面,关于高等职业教育产教融合的研究基础仍停留在定性描述层面,文献主题大多聚焦于高等职业教育产教融合质量评价体系构建的原因分析、价值分析、策略分析。也有一些学者从国家政策环境出发,对如何构建产教融合的质量评价体系进行了探讨。可见,研究主题多以教育的相关理论为基础,采用定性方法进行分析;而以问题为导向的深入研究及量化研究成果相对较少,尚未形成可操作性强、科学的评价指标体系。最后,在研究视角方面,研究主题更多考虑从质量、绩效两个视角出发,对产教融合发展过程阶段缺乏动态考察。

考虑到我国正处于建设社会主义现代化强国、步入创新型国家的关键机遇期,当前这种静态、单一的评价模式已难以适应现代职业教育的发展态势。基于此,本书将从以下几个方面进行思考。

第一,理论基础方面。本书在 CIPP 评价模型、利益相关者理论的基础上构建高等职业院校产教融合水平评价指标体系,力图从背景、过程、结果及与产教融合有关的利益主体等方面评价目标主体,使其更具全面性、综合性及动态性。事实上,适时构建科学、规范、适用的评价指标体系,有利于推进产教融合实践,落实立德树人根本任务,促进产教深度融合。

第二,本书对产教深度融合的指标进行了定量设计。通过搜索数据库中"产教融合评价"相关文献、职业教育产教融合有关政策,对其中定量的指标进行提取、合并、筛选以及剔除,初步确定高等职业院校产教深度融合评价指标体系。然后依据初步构建的评价指标体系,设计并发放专家咨询函,收集和整理相关专家对初步拟定指标的意见及建议,对高等职业院校产教深度融合水平评价指标体系进行修改优化,最后结合高职院校产教融合实际情况确定了产教融合背景、产教融合投入、产教融合过程、产教融合效益 4 个一级指标,11个二级指标以及 48 个三级指标,以保证评价的客观性和科学性。相较于传统意义上的产教融合,本书从产教深度融合的视角进行探讨和构建评价指标体系,进一步深化和拓展了对产教融合领域的研究,强化了产教融合对于高等职业教育高质量发展的贡献,为后续开展相关研究提供了理论参考。

第三,本书采用质量评价方法,用以弥补现有产教深度融合领域定量研究的不足。其中,质量评价具有诊断、导向、激励和调节等功能,是深化职业教育产教融合、实现职业教育现代化的重要手段。关于产教融合指标体系的定量评价研究新近才出现,研究对象主要局限于中职学校,且指标权重设置仍采用主观方法。本书引入能够兼容客观赋权法的评价模型对高等职业院校产教深度融合水平进行定量测度,以判定所遴选样本中高等职业学校产教深度融合情况。

(二)实践意义

第一,有利于明晰产教融合的发展方向和质量评价,推动国家和地方政府进一步完善产教融合评价体系,促进职业教育与产业、企业、社会之间的深度融合。产教深度融合质量评价具有重要的引导、调节、诊断、激励和管理等功能,是推进职业教育产教融合的原动力和根本保障。本书对高等职业教育产教深度融合进行质量评价,有助于学校内部对人才培养质量、专业内涵建设过程及建设成效等方面进行监督、诊断和评价,本书构建的评价指标体系还可作为政府或行业评选优质学校、示范学校、高水平学校等的重要评价依据。

第二,有利于促进职业院校更好地开展人才培养工作,提升人才培养质量。一方面,有利于培养学生的实践能力。学校与企业融合,可以给学生提供更多理论知识与企业实践相结合的机会,使学生把所学知识应用于具体生产,使其在生产实践中提高操作技术水平;鼓励学生磨炼意志,学会沟通,形成团队精神、工匠精神,使自己具备职业需要的基本素质。同时,企业也可以通过与高职院校的融合发现人才,在其毕业时将其吸纳为自己的员工,为学生多提供一个就业渠道。有的企业会给参加实训的学生一定的报酬,从一定意义上说,这也给学生勤工俭学提供了一个渠道。另一方面,有利于提高教师的技术能力。一般来说,高职院校教师有着较高的理论素养,他们缺乏的往往是技术操作或企业管理方面的实践经验。教师参加企业的技术操作和管理实践,有利于提高自身素质,使他们的理论素养和实践能力都得到提升,这样的教师培养出的学生,也能将理论与实践结合得更好,成为能够适应当下产业发展需要的人才。因此,高职院校与企业的融合,对于教师的发展也具有极其重要的作用。

第三,为完善高等职业院校产教融合评价指标设计、建立统一的高等职业院校产教融合评价指标标准、构建标准化的高职院校产教融合评价体系提供参考。高职教育是产教融合的引领者、实践者和推动者,当前高职教育产教融合型企业建设虽在政策制定、体制机制、模式创新、遴选培育等方面已形成初步成果,但产教深度融合效能评价的指标体系尚未成熟。因此,构建科学、客观、合理的产教融合型企业建设成效评价体系对于深化高职教育产教融合、优化政策、提炼经验和提升培育实效等方面均有重要实践价值。

第四,有利于区域经济的繁荣。每一个区域都有其独特的产业。高职院校与当地的企业合作,设置与当地企业产业相关的学科和专业,培养当地产业急需的懂技术、会管理的人才,有利于当地经济的发展,促进当地经济的繁荣(王琛,2018)。同时,产教深度融合将充分发挥政府、高等职业院校与行业、企业相互配合的积极作用,建立和完善产教融合育人机制、区域共享机制、协同治理机制,打造区域一体化共享生态格局,协同并进、融合共生教育链、产业链、供应链、人才链、价值链,推进地区发展由聚集走向均衡。

第二节　研究目标、思路和方法

一、研究目标

本书对中国新发展格局下高等职业教育产教深度融合的研究具有明确的目标指向性。一方面,建立、充实和完善国内高职教育产教深度融合效能评价的定量研究框架,以尽可能弥补国内现有相关领域定量研究的不足;另一方面,伴随着产教深度融合政策的出台以及中国高等教育的发展态势,亟须探究高职教育产教深度效能评价及其实现路径,以实现高职教育高质量发展。具体而言,本书在充分回顾国内外高等职业教育产教深度融合研究框架和文献观点的基础上,首先对中国高等职业教育现状进行了分析研判,在此基础上,以高等职业教育产教深度融合为研究对象,运用熵值法、CIPP评价模型、耦合协调模型等方法,借助定量分析技术,系统深入地考察高等职业教育的产教深度融合程度、产教深度融合与经济高质量发展的耦合协调度。具言之,本书所关切的,是新发展格局下高等职业教育产教深度融合的评价指标体系如何构建。以职业教育发达省份浙江省为例,高职教育产教深度融合效能评价如何表现?浙江省高职教育产教深度融合与经济高质量发展的耦合性怎样?如何对产教深度融合实现路径进行顶层设计?国家级产教融合型企业万向集团、吉利集团以及省部共建职业教育创新高地台州市在高职教育产教深度融合方面的具体实践如何?科学谨慎地回答上述问题,对于中国当前所实施的产教深度融合政策的战略意义不可低估,一方面,能为各地区施行高等职业教育产教深度融合策略提供经验证据;另一方面,能为高等职业教育可持续发展添砖加瓦。与此同时,本书还为国际高职教育产教深度融合领域的研究文献新增了来自中国案例的经验研究。

二、研究思路

本书对新发展格局下高等职业教育产教深度融合效能评价和实现路径的研究思路和脉络可以概括为以下几个阶段:第一,进行文献综述。该部分主要目的是围绕研究主题进行相应的文献检索、梳理和述评,这不仅可以支持与研究内容有关的结论,还可发现目前该领域研究的薄弱和空白之处,从而为凸显本书的研究价值提供文献支撑。第二,系统且深入地梳理研究的理论体系。在文献述评的基础上,总结和提炼出既有理论元素和现有基本观点,为后文的效能评价、耦合性分析等提供理论依据。第三,定量研究分析。综合运用熵值法、CIPP评价模型、耦合协调模型等评价技术对浙江省高等职业教育产教深度融合进行效能评价以及产教深度融合与经济高质量发展的耦合性分析,以尽可能客观地揭示高等职业教育产教融合水平和耦合协调度。第四,通过对高等职业教育产教深度融合路径的探索,为更好地践行产教深度融合提供实践指南。第五,进行具体案例研究。系统阐述了在企业层面和市域层面高职教育产教深度融合的具体案例实施情况,为其他地方落实高等职业教育产教深度融合提供实践指导。

三、研究方法

基于已有的研究问题,本书整体的研究思路体现出定量与定性相结合、理论与实践研究相融合的规范研究范式。当然,在具体的研究过程中,为了提升分析问题的理论深度,也综合运用了生态学、社会学等跨学科的相关理论和研究方法,以便对高等职业教育产教深度融合发展展开系统的研究。

(一)文献研究法

通过教育部网站、中国知网、万方资料库以及其他各种渠道,充分收集并整理国内外关于职业教育产教融合、产教融合评价等主题的研究文献、政策、法律文件、历史资料,了解当前研究的现状、趋势或不足。在对已有文献进行大量调查和总结的基础上,明确具体的研究方向,从而为本书提供理论依据和分析框架。此种方法主要运用于背景介绍、研究综述以及评价指标的选取和确定。

(二)调查研究法

本书主要采用了问卷调查、专家咨询等方法编制《高等职业院校产教深度融合相关指数采集(2017—2021)调查表》,对浙江省高职院校产教融合情况展开调查,收集变量数据,为检验高职院校产教深度融合水平评价指标体系的合理性提供实证支持。专家咨询法一般是在项目实施过程中,确定项目的可行性研究方案或初步设计方案后,为保证项目决策的科学性和可行性,在某些重要方面或关键问题上,通过对有关专家进行调查、论证,由专家提出咨询意见和建议的方法。本书在构建高等职业院校产教深度融合水平评价指标体系和经济高质量发展指标时用到了专家咨询法。通过专家咨询,收集、总结专家对初拟评价指标体系的意见和建议,为高等职业院校产教深度融合水平评价指标体系的确定提供决策依据。

(三)熵值法

熵值法是确定指标权重的较为常用的研究方法,其特点是较为客观、综合。根据熵值法计算的结果可知:指标信息熵值越小,系统结构越均衡有序,指标有效信息量越大,指标权重也越大;反之,指标信息熵值越大,系统结构越杂乱无章,指标有效信息量越少,指标权重也越小。首先,依据构建的指标体系收集所需的相关数据。其次,按照熵值法的计算步骤进行计算,通过数据标准化、计算指标比重、计算指标信息熵、计算信息熵冗余度,最终得到各指标的客观权重。

第 j 项指标第 i 个评价年的指标权重 w_j 计算如下:

$$Y_{ij} = x_{ij} \Big/ \sum_{i=1}^{m} x_{ij}, e_j = -(1/\ln m)\sum_{i=1}^{m} Y_{ij}\ln Y_{ij}, \gamma_j = 1 - e_j, w_j = \gamma_j \Big/ \sum_{j=1}^{n} \gamma_j$$

$$(1.1)$$

其中, Y_{ij} 是第 i 个评价年第 j 项指标在总指标值中所占比例; x_{ij} 是第 j 项指标第 i 个评价年的指标值; e_j 是第 j 项指标的熵值; γ_j 是信息熵的冗余度,用来反映第 j 项指标的离散程度或变异性。

第三节　研究内容、创新和框架

一、研究内容

根据以上研究目标和思路,本书的研究范式思想源自"问题发现—理论分析—效能评价和耦合协调分析—路径分析—案例解读"的系统逻辑:第一,基于国内对高等职业教育产教深度融合的关注,由此形成研究的重要选题;第二,在文献述评的基础上,挖掘出潜在的理论关切点;第三,为了捕捉高等职业教育产教深度融合效能及其与经济高质量发展的耦合协调度,综合运用 CIPP 评价模型和耦合协调模型分别对浙江省高等职业教育产教深度融合的效能评价、产教深度融合与经济高质量发展的协调耦合度进行分析;第四,基于上述模型研究结论,本书通过系统分析提出了高等职业教育产教深度融合实现路径;第五,分别从企业层面选取万向集团、吉利集团,市域层面选取台州市高职教育产教深度融合进行具体的案例分析,以期为其他企业、城市实施高职教育产教深度融合提供实践指导。从研究范式上看,本书研究内容紧扣"理论—数据分析—实现路径—案例解读"的规范分析路径,最终构成了本书完整的逻辑研究体系。

本书共分为九章,基本逻辑结构与各章内容概述如下。

第一章,绪论。针对中国高等职业教育产教深度融合发展的当前实践和学术状况,对本书的背景、意义、概念、目标、思路、方法、内容和创新等分别予以系统说明,以明晰本书的基本研究进路。

第二章,理论阐释和相关文献综述。首先,对利益相关者理论、资源依赖理论、共生理论和人力资本理论进行了详细阐述;其次,系统介绍了CIPP评价模型和耦合协调模型;最后,围绕高等职业教育产教深度融合发展,对这一研究领域的国内外相关研究文献进行回顾,有助于挖掘研究的价值,并通过文献归纳和文献述评,从中发现现有文献的"纲领矛盾"与"薄弱选项",进而明晰研究的工作重点和价值。

第三章,高等职业教育现状研判。本章试图从我国高等职业教育产教融合政策发展历史出发,进一步梳理分析产教融合发展现状模式,揭示我国高等职业教育产教融合实践类型、存在问题并分析原因。

第四章,高等职业教育产教深度融合指标体系构建。从指标的构建原则和依据出发,结合高职院校产教深度融合特征,基于利益相关者理论视角,运用CIPP评价模型从产教融合环境、投入、过程、效益四个方面构建高等职业院校产教深度融合水平评价指标体系;并基于熵值法,对评价指标体系各指标进行赋权,最终确定高职院校产教深度融合评价模型,为后文的内容提供研究依据。

第五章,高等职业教育产教深度融合效能评价。通过发放《高等职业院校产教深度融合相关指数采集(2017—2021)调查表》,收集与评价指标体系中三级指标内容相对应的37所高水平高职院校产教融合数据资料,对数据的真实性、有效性进行查证后整理成高职院校产教融合水平调查结果统计表,作为评价及指标构建的参考材料。运用 TOPSIS 法,对 37 所高职院校产教融合情况进行综合评价,根据评价结果分析其中原因,并提出相应的优化路径。

第六章,高等职业教育产教深度融合与经济高质量发展耦合协调度分析。为进一步分析高职教育产教深度融合与经济高质量发展的相互耦合和协调程度,本章引入耦合协调度模型,运用 2017—2021 年的相关数据,来实证分析浙江省高职教育产教深度融合与经济高质量发展的耦合程度以及耦合协调度。

第七章,高等职业教育产教深度融合的实现路径。本章内容主要从动力机制和实现路径两个方面进行阐述。在动力机制方面,产教融合动力机制的有效实现需要考虑利益平衡机制、价值共创机制和开放合作机制三方面的基本要素,从不同视角论证不同影响要素的博弈关系,力求使产教融合系统运行得合理高效;在实现路径方面,从构建政校行企产教融合命运共同体、建立专业链对接产业链的"三共""三互""三创"长效机制方面进行融合路径分析,并且基于产教深度融合的动力机制和实现路径方法,探讨了行业产教融合共同体的建设路径,以期为促进高等职业教育产教深度融合发展提供理论和实践借鉴。

第八章,高等职业教育产教深度融合保障。本章以"产教融合"的价值源头为基点,从政府、省域、行业企业、高职院校多个主体出发,厘清了高职院校深化产教融合存在的问题与所需的相关要素,并在实践过程中消解相关制约因素,全面提升技术技能人才培养质量,为加快发展现代产业体系提供有力支撑。

第九章,高等职业教育产教深度融合案例。在前文分析的基础上,本章分别从企业层面和市域层面出发,选取了万向集团、吉利集团和台州市高职教育产教深度融合案例,从理论到实践,具体阐述和分析了这三个典型案例产教深度融合的具体实施细则,以便为后续产教深度融合发展提供实践指导。

二、研究创新

本书实际上弥补了国内高等职业教育在产教深度融合领域研究的不足,进而直接拓展了高等职业教育产教深度融合的研究体系。本书的创新性贡献细致地体现在以下方面。

（一）研究视角创新

本书以产教深度融合为切入点，通过对"产教融合""产教深度融合"等相关概念进行辨析，在理论分析和实践检验的基础上系统构建了高等职业院校产教深度融合水平评价指标体系，进一步深化了对职业教育产教融合领域的研究，强化了产教融合对于职业教育高质量发展的贡献，为高等职业教育产教融合评价提供了新的研究视角。

（二）研究方法创新

我国高等职业教育产教融合评价主要是基于教育理论进行思辨和质性研究，以问题为导向的深度调查及量化研究成果相对较少。故本书在进行相关研究时，首先从定性层面厘清影响高等职业教育产教深度融合发展的因素；然后选取定量的数据化指标和测量模型，提出契合指标属性的客观赋权法；最后运用 TOPSIS 法，从浙江省高职院校产教融合实际情况出发测算产教深度融合的程度，为高等职业教育产教深度融合评价提供了新的研究方法。

（三）研究内容创新

现有研究缺乏高职教育产教融合与经济高质量发展两系统内部之间耦合协调度的具体研究。本书以浙江省为研究对象，创新性地引入了高职教育产教融合与经济高质量发展相互促进的耦合机制的研究，不仅丰富了高职教育产教融合和经济高质量发展的理论框架，而且为其他地方政府制定相应的教育政策和经济政策提供了理论依据。

三、研究框架

本书聚焦高等职业教育产教深度融合的研究，在理论分析的基础上，运用定量研究方法，分别对高等职业教育产教深度融合的效能评价、高等职业教育产教深度融合与经济高质量发展的耦合性进行分析，量化其发展态势，以期更加直观地掌握目前浙江省高等职业教育产教深度融合程度及其与经济的关联程度，并在此基础上构建产教深度融合发展的路径，进而通过理论与实践的结合,分析典型案例的产教深度融合具体实施细则(见图 1-1)。

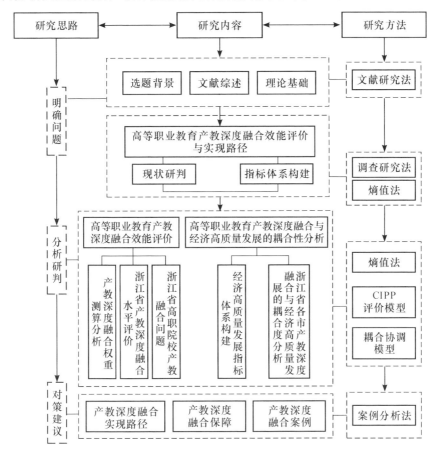

图 1-1　研究框架

第四节　概念界定

一、高等职业院校(高职院校)

2022 年修订的《中华人民共和国职业教育法》明确了高等职业学校包括专科、本科及以上教育层次,本书所讨论的高等职业院校主要是指专科级别的独立设置的高等职业教育学校,在性质方面和英国多科技术学院以及美国社区学院等类似,学校的名称一般为"某某职业技术学院"。高等职业院校主要是依靠地方财政支持,为地方经济、产业发展服务及培养区域人才的普通高等职业院校。高等职业院校秉承的发展宗旨是为社会经济发展直接提供专业人才服务,培养具有良好专业性基础的高素质技术人才以满足产业发展的需求。高等职业教育是指学校从社会需求和岗位技术需求出发,培养基层、生产和服务一线的高素质高技能人才。高等职业教育的教学核心是培养学生的技术应用能力,以理论教学为基础,以实践教学为主要手段,专业课程设置更具针对性和实用性。高等职业教育对学生真正掌握技术能力提出明确的要求,因此往往会在人才培养体系中引入职业资格证书教育和企业实践等,通过这些方式加强学生专业技能,满足劳动力市场和企业人才需求。高等职业教育的特性决定了它不能单纯只依靠校园自身资源,不仅需要专业的教师,还需要与社会相衔接,依托地方、行业和企业基础设施、场地资源和一线人员,共同培养新一代具有"工匠精神"的人才。相较普通高等教育而言,高等职业教育呈现出来的社会服务功能更加明显,从特征上来讲,具有很强的行业性以及区域性。基于此,高等职业院校需要发展培训中心,开设一些能够培养和锻炼学生使其成为技术应用型人才的课程。加强服务社区的导向功能,为社区组织更多的教育活动,包含高等职业院校的一些基础课程和继续教育的课程,加强服务产业导向功能,提高企业的产业竞争力。高等职业院校需要成长为高新技术的研发以及推广中心,更加积极地推动地区行业的技术发展和创新,充分利用好院校拥有的人才资源以及科研设备资源,实时掌握市场的发展变化趋势,抓住行业以及地方的产品需求,主动创造开发条件,积极地参与研发新技术并进行大量的推广应用。高职院校还需要成长为区域先进文化的辐射以及传播中心,积极投身地区文化建设工作,尽可能地贡献出自己的力量,推进当地文化的建设和发展。随着社会的发展,我国更坚定了高等职业教育的地位,为了适应生产方式变革及社会公共服务的需要,政府开始引导部分院校向本科职业层次职业教育转型,这将对高等职业院校的发展产生更加深远的影响。

二、校企合作

校企合作,即学校与企业在人才培养、技术开发、社会服务等方面实现共同的合作与发展。其中,学校最重要的任务就是进行人才培养,通过合理的课程计划安排、严谨的教学模式、专业的实践活动等方式,努力培养一批批优秀的毕业生,为企业的可持续发展提供必需的高素质人才资源;企业最重要的是获得经济效益,为学校的学生提供大量的实习岗位,比如生产过程中的机械操作、设备安装、质量检测等,还可以为实习生配备专业的师傅,开展学徒制的实习实训模式。校企合作是当今高等职业教育领域学校与企业建立的一种组织模式。经济利益是达成校企合作的基础条件,该模式下校企双方利用各自优势资源,实现利益共享,是一种高效、高质量的合作模式。我国校企合作起步较晚,合作形式多样,如合作办学、共建课程、合作育人、合建基地、合作研发等,是推动我国高职院校发展的必经之路。新时代的校企合作,不只是双赢,实际上形成了企业、学校、学生"三赢"的局面。开展校企合作可以通过合作达到互利共赢的目的。对于企业来说,满足了其对高素质人才的需求,降低了人力资源的成本和风险,解决了部分技术开发难题。企业也可从中收取一定的费用、缓解偶尔的用工荒问题等,还可以在长期的实习过程中选择一些优秀的毕业生作为企业人才储备。对于学校来说,通过真实场景的实习指导与技术培训,增加了"双师型"教师比例,提升了教学质量,减少对部分实践设备设施的投入,提高了毕业生就业率。同时,学校也可以解决校内资源不足、缺少学生实习场地的问题,为学生提供优质的实习环境,还能为毕业生搭建就业平台,推荐优秀毕业生"优先录用"。对于学生来说,他们得到了更有效的锻炼,巩固了理论知识,培养了职业意识与劳动精神,提升了技术操作能力水平。除了上述形式的合作,校企合作还有多种模式,包括建设项目的合作、科技研发的合作、课程体系建设的合作以及教材开发制定的合作等。校企合作也有益于学校进一步对接企业需求。现实中常常存在这种情况:学生从学校毕业后,学校不再关注学生的发展,并不会对学生进入企业后的工作情况进行跟踪记录,那么自然也无法真正地掌握企业到底需要什么样的人才。通过校企合作,可以真正做到学校的人才供给与企业的人才需求互相衔接、互相匹配。

三、产教融合

在我国,产教融合是一个大概念,涉及教育和产业两个不同领域。从教育层面看,产教融合是指职业教育与经济社会发展的联系更加紧密、相互促进的过程;从产业层面看,产教融合是指产业与教育之间的双向互动、互利共赢的关系。

20世纪80年代,美国经济学家科斯和德沃金提出"企业制度""市场机制"等概念之后,才逐渐出现了"产教融合"的概念。国外研究产教融合的学者众多,但观点不一,既有认为产教融合就是职业教育和产业融合的观点,也有认为产教融合是一种制度安排的观点。国外学者对于产教融合内涵的理解主要有两个层面:一是单纯把产教融合看作教育与产业两大系统的融合、互动。Bekkers和Freitas(2008)认为,高职院校与产业合作是指高等教育系统的各部分与产业之间的互动,旨在鼓励知识和技术交流。Wieland(2015)认为,产教融合是一个双向的过程,产业和高职院校为双方提供一个相互学习的机会。二是把产教融合看作一个整体,是政府、行业企业、学校等全方位、多层次、动态性的融合。Whittle和Hutchinson(2011)认为,教育发展与社会发展之间有三个层次的联系,因此,要把握产教融合的内涵,应该从"宏观—中观—微观"三个层面展开。Santoro和Gopalakrishnan(2000)基于知识转移理论分析了产教融合的内涵,认为产教融合参与主体并不只是企业和高校,也包括政府部门、行业组织等相关利益主体。Bektaş和Tayauova(2014)提出政府—高职院校—企业三重螺旋的知识生产模式。政府通过对发展合作提供奖励,确保有关各方的参与;高职院校在非政府组织和行业协会的帮助下,根据工业界本身的技能和设备,确保与工业界进行合作;企业在政府和行业协会的支持下,作为合作的主要参与者之一。除此之外,非政府组织、行业协会也在实践中发挥了促进作用。

我国对产教融合的研究始于20世纪80年代,并于90年代形成了比较丰富的成果。国内学者对于产教融合内涵的理解主要有三个层面:一是单纯把产教融合看作教育与产业两大系统的融合、互动。邢晖和李玉珠(2015)认为,产教融合是一种资源的共享、优势的互补,产业系统跟教育系统发挥各自的优势,相互补充,形成合作。二是把产教融合看作一个整体,政府、行业企业、学校全方位、多层次、动态性的融合。池春阳(2021)认为,产教融合不仅包括校企合作培养技术技能人才,建立校企合作的机制和制度,还包括教育、产业、经济三大系统相互影响的演化过程,通过创新、融合、共享等方式促进教育和产业的整体发展。陈志杰(2018)认为,对于职业教育产教融合内涵的理解,应该牢牢把握"三大融合":"产、教"融合;"校、企"融合;"产、学"融合。刘斌等(2017)提出,可以从职业教育职业性、技术性、终身性的本质属性基础上阐释产教融合的内涵。三是将产教融合上升为一种"发展战略"。李玉珠(2017)认为,"产教融合"内涵并不仅限于培养与合作的关系,它还是一种将教育制度与工业制度相结合的职业教育的国家基本制度。

当前,随着"双高计划"等政策文件的出台,职业教育产教融合进一步受到重视。有学者指出,"产教融合"是现代职业教育体系构建的关键环节,是推动职业教育内涵发展、优化资源配置、提高人才培养质量、服务产业转型升级的重要抓手。有学者认为,"产教融合"是一种新的教育思想和实践理念,它既包括企业与学校两个主体之间的融合,也包括教育与产业两个系统之间的融合。有学者认为,产教融合主要通过职业学校与行业企业的紧密合作来实现,两者相互融合,在提高职业学校人才培养质量的同时,提高企业的生产效率。也有学者认为,产教融合是校企双方为了谋求自身的发展,以平等、互利、互惠和自愿为基本原则,在寻求合理合作方式的过程中形成的一种比较稳定、紧密联系、相互促进、共同发展的合作关系。还有学者提出,产教融合不仅是指职业学校与产业界的合作,而且需要职业学校及企业在政府的支持和引导下进行更深层次的合作,以培养出目前产业界所需要的高层次技术技能人才,同时产教深度融合还能转化出新的教学资源(王祝华,2019)。目前学术界对产教融合内涵的研究较多,但尚未形成一个明确的界定。

综上所述,依据国家政策文件,结合学术界现有研究成果,本书认为可以将产教融合定义为:产教融合是一项由多主体共同参与的系统工程,是通过利用职业院校与企业不同的教学资源和环境,借助行业协会和政府部门等外界力量,以培养适应经济社会发展、适应行业企业所需人才为根本目的的办学模式。这一概念不仅强调政府、职业院校和行业企业作为独立个体的作用,而且强调各利益主体的联合和积极合作,以共同体的形式发挥作用,从更深层次缩短教育与就业之间的差距,将三者有机融合,形成优势互补、共同发展、各取所需的局面。

四、产教深度融合

产教融合是职业教育的本质属性和类型特色,根植于工学结合、产学结合、产学研结合、产教融合、产教深度融合的发展演进和改革变迁轨迹,是职业教育的类型特质。从词组构成的角度分析,产教深度融合是由"产教"和"融合"两个核心词构成的复合词。其中,"产"即产业,"教"即教育,本书中的"教"特指高等职业教育;"融合"是指两种及以上的不同事物合为一体;而"深度"是一个属性词,指深浅的程度。从国家有关产教融合的政策来看,产教深度融合的核心要义是集产业升级、人才培养、科技服务、成果孵化于一体的培训或开发体系,其实质是使职业院校与企业紧密结合,实现取长补短、优势互补、共同发展。而从本质上来看,产教融合是产教深度融合的基础。产教融合更多指的是"产""教"相对松散地联系在一起,并不一定会产生"质变"和"增量",最多发生"量变",这个"量变"既可能由于某些共同的利益而产生,也可能由于外部环境的改变或共同利益的消失而随时中断或疏远。而产教深度融合更强调"质变",多指"产""教"的多种要素既深入又广泛地融合,能形成新的融合体,能发生质变而提升。

基于以上分析,本书将产教深度融合定义为:产教深度融合是指在原有产教融合的基础上,将多种资源进行最大限度整合,它在合作内容上超越了产教融合的数量范围,实现了全方位合作;在合作深度上大大深化了合作的内涵,在人才培养、实习实训、育人方式、培训服务等许多环节实现了深度合作;在合作方式上不断创新方法,开拓合作关系。产教深度融合是一种高层次的产教融合,是较为理想状态下的产教融合。

五、产教融合质量评价

质量是个多维度概念,具有主观性、历时性、地域性及实践性等特征。德鲁克认为"质量"就是满足需要,克劳斯认为"质量"是指产品符合规定要求的程度,ISO9001规定"质量"是一组固有特性满足要求的程度。目前较为典型的职业教育质量观有产出观、投入观及服务观,分别从教育的输出、质量生产过程及社会满意度角度评价职业教育质量。职业教育的质量评价具有服务导向性、要素多样性、过程动态性和反馈及时性等价值需求。综合相关学者观点,产教融合质量可归纳为:校企合作共建内容体系(共建产品)和共建质量要素(一组固有特性)符合"规定要求者的程度",这里的"规定要求者"既有学校的学生和老师,又有企业、政府、行业、家庭等相关利益方;合作共建的质量要素既包括共建的背景、目标、计划、实践过程及成效等相关要素,又包括合作共建的可持续发展能力等。产教融合质量评价可概括为:依据一定的评价原则和标准,选择适用的评价方法,对为满足相关利益方所开展的系列合作共建活动的融合度及系统性作出价值判断,具备结构性、系统性和动态性等特征。

六、耦合性

"耦合"是个物理名词,本义是指两个或两个以上的电路元件或电网络的输入与输出之间存在紧密配合与相互影响,并通过相互作用从一侧向另一侧传输能量的现象。事实上,耦合通常是指两个或者两个以上的系统相互影响、相互作用的现象,各个子系统自己的发展水平也会影响整体的耦合协调发展程度,如当两个系统均处于高水平状态时,系统间的耦合协调度会很高。由此可知,耦合协调度体现各系统中各元素发展的一致性。《辞海》关于"耦合"的解释是:两个(或两个以上的)体系或运动形式之间通过各种相互作用而彼此影响的现象。实质上,"耦合"就是实体间相互依赖的量度。"系统耦合"亦是物理学名词,是对具有静态相似、动态互动、相近相通又相差相异的耦合关系的两个系统采取引导的措施,以促进两者间良性正向的影响,激发两者间的内在潜能,实现两者优势互补和共同提升。20 世纪 80 年代中后期,中国工程院院士任继周在其文章《系统耦合与荒漠—绿洲草地农业系统》中提到:两个或两个以上性质相近似的生态系统具有互相亲合的趋势,当条件成熟时,它们可以结合为一个新的、高一级的结构功能体,这就是系统耦合(姜玉鹏,2009)。由此发展,在许多领域,"耦合"的思路都被引用来分析和解决问题,例如,在经济学领域,宋敏和刘欣雨(2023)运用耦合协调度模型等探讨了中国 2011—2021 年新基建与经济韧性耦合协调度的时空演化特征及驱动因素;在生态学领域,王兆峰等(2023)对长株潭都市圈 2020 年交通网络数据及土地利用数据进行收集整理,采用交通优势度模型、当量法分别测度长株潭都市圈各区县交通优势度与生态系统服务价值,进一步使用 Spearman 秩相关系数对两者的相关性进行检验,最后引入耦合协调模型、同步发展模型度量两者的耦合协调水平并进行空间可视化表达,分析其制约因素。系统间的耦合协调度通常代表系统间协调发展程度。当多个系统在共同发展的过程中相互配合、彼此促进,说明系统间处于良性耦合的状态,耦合协调度高;当多个系统在共同发展的过程中相互摩擦、彼此抑制,说明系统间处于恶性耦合的状态,耦合协调度低。耦合协调度通常还取决于每个系统各自的发展水平,如当两个系统均处于低水平状态时,或者两个系统均处于高水平状态时,系统间的耦合协调度通常都很高,但是我们认为,只有两个系统共同发展,均处于高水平状态,才能称之为两个系统实现良性耦合协调发展状态。由此可见,耦合协调度反映的是各系统在发展过程中的协调程度,其侧重点是同一个系统中各要素的发展的同步性(张博,2020),"产""教"融合的相互作用机制是一同推动学校教育整体向前发展的动力。因此,运用系统耦合理论所建立的耦合协调发展模型对学校教育系统的协调发展状况进行分析是具有适用性的。

第二章 产教融合理论阐释与研究综述

产教融合、校企合作尽管涉及政府、学校、企业行业、学生等多元主体,但核心主体是学校和企业,实现校企双元主体育人是产教深度融合的目的和价值所在。产教融合具有多元性、参与性、跨界性和共享性的特点,由于企业与学校的价值追求并非完全一致,探讨产教融合程度高低需要系统梳理合作背后的理论基础和已有实践作为研究支撑,为下文产教深度融合指标的选取、指标体系的构建提供研究基础。

第一节 理论基础

涉及产教融合的相关理论有许多,直接相关的有从融合或合作主体角度切入的利益相关者理论,从多方合作资源互补切入的资源依赖理论,从校企人才质量供需对接切入的共生理论和人力资本理论。

一、利益相关者理论

(一)利益相关者理论的内涵

利益相关者理论最早应用在经济领域,是指在企业发展过程中,不仅关注企业所有者、经营者等利益相关者对企业的作用和贡献,而且也关注他们之间的相互作用和影响,关注他们之间利益冲突的协调问题。利益相关者理论最早由美国学者提出,20 世纪 60 年代左右在西方国家逐步发展起来,20 世纪 80

年代以后,其影响迅速扩大,并开始影响美英等国公司治理模式的选择,促进了企业管理方式的转变。到目前为止,利益相关者理论在西方学术界已经产生了比较广泛的影响。其中,最有代表性的是美国学者弗里曼的观点,他在《战略管理:利益相关者方法》一书中提到了"利益相关者管理理论"。该理论指出,企业是一个相互依存的利益相关者系统,包括股东、债权人、员工、供应商、顾客、政府和社区等利益相关者。这些利益相关者都有可能影响企业的发展,甚至决定企业的发展方向(弗里曼,2006)。该理论的提出,明确了利益相关者本质的特征,为此后利益相关者概念界定提供了一个标准范式。20世纪90年代末,米切尔和伍德等基于先前已有研究,开创性地提出米切尔评分法,该评分法对利益相关者的优先等级进行分类,使利益相关者更加清晰。

随着该理论的逐步成熟,其作为一种分析工具或分析框架也越来越多地应用到教育领域研究中。我国学者吕路平和童国通(2020)将"利益相关者理论"引入高职院校产教融合质量评价过程,对相关利益主体进行了梳理,剖析其利益诉求、责任和义务,以此作为产教融合质量评价体系构建的理论框架。池春阳(2021)基于利益相关者理论,围绕合法性、权力性和紧迫性三个维度,分析了高职教育产教融合中利益相关者的多维度要求,创建了集激励机制、运行机制和评价机制于一体的运行框架,有效促进了各利益相关者的价值实现及和谐共赢。职业教育产教融合是一个政府推动、校企主导的合作过程,涉及众多的利益相关者,如企业员工、高职院校、教师及学生等,他们都有自己的目标和需求,都希望能从产教融合的过程中获得预期效益。因此,本书基于利益相关者理论剖析高等职业院校产教融合过程中的各方利益相关者,是指剖析对该过程产生了重大影响的团体或组织,包括行业企业、政府、高职院校、教师及学生等,他们在合作过程中对高职院校产教融合水平产生影响。本书将在综合考虑各利益相关者的基础上,构建适用于高等职业院校产教深度融合的评价指标体系。

(二)利益相关者理论的应用

利益相关者理论被广泛应用于企业治理、财会管理等领域后,教育系统特别是高等教育人才培养质量评价、产学研合作、社会办学等领域也相继使用此理论。在教育性质上,高等职业教育是一种公益事业,它不是以盈利为目标的,带有很强的社会外部性,这就要求高等职业教育在发展过程中要对经济、政治、环境、社会的各个方面都充分重视。高等职业教育是我国教育发展的重要组成部分,其可持续发展依赖校、政、企、个人及社会各方的共同协作和努力。各个经济主体的利益能否得到充分实现,是决定他们能否深入参与高等职业教育的关键。高等职业教育产教融合是产业与教育的结合,既要平衡校、企之间的利益关系,又要充分发挥各方重要优势。要从利益相关者的角度,对产教融合中的投入方式、运作模式、合作形式以及评估机制等方面进行界定,使产教融合中各利益主体的共同需要得以实现(池春阳,2021)。

综上所述,将利益相关者理论与高等职业教育产教融合人才培养进行有机结合,本书将高职教育产教融合人才培养利益相关者描述为:可以对高职教育产教融合人才培养的过程和目标产生重要作用,并由此受到一定影响的群体和个人。基于已有的利益相关者研究成果,将利益相关者理论引入并应用于高等职业教育,探究分析目前高等职业院校产教融合人才培养模式以及现存的缺陷不足,明确各利益相关者的核心诉求,从而提出针对性的优化改进措施,以促使各方利益实现最大化(何姝颖,2023)。

二、资源依赖理论

(一)资源依赖理论的发展脉络

1. 资源依赖理论的萌芽

对于资源依赖理论的产生,马迎贤(2005)认为,塞尔兹尼克对美国田纳西流域政府的研究是资源依赖理论的萌芽。田纳西流域政府是当时美国最大的公共行政机关,为美国的南方农村地区引进了电力和先进的农业技术,但是管理局发现要想顺利履行这项职能需要依赖南方的地方精英。政府并没有排斥这些地方精英,而是将其吸纳进决策过程,引导其参与管理当局决策活动,这一处理方式被称为“共同抉择”。共同抉择意味着需要与行政活动的其他参与者进行权力分享,但这种权力分享可以是象征性的,而组织在权力分享过程中如何实现相对平衡逐渐进入学者的视线,成为组织理论中研究组织关系的重要关注点。在塞尔兹尼克之后,学者汤普森和麦克埃文提出了组织之间的三种合作模式:联盟、商谈和共同抉择。联盟是指企业间的合作,如合资企业;商谈是指企业间为了合作而进行的合同谈判;而共同抉择则基本遵循塞尔兹尼克的研究成果,总结为将组织外潜在的干扰因素引入组织的决策活动,参与组织活动。1967年,汤普森进一步总结出组织间一种综合性的权力模式——依赖模式。组织间的依赖关系与所依赖的组织的能力呈正比,与可替代性的组织的能力呈反比。

循着汤普森的研究思路,学者扎尔德在组织理论中进一步引入了政治经济视角,以此来进一步分析组织变迁过程中政治经济因素的作用及其对组织发展方向和发展过程的影响。扎尔德引入的政治经济视角不仅关注组织内部的政治结构,也提到了组织外部的政治环境,这也是组织理论在当时的一种新方向。由此,共同抉择理论、组织间三种合作类型、组织间依赖模式、政治经济视角下的组织间关系理论共同组成了资源依赖理论的理论基础,成为资源依赖理论的萌芽,奠定了资源依赖理论系统阐述的基础。

2.资源依赖理论的形成与发展

20世纪70年代,组织行为理论的研究方向正式转向组织间关系与组织外部互动的分析。菲佛和萨兰基克在这个时期正式创造了资源依赖理论,1977年出版的《组织的外部控制》标志着该理论的形成,架构了理论的主要内容。理论的提出有四个重要的假设:一是对于组织来说,最核心的利益是生存;二是为了核心利益,组织需要多种发展资源,而这些资源需从外界获取,组织内部无法自足;三是资源的获取需要与组织外环境充分互动,孤立的组织无法获取充足资源;四是外部资源决定组织生存的程度不同,组织间依赖程度也不同。除此之外,该理论还提出了决定组织对其他组织依赖的三个决定性因素:一是资源是否对组织的生存与发展有重要作用,决定一个组织对另一个组织的依赖程度;二是与组织内外部相关的特定利益群体对这种资源的控制使用能力;三是是否有替代性资源存在,或是组织外其他利益群体对生存资源的控制范围。萨兰基克进一步吸收霍利关于人类生态学的理论并将其应用于资源依赖理论,进一步提出组织之间的依赖不只是单向的,也可以是双向的,两个组织也可以同时相互依赖。但是当一个组织的依赖性大于另一个组织时,组织间互相依赖关系中的权力开始变得不平等,从而产生两种类型的资源依赖:竞争性相依和共生性相依。竞争性相依是指在市场条件下,组织生存的资源越来越有限,因此组织需与其他组织竞争稀缺资源来生存发展下去,但是在某些方面又相互依赖,在竞争中相依。而共生性相依则是指虽然在市场条件下,但两个组织存在共同的利益,甚至一个组织的投入会变成另一个组织的产出,组织间存在利益的直接关联,其中一个组织面临不利情况可能会直接导致另一个组织处境变坏,组织之间都努力向较好的情况发展,努力改变环境制约所带来的资源紧缺情况,变环境制约为环境控制,共生共灭,建立良好的共生关系以实现双赢。

(二)资源依赖理论的内涵

资源依赖理论是从组织场域的角度研究社会组织,在组织场域中,国家和社会是行动者,组织的能动性和行动的特点能很好地体现出来。资源依赖理论存在以下几个方面的假设:第一,生存是组织最关心的事情;第二,组织的生存依赖环境中的一些资源,组织不能够自给自足这些资源;第三,环境中有其他组织的存在,组织要与所依赖环境中的其他组织进行互动;第四,组织生存的关键在于掌握控制与所依赖环境中的其他组织关系的能力。换言之,组织能否获取资源是其生存的关键,组织发展的关键要素便是资源。为了生存的需要,组织必须从外部环境中获取资源,这些资源包括资金和人力资源等原材料、信息资源、合法性支持。因此,资源交换是组织与环境进行联系的核心纽带。资源依赖理论的研究核心是组织自身如何更好地与外部环境互适以及有效地利用外部资源,从而使组织生存下来并获得更好的发展。资源依赖理论适用的前提假设是:在组织生存的社会环境中,没有任何一个组织是可以孤立生存并发展下去的,组织对外部环境存在资源上的依赖,无法实现自给自足。为了生存,组织需要与所处的社会环境进行资源交换,获得生存所需的资源,为组织自我生存发展所用,这种生存需求构成了组织对环境中一些要素的资源依赖。资源依赖理论认为,组织资源依赖的程度取决于三个因素:替代资源的可得程度、持有资源的组织对资源控制的状况、资源对于组织生存与发展的重要性(赵普民,2020)。

资源依赖理论认为,要摆脱组织面临的资源困境有以下两种途径:一是当面临不确定的资源时,从组织内部出发,增强组织自身的独立性,降低组织对外部环境的依赖;二是通过增强自身对所处环境及共生网络的影响力,提供"诱因",更加快速高效地对外部资源进行交易获取(邹雪梅,2020)。

(三)资源依赖理论的应用

国内学界对于这一理论的研究应用,主要集中在企业管理、政社关系、校企合作、高职教育等领域。在企业组织管理领域,我国学者主要围绕企业高层管理、组织间资源共享、企业治理、企业战略联盟、供应链关系等话题展开讨论。例如,周键等(2017)、陈光沛等(2022)分别研究了资源依赖视角下的企业政治行为、创新行为,基于依赖视角下政治行为对企业创新的影响,对企业战略发展提出建议;毛文静(2007)关注组织之间资源依赖程度对组织合作关系的影响,探讨了企业如何在依赖中规避风险。在政社关系领域的应用方面,许多学者从政府与社会互动关系的角度出发,分析政府与社会组织如何更好地进行资源互动,建立良好资源互动关系。学者李熠煜和佘珍艳(2014)基于资源依赖视角,提出农村社会组织与政府各自为对方提供了生存发展所需资源,两者存在依赖关系;林雪霏(2014)以社会治理时代下 B 市 T 区这一具体时空场域内三个组织的成长为案例,分析国家与社会之间的调适和重构,指出在社会治理时代下,T 区政府在原有的社会结构边缘开启了供多元行动主体互动和博弈的理性政治空间。唐国华等(2014)将资源依赖理论与高校建设及高职教育的发展相结合,探讨如何促进我国高职类教育发展。在政企关系方面,朱靖雯(2023)认为,在资源依赖理论的分析框架下,首先要发挥政府职能重塑相互依赖主体之间的价值认同、组织基础以及各主体加强自身挖掘替代性资源的能力,从而突破对政府提供优质资源过度依赖的瓶颈;其次依托协商性决策提高各主体参与积极性的方式来解决多主体间构成相互依赖关系动力不足的问题;最后高职院校要制定特色化办学的发展战略来应对院校之间的不正当竞争。古翠凤和朱靖雯(2023)指出,为了使各主体的关系更平等、双向、互动和协同,建议把"双高计划"院校作为中心主体,充分利用政府效能,平衡各主体的资源诉求,各多元主体之间发挥自身潜能共筑相互依赖生态关系,组建联盟提高彼此资源依赖关系的稳定性,协调不同主体间的资源依赖关系,从而实现以优质"双高计划"院校引领其他高职院校共同发展,推进高等职业教育高质量发展。

三、共生理论

(一)共生理论的内涵

1879年,生物学家德贝里提出"共生"(symbiosis)一词,并将其定义为"不同种属的生物按某种物质联系共同生活"。随着科学的发展和推进,20世纪50年代以后,对共生现象的研究逐渐延伸至经济学、社会学、教育学等领域,共生不再是生物学中的独特现象,而是人类社会的普遍属性。1998年,袁纯清在其著作《共生理论——兼论小型经济》中将生物学中的共生现象拓展为社会科学领域的"共生理论",并作出具体论述,提出共生系统是指由共生单元按某种共生模式构成的共生关系的集合,并构建"共生理论"框架:以共生三要素(共生单元、共生模式和共生环境)描述共生的本质,以共生密度、共生界面、共生组织模式(点共生、间歇共生、连续共生和一体化共生)、共生行为模式(寄生、偏利共生、非对称性互惠共生和对称性互惠共生)分析共生关系状态(郭苗苗,2021)。

共生源于生物界不同属种间特有的生活现象,本义为两种及以上生物在生理上因相互依存而达到的一种平衡状态,后引申为协同发展的命运共同体构筑(章晓明、南旭光,2017)。共生关系实际上是不同属种间基于资源依赖或功能互补而结成的协作关系,本质上是多元主体基于有效分工而形成的竞争和合作关系。共生是多元主体构建互利关系的过程,不仅能够解释不同生物共同进化的现象,还能够解释存在既博弈又合作的不同社会组织共同进化的社会现象。生物共生作为自然界的普遍现象,揭示了合作共赢是生物进化的基本规律。从共生理念的应用来看,共生已经成为研究生态系统进化的基本模式。共生理论从生物学范畴被引入社会学范畴,为人类社会发展和组织协同发展提供了理论支撑。第一,共生系统不是多元共生主体的简单叠加,而是基于资源互补、要素兼容、协同发展的各主体自愿组成的系统。共生系统由共生单元、共生环境共同构成,随着各共生单元之间合作关系的加强,系统的共生模式也会发生改变,进而影响共生系统的进化速度。第二,各共生主体在相互感知、识别和互动的过程中逐渐建立稳定的合作关系,通过合作互动进而产生共生能量,促进共生系统整体进化。第三,共生系统的环境包括各共生主体在常态化互动过程中形成的合作规则等构成的内部环境,以及各主体赖以生存的外部环境,内部环境和外部环境共同影响共生主体的合作方式和合作深度。第四,在共生系统中,共生能量是由多元主体在互动中产生的新能量,也是合作共生关系形成和发展的前提,共生能量是决定共生关系可持续发展的基础,也是共生机制优化的关键。

(二)共生理论的应用

在市场经济体制下,企业的竞争力日益增强,效率决定了企业未来发展,这使产业与教育的联系密切起来,使合作共生关系得以在产教间形成并发展。共生理论在产教融合领域的运用是不尽相同的。有学者用共生理论的视角构建产业学院共生体系,从共生基本要素、共生基础和共生机制三个方面解构并重塑产业学院共生体。有学者基于协同—共生视角重塑职教集团发展路径,在共生理论指导下,以共生单元、共生界面和共生环境作为分析框架进行研究,强调共生子系统通过责任共担、利益共享,形成协同发展、互补互利的运行机制(孙健,2010)。还有学者提出用共生理论创新校企合作治理模式,章晓明和南旭光(2017)指出,校企合作治理模式创新方向是多元共治与互惠共生的,并进一步从营造正向共生环境以构建多元治理结构、加强制度体系建设以打造共生治理界面、强化互动协同作用以提升合作共生效能等方面综合施策,主动寻求变革和转型。姚奇富(2016)认为,由于组织方式和行为方式的不同组合,高职院校与县域发展形成的共生关系模式会表现为多种共生状态,对称互惠一体化共生状态则是高职院校与县域共生发展的新境界。这种良性的或理想的共生关系形成的过程,是通过培育共生单元、优化共生环境、构建适切的共生模式来实现的,这一过程也是深化"县校协同创新"的过程。从共生系统进化来看,高职院校产教融合应朝着"多元共治、共生共荣"的价值目标建设,进而构建具有"交互作用、共同治理、互惠共生"的校企合作治理新模式。共生理论下的产教融合无疑具有多元主体参与和利益耦合的特征(刘青,2022)。

四、人力资本理论

(一)人力资本理论的内涵

20世纪60年代,美国经济学家舒尔茨在其《论人力资本投资》(*Investment in Human Capital*)一书中系统地阐述了人力资本理论。舒尔茨在长期对美国农业生产的研究过程中发现,促使美国农业经济继续增长的最主要因素不是相对饱和的土地资本和资本积累数量的多少,而是劳动者本身素质的高低。美国相对于其他发展中国家来说,人口数量并不占优势,甚至可以说是劳动力缺乏的国家,但美国对于劳动者进行大量的教育投资,使他们具有较高的生产素质,以较少的高素质劳动力实现较高的产出。与此同时,他发现工人的工资中有一部分较大幅度增长的收入,无法用现有的收益分配理论进行解释,于是舒尔茨将之归结于人力资本投资的功劳,投入与产出之间增长速度之差,一部分源于规模收益,另一部分源于人力资本创造的技术进步。舒尔茨认为,人口质量和知识投资在很大程度上决定了人类未来的前景,在影响经济发展的诸因素中,人的因素是最关键的,经济发展主要取决于人的质量,而不是自然资源或资本。所谓人力资本,指的是劳动者投入企业的知识、技术、创新概念和管理方法的一种资源总称。舒尔茨将人力资本投资集中在以下五个方面:一是医疗和保健;二是在职培训;三是正规教育;四是不由企业组织的学习项目,主要包括农业上的技术项目,区别于上述在职培训;五是个人和家庭为了适应就业机会的迁移。舒尔茨人力资本概念的提出,极大地增进了人们对教育与经济发展关系的认识(王盛辉,2023)。

(二)人力资本理论的应用

人力资本理论突出强调了教育投资是人力资本的重要手段,而教育投资的数量和质量决定了人力资本的质量。作为一种投资,教育投资是一种生产性投资,会在未来的经济发展与社会生产中得到收益。当今世界经济发展多元化,但在经济改革和发展的具体步骤中印证了教育发展的速度与质量与经济发展程度呈正相关关系,而教育的成功在很大程度上依赖教师人力资本。

教师是知识的传授者,而且对学生价值观等思想领域有强烈的影响,尤其是高校教师作为高等教育的主体力量,影响着社会主要人力资本的发展方向和技能层次,是需要重点关注、加强建设的一个群体。在高校教师队伍建设工作当中,一方面需要利用多种多样的手段和途径促进学校对高素质教师人才的吸收,力求各个岗位都能配备最适合的教师,保证学校在科研、教学等各方面的工作都能有效开展;另一方面需要培养现有的教师队伍,激发教师工作潜能,促进教师全面投入教育教学,充分发挥其应有的价值,促进学校整体师资队伍水平的提高。高校发展教师队伍建设的实质是对人力资本的发展:为了获得需要的人才,相关主管部门付出了金钱、物资和人力,并且利用具有吸引力的薪资和福利促进教师团队的发展与稳定,最终能够得到人力资本投资的回报,通过引进的优秀人才优化教师队伍结构,提升师资队伍在教学、科研方面的综合能力,大力推进高校不断向前发展(刘晓枫,2016)。王荣辉等(2018)指出,受经济与社会制度变迁的深刻影响,高职教育的社会资源配置效率低、市场供需矛盾突出、区域性行业性资源配置不均衡,不能完全满足人的发展、技术发展、经济发展、社会发展对高职教育的要求。高职教育发展要改变政府主导体制形成的路径依赖现象,加强制度创新与改革探索,强化高职教育与产业结构的耦合、行业企业对高职教育发展的驱动,加大股份制改革与实体性职教集团探索力度,促进市场与政府在高职教育资源配置中各就其位,加大对现代农业、民族特色产业等的财政支持与转移支付力度,建立贯通的国家资历框架促进面向更高端产业链的人才培养与人才流动,避免人力资本在廉价劳动力市场形成积累。李志伟(2016)从人力资本因素角度具体分析河北省产业结构、就业结构和人力资本状况,验证人力资本和产业结构调整以及就业结构优化之间的相关性。

第二节　评价方法

综合高等职业教育产教融合依赖的基础理论,本书运用 CIPP 评价模型与耦合协调评价模型,从产教融合环境、投入、过程、效益四个方面开展高等职业院校产教深度融合水平评价。

一、CIPP 评价模型

CIPP 评价模型,也称"决策导向"或"改良导向"的动态评估模型,其理论模型最早是由美国评价学者斯塔弗尔比姆(Stufflebeam)提出的。该模型主要基于泰勒模式改良而成,其目的是通过问责改进提高教学效果,而不是简单地证明教学效果的好坏,该模型注重把评价结果作为不断改进和完善的依据,实现对症下药(Stufflebeam et al.,2007)。斯塔弗尔比姆认为,评价这一行为不是最终目标而是为了持续地改进,CIPP 评价模式是一种持续跟踪变化动态的评估模型。我国也有学者指出,CIPP 评价模型的优势在于,它不仅可以弥补泰勒模式的不足,还能更好地发挥评价结果在课程教学中的导向作用,相对于泰勒模式而言,其具有系统性、针对性、改进性和发展性四者融合的特征。

(一) CIPP 评价模型环节

格拉-洛佩兹(Guerra-López,2008)在斯塔弗尔比姆的基础上进一步指出,该评价模型由四个重要环节组成,即背景评价、输入评价、过程评价以及结果评价,各环节既相互独立又彼此融合(见图 2-1)。

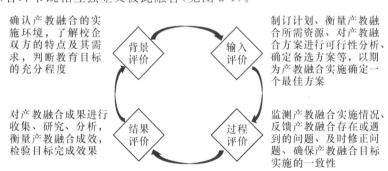

确认产教融合的实施环境,了解校企双方的特点及其需求,判断教育目标的充分程度

制订计划、衡量产教融合所需资源、对产教融合方案进行可行性分析、确定备选方案等,以期为产教融合实施确定一个最佳方案

对产教融合成果进行收集、研究、分析,衡量产教融合成效,检验目标完成效果

监测产教融合实施情况、反馈产教融合存在或遇到的问题、及时修正问题、确保产教融合目标实施的一致性

背景评价 输入评价 结果评价 过程评价

图 2-1 基于 CIPP 评价模型的产教融合质量评价模型

1. 背景评价

背景评价就是在特定的背景下,对教育目标和实施条件等进行的评价和判断,不论是总体目标还是分层目标或阶段目标,目标的设置需要充分了解参与者的意愿和诉求、实施条件、外部环境等信息,所以,在确定教育受益者后,就应该对产教融合实施的现实背景进行评价,进而为判断方案的可行性、是否

能到达预期目标提供重要依据。背景的评价目的在于确认产教融合的实施环境，了解校企双方的特点及其需求，判断教育目标的充分程度。

2. 输入评价

输入评价是在产教融合方案基本确定后，对其所需的各种资源、条件和保障措施等进行比较分析，从而帮助决策者选择更加合适、高效的教学资源方案，是对所选方案有效性和可行性的评价。输入评价主要是明确实施产教融合所需的条件和资源，并对这些条件和资源进行评估，衡量以现有的条件和资源能否实现产教深度融合目标，并且确定产教融合的实施是否需要其他外部资源的协调和帮助，从而有效推动产教融合的实施。输入评价的主要内容有制订计划、衡量产教融合所需资源、对产教融合方案进行可行性分析、确定备选方案等，以期为产教融合实施确定一个最佳方案。

3. 过程评价

顾名思义，过程评价就是对产教融合实施过程进行的评价，其主要目标是对产教融合的实施过程进行监控，从而发现融合过程中存在的问题，并对其进行反馈和调整，保证产教融合顺利展开，属于形成性的评价方式。产教融合过程中，利益相关者的多样性和融合方式的动态性，决定了产教融合前制定的方案不可能万无一失，能完全关注到融合的每一个环节的细节，因此需要对产教融合过程实施动态的、过程性评价，为政府、学校、企业、师生等提供更多的反馈信息，以便更好地掌握产教融合的实施情况，为方案调整提供依据。过程评价的主要任务就是监测产教融合实施情况、反馈产教融合存在或遇到的问题、及时修正问题、确保产教融合目标实施的一致性。

4. 结果评价

结果评价是对产教融合实施结果的评价，是对产教融合目标达成度的检验，也是CIPP评价模型的最后环节，属于终结性的评价方式，对产教融合成果进行收集、研究、分析，衡量产教融合成效，检验目标完成效果，包括预期、非预期目标或正面、负面效果，为下一步改进方案与拟定发展计划提供经验和依据。重点在于对前三个阶段收集到的资料进行研究分析，对照目标和实际成效的差异，分析不同高职院校产教融合水平产生差异的原因。

(二)CIPP 评价模型与产教融合质量评价的适用性分析

结合利益相关者理论、资源依赖理论、人力资本理论等分析,产教融合实际是一个多维度、多层次的跨界矩阵合作机制,也是一项系统工程,既包含空间维度,比如微观层面某类具体教育教学活动的"点",中观层面教师、教材、教法等课程改革的"线",宏观层面专业人才培养方案、人才培养模式等综合改革的"面";又包含价值维度,比如是否满足校企双方战略需求、是否与区域产业经济社会协同发展、人才质量是否真正有所提高;还包含时间维度,比如校企各自现有水平、合作计划推进及未来发展趋势以及合作共建的短期与长期效应等。从共生理论层面分析产教融合质量评价,既要针对校企双方单位各自背景、现状及双方合作目标进行评估,又要密切关注双方深度互融、共建共生过程,还要关注校企互融共建的成果及各方利益达成度,更要关注被评价对象个体的主观认知情感以及其发展与改进情况。其评价一方面需重视评价的形成性功能,另一方面也非常关切诊断性和终结性评价。相对于泰勒模式而言,CIPP 评价模型可通过背景评价、输入评价、过程评价及结果评价四个维度从产教融合的空间、时间及价值等维度开展系统性评价,将学校和企业各方利益需求、资源条件,以及共融共建目标、过程、结果和各方利益平衡与发展等质量因素贯通设计在质量评价模型中。

该评价模型将质量评价贯穿整个互融共建过程与诸多环节,将诊断性评价、形成性评价和结果性评价有机整合,扩展了评价范围和内容,突出了评价的发展性功能,保证了评价体系的针对性、改进性及可持续性(沈军等,2016)。因此,CIPP 评价模型具有系统性、针对性、改进性和发展性等特征,比较适用于高职院校产教融合质量评价。

二、耦合协调评价模型

(一)耦合度模型

耦合度主要用于度量不同系统间相互作用的强度,但无优劣之分。耦合度越高,说明系统间要素的协调与对接程度越好。耦合协调模型属于物理学领域,传统的两个系统的耦合度函数为：

$$C = \frac{2\sqrt{U1 \times U2}}{U1 + U2} \tag{2.1}$$

在本书中,式(2.1)中的$U1$和$U2$分别表示产教深度融合和经济高质量发展的综合评价指数;$U1/U2$表示产教深度融合能力相对于经济高质量发展的发展程度,若比值小于1,则表明产教深度融合能力滞后于经济高质量发展。C表示系统的耦合度,C值越大,表明产教深度融合与经济高质量发展之间相互影响程度越强。根据耦合度值的大小,可以对耦合程度进行评价,借鉴相关学者的研究成果(赵书虹、孔营营,2023),耦合度评价标准如表2-1所示。

表 2-1　耦合度评价标准

C 值	耦合阶段
$C=0$	不耦合
$0<C\leqslant0.3$	低水平耦合阶段
$0.3<C\leqslant0.5$	拮抗阶段
$0.5<C\leqslant0.8$	磨合阶段
$0.8<C\leqslant1$	高水平耦合阶段

(二)耦合协调度模型

鉴于耦合度只反映系统间相互作用强度,无法反映系统间互动发展的整体功效和协同效应,可能两个系统发展水平都较低,但能计算出耦合度很高的假象,即耦合度不能表征两个系统是在高水平上相互促进还是低水平上相互制约,因此需要建立耦合协调度模型来衡量两系统间耦合协调度的大小。耦合协调度综合了耦合度C与发展度T,具有较高的稳定性。公式如下：

$$T = \alpha U1 + \beta U2, \alpha + \beta = 1 \tag{2.2}$$

$$D = \sqrt{C \times T} \tag{2.3}$$

基于本书的内容,式(2.2)和式(2.3)中的T表示产教深度融合和经济高质量发展的综合协调发展指数;α和β为待定权数,表示两个系统对整个系统的贡献度,本书认为,产教深度融合能力与经济高质量发展同等重要,故取$\alpha=\beta=0.5$;C表示系统的耦合度,C值越大,表明产教深度融合与经济高质量发展之间相互影响程度越强；D 为耦合协调度，D 值越大，表明产教深度融合与经济高质量发展之间和谐度越高；且 C 和 D 的取值范围均为 $[0,1]$（温兴琦、周邦栋，2023；吕海萍等，2023）。

　　根据耦合协调度值的大小，可以对产教融合与经济高质量发展耦合协调度进行评价，通过借鉴相关学者的研究成果（王战军等，2021），协调度评价标准如表 2-2 所示。

表 2-2　协调度评价标准

D 值	协调等级
$0 \leqslant D < 0.1$	极度失调
$0.1 \leqslant D < 0.2$	高度失调
$0.2 \leqslant D < 0.3$	中度失调
$0.3 \leqslant D < 0.4$	轻度失调
$0.4 \leqslant D < 0.5$	濒临失调
$0.5 \leqslant D < 0.6$	勉强协调
$0.6 \leqslant D < 0.7$	初级协调
$0.7 \leqslant D < 0.8$	中级协调
$0.8 \leqslant D < 0.9$	良性协调
$0.9 \leqslant D \leqslant 1$	优质协调

第三节　文献综述

　　党的十九大以来，产业转型升级和经济结构调整不断发展前进，新兴产业发展要求培养的人才更具有职业性、创新性、实践性，创新教育组织形态、培养模式和服务供给是产业进步对高职院校提出的迫切要求，不仅要在学校中传授知识，还可以将教育内容向社会延伸，落实校企协同育人举措，深化产教融合。因此，产教融合受到越来越多的关注，其在职业教育人才培养当中的作用越来越凸显，产教融合作为一种新型的人才培养模式，是新时代职业教育深化改革发展的主要推手。2017 年国务院办公厅发布的《关于深化产教融合的若干意见》明确提出:"深化产教融合,促进教育链、人才链与产业链、创新链有机衔接,是当前推进人力资源供给侧结构性改革的迫切要求,对新形势下全面提高教育质量、扩大就业创业、推进经济转型升级、培育经济发展新动能具有重要意义。"2019年,教育部、财政部出台的《关于实施中国特色高水平高职学校和专业建设计划的意见》指出:"坚持产教融合。创新高等职业教育与产业融合发展的运行模式,精准对接区域人才需求,提升高职学校服务产业转型升级的能力,推动高职学校和行业企业形成命运共同体,为加快建设现代产业体系,增强产业核心竞争力提供有力支撑。"同年发布的《国家产教融合建设试点实施方案》进一步指出,国家产教融合建设试点必须坚持问题导向、改革先行,要集中力量破除体制障碍、领域界限、政策壁垒,下力气打通改革落地的"最后一公里","推动建立城市为节点、行业为支点、企业为重点的改革推进机制"。2021年,中共中央办公厅、国务院办公厅印发《关于推动现代职业教育高质量发展的意见》,进一步明确了职业教育转型发展和产教深度融合的政策内涵和制度框架。自此,以产教融合、校企合作为基本特征和基本形态的职业教育更加深入地嵌入经济转型、产业升级、技术创新,在各领域发挥着越来越大的作用。2022年修订的《中华人民共和国职业教育法》在"总则"中提出:"职业教育必须坚持中国共产党的领导,坚持社会主义办学方向,贯彻国家的教育方针,坚持立德树人、德技并修,坚持产教融合、校企合作,坚持面向市场、促进就业,坚持面向实践、强化能力,坚持面向人人、因材施教。"该法还明确了"职业教育实行政府统筹、分级管理、地方为主、行业指导、校企合作、社会参与"。

高职院校、行业企业、社会组织等开展产教融合如火如荼,为社会建设提供高素质、高质量的人力资源,助力社会经济向前发展。但是,在教育链、人才链、产业链、创新链有机衔接的过程中,仍存在职业教育产教融合"壁垒",诸多不适应问题依然突出。很多学者也开展了产教融合的相关研究,以汤智华(2019)为代表,其认为产教融合的主要问题是传统的学校教育制度偏重于产教融合中的"教"而忽视"产"、产教融合政策以及配套机制引导作用不突出、产教供需双向对接渠道不畅通。以王向红(2018)为代表,其认为产教融合的主要问题是国家缺乏顶层设计,高职院校缺乏创新动力,成果转化不够明显。现有的研究虽然涵盖了职业教育产教融合的内涵、政策、评价机制、问题、对策等方面,但都较为宏观,很少有学者从实践的角度出发,对产教融合实际存在的问题进行反思和总结。有关产教融合的实证性研究较少,缺乏数据支撑,难以从实证层面对产教融合进行相关的剖析和解释,相关研究结论以描述性和思辨性为主,缺乏相应的数据支持。因此,为促进职业教育产教融合的高质量发展,本书在系统梳理产教融合内涵、模式与影响因素等基础上,结合产教融合发展现状,综合构建高等职业教育产教深度融合评价指标体系;对设置的高等职业教育产教深度融合评价指标体系进行定量评价;通过实证检验影响高等职业教育产教深度融合的潜在影响因素,为制定产教深度融合保障措施提供客观依据。本书对提高产教融合的人才培养质量以及社会服务能力具有重要的理论意义和实践价值。

一、数据采集与研究工具

如前所述,产教融合并非一个新兴的概念,在美国、德国、英国、日本等制造业强国,产教融合早已深入职业教育发展的方方面面。从已有研究与实践中不难发现,产教融合可以明确它的"三大融合",一是"产业"与"教育"相融合,二是"企业"与"学校"相融合,三是"生产"与"教学"相融合。明确这"三大融合"后,在 Web of Science 核心合集数据库中进行文献检索时就能明确文献的内涵定义。此外,还有学者从大局视域出发,提出高职院校和企业的参与是促进可持续发展的关键因素,这是当今世界所有国家所追求的。高职院校和企业之间的合作、整合和伙伴关系必须由高管和学者来追求,他们必须管理好核心要素的协议,使合作关系良好地运行,并有足够的时间以获得良好的结果。

(一)数据采集

本书将 Web of Science 核心合集数据库作为国外产教融合研究数据来源。该数据库是美国科学信息研究所(Information Science Institute,简称ISI)的产品,收录了 9000 多种世界权威、高影响力的学术期刊。利用高级检索方式,设置检索时间为 1990 年 1 月 1 日—2022 年 1 月 23 日,以"the dual system of vocational training in germany"为主题词,得到 58 篇文献;以

"integration between enterprise and university"为主题词,得到146篇文献,从中筛选出120篇;以"integration between industry sector and vocational education"为主题词,得到4篇文献;以"integration between industry and education"为主题词,得到387篇文献,从中筛选出377篇;以"integration of production and education"为主题词,得到827篇文献;以"integration of industry and education"为主题词,得到1304篇文献;以"integration of industrial system and education system"为主题词,得到305篇文献;以"industry-education integration"为主题词,得到30篇文献;以"industry-university integration"为主题词,得到63篇文献;以"the fusion of education and industry"为主题词,得到77篇文献;以"production-education integration"为主题词,得到18篇文献。共检索出相关文献3219篇,将文献用纯文本格式导出,并以"download_×××"为文件名存储至数据文件夹,便于对数据进行分析总结。使用CiteSpace对文献进行可视化分析,可分析有效文献数为1733篇。

(二)研究工具

本书采用定性分析与定量分析相结合的方法。其中定量研究采用的是文献研究法,借助CiteSpace软件,因为在共现分析方面,图视化展示方式较为直观且丰富,显示也较为清晰,使文献计量分析的结果更易于解释,方便读者理解。定性研究是从可视化图类展示的数据中选择具有代表性的文献内容进行简单梳理。为了解知识计量学的学科基础,本书利用信息可视化工具CiteSpace 5.7. R5w,对所有数据进行学科领域共现分析。CiteSpace是由美国德雷赛尔大学陈超美教授研发的基于Java编程语言运行环境下的信息可视化软件,2005年引入中国。CiteSpace可视化软件将引文分析、聚类分析、网络分析等在知识单元分析的基础上结合并集成起来,并融入数据挖掘、计算机图形学、图像技术、智能技术及相关先进算法等手段与方法,进行跨学科的综合创新,从而形成适于多元、分时、动态网络分析的新一代可视化技术,可以作为基于知识单元分析的知识计量学普遍应用的新工具。

二、数据结果分析

(一)关键词分析

1.关键词聚类分析

关键词最初是为了方便检索论文而设计的。随着文献计量学和科学计量学研究方法的不断发展,关键词已经成为知识计量学研究的重要计量指标,通过对关键词的计量和分析,可以挖掘出一段时间知识领域的研究热点和研究前沿,还可以对文献内容进行高度概括,因为关键词是为了文献标引工作从报告、论文中选取出来的用以表示全文主题内容信息条目的单词或术语,能鲜明而直观地表述文献论述或表达的主题,使读者在未看学术论文的文摘和正文之前便能知道论文论述的主题,从而判断是否要花费时间阅读正文。在CiteSpace 中通过从施引文献的标题(T,Title)、关键词(K,Keyword list)或摘要(A,Abstract)中提取名词性术语对聚类进行命名。词频是指所分析的文献中词语出现的次数,共现是指一个关键词出现在两篇或两篇以上的文献中。得到默认聚类结果,每一个节点表示一个关键词,节点越大表示该研究受到的关注度越高,出现的频次越多。本次检索筛选出的文献出现节点(nodes)共计509 个,连线(links)1733 条,密度(density)为 0.0134。研究相关领域关键词聚类块的情况,可以直观地展现研究主题的聚类情况。本次检索筛选出的文献聚类块相对集中,聚类块数量为 12,前三类分别是"smart factory""service""urbanization",最大聚类块为♯0 smart factory。

2.关键词可视化 Timeline 分析

在生成共被引聚类图谱之后,将聚类编号作为 Y 轴,数据库资料来源年份作为 X 轴,分布在线轴上的各点是首次出现的词,得到共被引网络的时间线图谱。从知识理论的角度来看,利用关键词共现可以确定某研究领域一段时间内研究主题的变化,中心度和频次高的关键词代表这一段时间的研究热点,以此来辨别该领域研究的主要研究方向和研究热点,还可以清晰地识别知识演进的脉络,对把控研究方向有明确的导向作用。运行 CiteSpace 得到 509 个节点,1733 条连线,密度为 0.0134。如图 2-2 所示,在数据库的 1733 篇文献中,按关键词(keyword)进行聚类分析得出 14 个具有典型性的聚类。

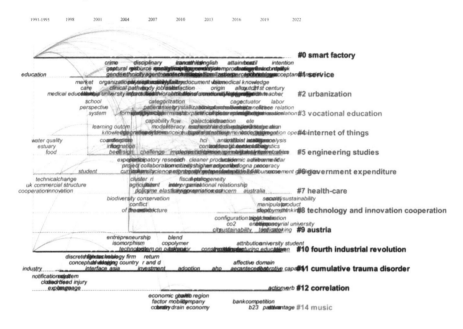

图 2-2　有效文献的关键词时间视图

3.关键词突变

CiteSpace 软件运用突变检查算法提取突变词,突变词的词频变化特征可以被用于判断当前研究领域的研究前沿以及研究热点趋势。根据 CiteSpace 相关分析,根据聚类高频关键词的时间视图,利用工具面板中的 Burstness,找出关键词爆发的节点关键词,采用公式 $f(x)=ae-ax$,a1/a2,The number of States 设值为 2,Burst items found 指数设置为 4,得出 4 个节点及其开始出现的年份以及结束的年份。如图 2-3 所示,排名前 4 的突变关键词为框架(framework)、管理(management)、互联网(Internet)、模式(model),这是国外产教融合研究的热点,其中,框架(framework)体现在 2017—2020 年,该研究热点的强度为 3.63;管理(management)体现在 2019—2020 年,该研究热点的强度为 4.58;互联网(Internet)体现在 2019—2022 年,该研究热点的强度为 3.81;模式(model)体现在 2020—2022 年,该研究热点的强度为 4.69。这在一定程度上说明国外大数据主要聚焦产教融合管理与产教融合模式研究。因产教融合的模式正随经济社会各行各业内驱力的变化而发生变化,因而其模式研究也将成为产教融合主题领域的重点研究内容。

排名前4的突变关键词

关键词	强度	起始年份	结束年份	1990—2022年
框架 (framework)	3.63	2017	2020	
管理 (management)	4.58	2019	2020	
互联网 (internet)	3.81	2019	2022	
模式 (model)	4.69	2020	2022	

图 2-3　有效文献的关键词突变

(二)主要研究国家分析

检索发现被纳入数据库参与产教融合研究的国家共 140 余个。节点越大代表发文量越多,发文较多的国家为中国、美国、西班牙、俄罗斯、德国、巴西、英国、澳大利亚、意大利、法国、马来西亚、罗马尼亚、葡萄牙、加拿大、瑞典、奥地利、南非等。利用 CiteSpace 对国家的发文数量进行可视化分析,可以通过可视化图观测到国家与国家之间的合作关系以及发文数量(见图 2-4)。在 CiteSpace 数据面选取"Country"对其分析,经过运行可知,该图谱节点为 140个、连线为 376 条、密度为 0.0386,由此可知,近 30 年的研究过程中涌现了较多的国家,并且具备一定相关知识关联的状况,且国家之间的知识交叉情况较为密切。对该图谱进行进一步的处理后,得到聚类点最大的为中国,其次为美国、西班牙、俄罗斯、德国、巴西、英国、澳大利亚。

(三)作者分析

通过 CiteSpace 作者共现分析可以展现该研究领域的核心作者以及领军人物。将时间设定为 1990—2022 年,时间切片为 1,Top$N=50$,即每一年内频次排名 50 的数据,共有节点 518 个,连线 609 条,密度指数为 0.0045。根据普赖斯定律(Price Law)中核心作者计算公式 $M \approx 0.749 \times \sqrt{N_{max}}$($M=$论文篇数,$N_{max}$指对应年限中发文数量最多作者的论文数量),在该数据库中,发文量最多的作者为亚历山大·科科维欣(Alexandr Kokovikhin),发文量为 4 篇,位居第一。代入普赖斯公式可知,当 $N_{max}=4$ 时,$M=1.498$,其指数较小,因而发

表2篇以上文献的作者为该领域的核心作者,根据文献数据,核心作者共计83位。对采集文献数据进行分析后,在国外期刊文献中发表该领域文章的作者共计518位,占样本文献的16.023%,并未达到采集文献数据库的50%,所以国外产教融合领域未形成核心作者群,且研究领域相关作者合作联系并不强。

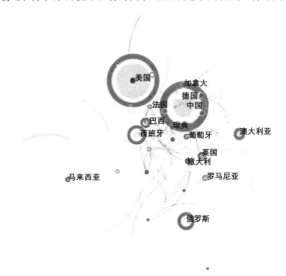

图 2-4　国际主要研究国家聚合

在产教融合模式中,国家的创新体系也在不断形成并臻于完善。国家创新体系的形成,涉及技术创造和技术向工业部门的转移。高职院校作为传授知识、创新知识的场所,具有创造的巨大科学潜力,因此企业可以与高职院校合作以获得新技术,共谋发展。高职院校作为一定程度上的公益组织,企业作为牟利者,两者之间各种形式的合作以确定最有效和最有前途的合作方式为重要前提。特别注意在发展和促进革新方面的合作(Babikova 和 Kaplyuk,2018)。通过以上对校企合作模式的分析不难看出,这些制度之所以能够在职业教育领域畅行无阻,得益于各国政府的强效推动和法律法规的有力保障,每一种校企合作模式都能做到"有法可依、有法必依、执法必严、违法必究"。如德国为了保证"双元制"的顺利推广,先后颁布了《联邦职业教育法》《企业基本法》《工业法》等一系列法规来明确校企合作双方的责、权、利,为推进职业教育改革的实施保驾护航。美国为此还特别制定了《职业教育法》《从学校到工作机会法案》等,政府的"发声"是职业教育产教融合校企合作的强大后盾。

三、基于文献阅读的产教融合研究现状

(一)产教融合基本模式

产教融合是应用型教育发展的方向,推动产教融合,是地方高校重构教育领域、实现应用型转型的必由之路,深化产教融合是区域经济社会发展的迫切要求。经过多年的发展,国内高职院校的产教融合已经由传统、单一的模式发展为现代、多元的模式,由高校主导逐渐向校企并重的合作模式转变,并呈现出职业性、创新性、多元化等特征。

1.产教融合研发模式

产教融合研发模式是以提高各方创新能力为宗旨,以技术开发与科学研究为结合点,快速提升企业技术、产品及服务创新能力的重要手段。易雪玲和邓志高(2014)探索了一种高职教育发展新模式——"专业镇产业学院","专业镇产业学院"是高等职业院校依托现有专业群,与所在镇人民政府在其产业园区(基地)合作兴办的,集学历教育、培训服务、技术研发等于一体的教育实体机构,主要形式包括技术转让、技术咨询与交流服务、共同参与产学研联合开发工程等(李焱焱等,2004)。王向红(2018)提出了一种产教融合新途径——"立地式研发",这种模式扎根于区域新经济新技术发展需要,以研究课题为牵引,通过资源整合、主体联合、要素融合等方式,实现技术需要与人才供给侧改革。产教融合研发模式是一种半紧密型的产学研合作创新组织方式,具有优势互补效应明显、结合度较高、抗风险能力较强等特点,因而这是目前产教融合中最为常见的一种模式。

2.产教融合共建模式

产教融合共建模式通过双方或多方组织之间的合作,以共建研发机构、共建经济实体、共建人才培养基地等方式,将项目、资金、技术、人才科研成果等创新要素进行传递、共享及组合,进而产生新的创新力来维持较为稳定的合作关系。这种模式可由政府主导,在高校设立重点实验室、研发基地,并提供资金支持;也可由政府设立引导性资金,吸引高校与企业共建研发机构、经济实

体及人才培养基地等。同时,还可以以高校为主导,根据自身优势学科和特色资源建立校内各级研发中心或各级重点实验室等,主动吸引当地企业解决企业难题。胡昌荣(2017)指出,高等职业教育"产教融合"的关键是以人才培养供需侧为纽带实现"融合",因此需要进行人才培养要素"五位对接"才能实现"产教"的有效融合和深度融合。如湖南化工职业技术学院结合自己的专业优势,围绕产业链跟岗位群建立了两个"校中厂",通过这种模式,学生的职业能力、教师的专业发展、学校的办学实力和地位都得到了显著提升(谭海林、王继山,2015)。

3. 项目牵引模式

由于地方高校受学科和科研实力条件的限制,这些院校在争取科研项目时往往处于劣势。因此,这些院校除了加大校内项目资金支持力度、承担厅级及以上项目、提高校内科研人员科研能力,还要根据地方政府部门的要求,争取服务地方经济、社会发展的重大课题项目,或参与当地企业承担的国家和地方的重大项目。这些院校还应制定完善的优惠政策,支持校内科研人员积极承担当地企业委托的重大横向课题项目。

4. 人才培养与交流模式

人才培养与交流模式主要是指高校与企业相互融入,共同介入人才培养的全过程,实行高校与企业"双主体"的育人模式。高校教师担任企业顾问或挂职,大学生在"企业课堂"学习和实习,企业人员在高校任教或接受培训,通过共建长期稳定的教学实训基地等方式在人力资源层面进行交流与互动,以促进双方知识共享、交流与创新。李振华和谢颖(2022)认为,在国家关于深化产教融合相关制度的催化下,本科层次职业教育产教融合演变为四种发展模式:一是内生模式,由高职院校实行"创新创业+产教融合"的教育模式;二是嵌入模式,政府、企业、学校以"订单班""顶岗实习"等多种形式开展课程共建、资源共享的人才培养;三是协同模式,地方政府和产业园区共同发挥作用;四是延伸模式,即职业教育中国模式的对外输出。通过这四种发展模式,可以扩大高校教师、科研人才的作用范围,提高本校师生的实践能力和创新能力,还能增强企业人员对基础理论和前沿技术知识的了解和认知程度。

5.国外产教融合办学模式

世界各国在工业革命后都不同程度地加快了职业教育产教融合进程,本书主要分析了德国的双元制、法国的学徒制、奥地利的双职业培训体系与美国的合作教育等产教融合办学模式。

众所周知,德国双元制职业教育是其经济腾飞的秘密武器,它是以企业为主导的产教融合模式。所谓"双元",一元是指职业学校,其主要职能是传授与职业有关的专业知识;另一元是企业和公共事业单位等校外实训场所,其主要职能是让学生在企业里接受职业技能方面的专业培训。德国职业技能培训是在国家、公司和社会合作伙伴的基础上建立的,其职业教育体系(包括初始的和持续的职业教育)及其治理的特点是国家、雇主和工会之间的强有力的伙伴关系,这种传统学徒培训的"双元制"非常强大。随着全球化和科技革命的到来,德国的双元制职业教育体系正面临知识经济和先进技术的国际竞争、欧洲共同市场的扩大、产业结构的调整带来的人力资源需求的质变,双元制职业教育及其培训主体地位受到学校职业教育的挑战。面对校本职业课程的发展、学术趋势和来自低成绩学生的挑战,以学校为基础的方案日益重要,有相关研究者指出,这与职业教育和培训制度的性别影响以及德国劳动力市场的性别分割有关,而学历反映了劳动力市场对高技能的需求。双重学习计划和三年半的双重培训,旨在为高技能年轻人提供有吸引力的培训选择。但这使成绩差的年轻人,包括移民和难民,很难获得合适的职业课程,从而挑战了德国职业教育制度的融合功能(Haasler,2020)。Deissinger(2022)分析了德国双元制在数字化等现代政策背景下的稳定性,探索了新发展视角下职业教育体系和培训体系的制度化特征。德国职业教育和培训(VET)的"双元体系"受到了全球化和劳动力市场放松管制的压力。学徒路线覆盖面较广——三分之二的学生都是通过这条路线毕业的,它提供了熟练的劳动力,并保持了较低的青年失业率,但其在社会平等标准方面存在不足,在适应技术和工作的变化方面步伐缓慢。

法国近代职业技术教育出现于19世纪工业革命之前。初中毕业时,学生按成绩进入以升学为目的的普通教育和就业升学兼顾的职业教育。分流遵循了教育层级与就业需求,隐含强制性因素,以认知和学术能力为标准进行筛选和分层。法国的职业教育以学徒制为主,由学徒中心进行训练,学生毕业后取得的证书与全日制学校颁发的学历等级一致(Green,1995)。Abramo 等(2009)通过研究发现,高校科研人员通过多种渠道与产业进行互动,并提出五大类互动:创建新的实体设施、咨询和合同研究、联合研究、培训、会议,且每一类互动都反映出很大程度上不重叠的互动模式。

奥地利是失业率最低的国家之一(2013 年 8 月,15—24 岁人群的失业率为 8.6%),其中涉及许多因素,一个重要因素是该国的双职业培训体系。在14 岁或 15 岁时,学生可以选择进入学术和职业结合的培训项目。20 世纪 70年代中期以来,高中教育项目的相对入学率发展有很大的不同,以国家控制的、全日制的学校为基础的职业教育已经建立在双职业培训体系的基础上。奥地利扩大全日制职业学校有三个主要因素:第一,奥地利社会民主党的主导地位及其与基督教民主党的非正式合作;第二,奥地利教育系统由中央政府管理;第三,职业教育领域的改革得到雇主和工会的广泛支持。奥地利双职业培训体系的结果是培养出一支训练有素的劳动力队伍,不断将年轻人创新的想法带入工作场所,同时为企业提供所需的技能和人才,以确保高素质的劳动力队伍。

对于美国而言,缺乏足够的高技能年轻工人进入先进的制造系统是一个严重的问题。美国采用的是一种"工学交替"的应用型人才培养方式,即理论—实践—再理论交替进行,校方主要负责为学生提供实习机会,公司负责为学生提供相应的报酬(Cain,1999),是主要面向高职院校的学术轨道。美国的社区高职院校已经在这方面取得了一些成就,但产学研的融合仍然存在严重的技能差距(Hill,2014)。因此,美国学者描述了如何在研究型高职院校中设计和实施技术商业化课程,进行科研企业和创新业务之间的整合,从中吸取经验教训,并就该项目如何在其他高校实施提出了建议,对今后的发展方向和改进提出了一些思考(Phan ,2014)。"合作教育"是将专业人才培养的学校理论学习与企业实践训练相结合的一种高等教育策略,即教学过程中将学生分为两组,一组在学校学习专业理论知识,另一组在企业工作,整个教学过程坚持一周后两组学生互换的原则。该策略较好地实现了企业、学校、学生等多方共赢,得到了美国相关政府机构、教育界、企业界的高度重视(汪福俊等,2018)。

（二）产教融合机制研究

产教深度融合作为核心理念，实际上指的是产业行业企业与职业教育教学科研的全过程深度融合式发展，跨越职业与教育、企业与学校、工作与学习的界限，逐步实现专业设置与产业企业岗位需求对接、课程内容与职业标准对接、教学过程与生产过程对接、毕业证书与职业资格证书对接、职业教育与终身学习对接（杨运鑫等，2014）。产教结合的原则和目的是大学与产业共同培养人才。根据产业和区域发展的要求，加快人才培养结构调整，创新教育组织形式，促进教育与产业的协同发展（Yin et al.，2018）。

从实践方面看，操作层面上的产教深度融合，主要通过以下机制进行研究：陈波（2020）以"供需摩擦""人才红利"为切入点，对产教融合的动因进行了剖析，并从人力资本与资本、技术和制度匹配三个层面，探讨了产教融合的动力机制；姚永芹和李春燕（2020）在系统论的基础上，提出了产教融合的动力机制，即在整体原则引导下建立利益均衡机制，在开放性原则引导下建立制度保障机制，贯彻系统化原则以及探索多渠道的资金投入机制；王敬杰和杜云英（2022）从系统理论的视角，对产教深度融合的动力机制问题进行了研究，即在教育系统和工业系统两大动态因素的驱动下，各有关主体或要素按照特定的运行模式和协调规则，获得最大的利益，并最终实现动态的平衡。

实践教学过程是校与企、教与学、知与行密切互动的过程，其主要目的就是促进学生"从做中学"。高职院校在高素质应用型人才培养过程中，推动学生"从做中学"，应将"做"的重点定位在通过现场教学和反复训练，让学生熟练掌握操作方法和技能技巧（唐未兵等，2018）。寇福明和秦俊丽（2020）基于需求导向，从对应用型本科教育的内涵及现状的剖析入手，对产教融合的本质特点进行了论述，并从宏观调控机制、内部调控机制以及完善协同育人创新机制三个角度，初步探讨了地方应用型本科院校产教融合的运行机制。范可旭和姜乐军（2022）基于耗散结构理论开放性、非线性、协同性三个特征，从人才培养新目标、课程新体系、资源共享新平台、师资新团队四个方面设计了高职产教融合育人机制。

在产教深度融合的激励补偿机制中，通过切实的产教深度融合，国家可以满足人民群众接受职业教育的需求,满足经济社会对高素质劳动者和技能型人才的需要;地方政府可以促进地方区域经济和社区健康发展,持续提供政府公共服务;行业协会可以借此提高服务平台覆盖率,敏锐感知新兴经济体,准确把握行业趋势;用户可以获得优质产品和服务;学校可以建设与市场对接的骨干专业,推动课程改革,优化教师队伍结构,创新师资培训模式,稳定实习实训基地,完善实践教学条件,拓展教育和培训服务领域,提升教学质量,建成优质特色学校,提高知名度和竞争力(杨运鑫等,2014)。

(三)产教融合影响因素

关于产教融合的影响因素,国内外学者主要是从理论、实践两个层面进行分析。

在理论层面,多是基于某一理论对产教融合的影响因素进行分析。郝天聪和石伟平(2019)在组织社会学理论的基础上指出,企业的有限理性、市场环境的不确定性和复杂性、企业行为的投机性倾向以及体制机制障碍是影响产教融合深化的重要因素。庄西真(2018)认为,要促进产教深度融合,需要从教育与产业融合的矛盾源头出发,指出产业系统与教育系统在五个方面有较大差别,包括运行机制、发展策略、行动准则、改革路径以及组织单元。马树超和郭文富(2018)认为,当前高职教育在深化产教融合方面还面临着三大"瓶颈":一是注重高校自身建设,忽略了社会经济发展的需要;二是缺乏相关的政策支持和评估系统,导致企业缺乏参与的积极性;三是产教供求关系不平衡,市场化力量很难渗透到高职院校。也有学者研究发现,职业学校的专业设置、师资状况、院校的行动力等都对产教融合产生了一定的影响。这些因素将会影响学校对产教融合的认识,进而影响产教融合的实施。Wieland(2015)提出,德国双元制培训体系的成功部分可归功于德国社会对以工作场所为基础的职业培训相对较高的重视,以及企业支持职业培训的意愿。

在实践层面,主要是通过相关案例分析得出产教融合影响因素。在分析了广西高职院校产教融合的现状之后,李春鹏(2014)发现,其产教融合过程仍存在专业设置与经济发展相脱节、院校布局与区域经济不适应、技术研发与转化缺乏协同、行业企业参与动机不强等问题。陶红和杨阳(2017)以广东省79

所高职院校的产教融合情况为研究对象,提出四个假设,最终发现高职院校的院校区位、办学水平、院校性质都会对产教融合产生影响。Barnes 等(2002)通过六个案例,分析了高职院校与企业在研发项目上的互动,得出对合作的有效管理可以提高协作成功的可能性这一结论。有效的管理主要体现在六个关键领域:高质量的项目管理、合作伙伴之间的信任、承诺的长期有效性、管理流程足够灵活、保持工业合作伙伴的利益和承诺、双方秉持互惠互利原则。Ehrismann 和 Patel(2015)通过研究发现,理解和尊重彼此的组织文化、结合知识与技术来回答重大的科学问题,可有效提升校企合作的质量。Hanid 等(2019)对研究型高职院校产学合作项目的关键成功因素进行了探究,认为在进行合作时,高职院校更注重研究人员的质量、承诺和财政支持,而行业合作伙伴关注的则是持续的沟通和强大的团队合作。

(四)产教融合管理研究

1.高职教育管理模式的概述

高职教育管理模式是在高职教育领域中,通过有效的组织和管理方式,实现校企合作与产教融合、职业教育质量提升、人才培养和产业发展相结合的一种管理形态。高职教育管理模式包括教学管理、人才培养、科研创新、产业合作等方面的管理要素,以实现校企合作与产教融合的目标。我国高职院校管理的基本现状是起步时间晚,从 20 世纪 80 年代才开展高职教育。目前,高职院校普遍实行的是党委领导下的院(校)长负责制。坚持和完善党委领导下的校长负责制,是我国高校内部管理决策体制特色的体现。校长为学校的法人代表,在校党委领导下积极主动、独立负责、依法行使职权,全面负责本校的教学、科研和其他行政管理工作(王小梅等,2007)。

2.校企合作与产教融合在高职教育管理中的作用

产教融合的模式使职业院校与其他院校在发展模式上存在本质区别,成为促进校企合作和实现学生全面发展的有效原动力。校企合作与产教融合在高职教育管理中的作用主要有三点。首先是教育资源的整合与共享。校企合作与产教融合能够促进高校和企业之间教育资源的整合与共享,提高教育质量和学生的实践能力。根据就业需求预测和教育发展状况,主动满足经济发展、产业升级以及职业教育自身发展的需要,统筹职业教育的协调发展,整合和充分利用现有各种职业教育资源,优化职业教育资源布局(万伟平,2012)。其次是实践教学与职业能力培养。实践教学是高职教学体系中不可或缺的一个重要组成部分,是培养学生专业技能及实践技能的重要途径,在高技能应用型人才培养的高职教育教学过程中发挥着重要作用(刘亚珍,2015)。通过与企业合作开展实践教学,学生能够接触到真实的工作环境,培养实际应用能力和职业素养,提高就业竞争力。最后是创新能力的培养与科研合作。学生群体是人才资源的重要来源,其在学习阶段养成的创新意识和创新思维等对未来职业发展有奠基作用。校企合作与产教融合能够促进学校科研创新能力的提升,推动教师与企业合作开展科研项目,促进科技成果的转化与应用。

3. 基于校企合作与产教融合的高职教育管理模式设计原则

基于校企合作与产教融合的高职教育管理模式设计原则有四点。一是目标一致性原则:高职教育管理模式应确保学校和企业的合作目标一致,共同致力于优质人才培养和产业发展。二是灵活性与适应性原则:管理模式应具备灵活性,能够根据产业需求和教育变革进行调整,保持与时俱进。三是双向合作与共赢原则:高职教育管理模式应强调校企之间的双向合作,实现资源共享、优势互补,实现共赢局面。四是评估与改进原则:建立有效的评估机制,及时对高职教育管理模式进行评估和改进,确保管理模式的有效性和持续改进(余静,2023)。

(五)产教融合评价相关研究

1. 基于理论或模式的评价研究

吕路平和童国通(2020)将经济学中的"利益相关者"理论应用到高职院校产教融合质量评价过程中,通过对相关利益方的梳理,明晰各利益相关方的利益诉求和责任义务,为构建产教融合质量评价体系提供了一个理论基础。周文清(2021)将项目管理理念引入高职院校产教融合绩效评价,对产教融合准备、组织、具体实施过程中各要素、各环节进行监测和控制,以全面掌握产教融合任务完成度,以确保预定目标的达成。秦凤梅和莫堃(2022)提出,产教融合质量评价是一个动态性论证与评估的过程,其构建的指标体系应具备动态性、整体性等相关基本属性。张军贤等(2021)在 CIPP 评价模型的基础上建立了产教融合质量全过程评价模型,并在此模型的基础上设计了包括产教融合保障措施、产教融合资源配置、产教融合人才培养、产教融合就业质量等 4 个一级指标的评价体系。张旭刚(2020)积极借鉴斯塔弗尔比姆提出的 CIPP 评价模型理论,认为这与当前我国农村职业教育产教融合发展现状、趋势和规律高度契合。

2.产教融合评价体系研究

从评价主体来看,由政府单一主体评价向社会多元主体评价转变。朱文艳等(2022)提出,产教融合质量监督与评价机制应该包括企业产教融合自评、职业院校内部质量诊断、行业组织第三方评价以及教育行政部门监督四个部分。姜泽许(2021)提出,评价要扩大主体范围。多主体评价有助于职业教育产教融合质量的提升,要鼓励政府部门、学校、行业企业、教师、学生、企业员工、社会组织和第三方评价机构积极参与评价过程,变评价为多主体共同参与的活动。李佼阳(2020)指出,产教融合模式下设计类专业课程的教学模式和目标以及实训教学条件等由校企双方共建,而教学参与主体除了校内师生,还包括企业的教师等,因此,教学评价体系也应遵循多主体、多途径的原则。周丙洋(2019)认为,社会第三方评价具有独立、公正、客观等特点,并提出应积极利用社会第三方组织开展产教融合效果评价,完善产教融合评价体系。姜泽许(2018)认为,职业教育产教融合过程中涉及多个利益相关者,所以构建产教融合评价体系时应该考虑不同参与主体的发展需求,也就是说评价过程中不仅要考虑校企双方内部师生、员工的监督与评价,还要接受社会第三方的评估与诊断,逐步形成多层次、全方位、多主体的评价机制。

从评价指标来看,国内逐渐体现职业教育特色,注重从政府、行业企业、教师等角度设计不同类型、不同层次的指标体系。周春光等(2021)基于整体性、可测性、差异性原则,从保障条件、组织实施、合作成效三个方面设计了 3 个一级指标、12 个二级指标、30 个三级指标以构成高职产教融合绩效评价体系,并且以江苏旅游职业学院为例进行了验证。陈新民等(2021)从资源整合的角度出发,结合产教融合的特点,从培养应用型人才的能力、科研的综合竞争力以及直接满足市场需求的能力这三个方面入手,设计出一套高职院校产教融合绩效评价体系。霍丽娟(2020)从产教融合的契合程度入手,将校企协同合作能力、服务区域建设发展水平、社会环境影响等要素作为其评价指标。谢敏和顾军燕(2018)采用层次分析法(AHP)和德尔菲法,构建了一套"五维度"层次结构模型和三级评价指标体系,并对江苏省三种类型的学校进行了实证研究。高慧和赵蒙成(2018)认为,目前产教融合质量的评价过于注重"客观"的指标,忽视了产教融合过程中"人"的维度,提出评价过程应更重视学生和教师在智力、情感、态度、价值观和综合素质上的发展情况。国外从多维度、动态性的角度设计评价指标。Wulandari(2021)将产学研合作视为一个投入产出体系,设计了包含初始投入、合作过程、合作产出和再投入4个一级指标的综合评价指标体系。在此基础上,其构建了合理的评价模型,从合作规模、合作效率和合作可持续性三个方面对产学研合作绩效进行综合评价。Mulder等(2015)认为,职业教育与培训质量之间的一个关键因素是学校与工作的关系,它们之间关系的重点是职业教育及其培训体系、背景特征。Barnes等(2002)指出,在构建有效管理合作研发项目的实践方面,高级管理层承诺的证据是合作伙伴承诺的重要指标,应纳入对潜在合作伙伴的评估。Jones等(1995)提出,英国的产教融合评价体系是一种全过程性评价,包括对企业的评价、对指导教师的评价以及学生自我评价等。

从评价方法来看,宏观、泛化的评价研究较多,量化或微观研究较少。何俊萍(2021)利用CiteSpace、Bicmob及SPSS三种软件对我国职业教育评价文献进行了知识图谱分析研究。谷丽洁等(2022)采用定性与定量相结合的方法,以产教融合型企业专业建设的关键要素和核心要素为基础构建初步的指标体系,然后通过德尔菲法进行指标优化,以层次分析法确权。薛寿芳和吕路平(2022)运用质性分析手段,确立了理念指引、目标预设、内容呈现、组织协同、价值生成等五个维度的产教融合型企业建设成效评价体系,并从创新建设模式、加快培育进度、强化成效评价等方面提出优化路径。姜泽许(2018)以理论和实际需求为基础,从学校、企业等各参与主体现实需求出发设计职业教育产教融合质量评价体系,整合访谈和国家政策,召开专家座谈会,构建出了具体的八个方面三级结构的指标体系。霍春光(2016)将模糊综合评价方法应用到产教融合效果评价中,该方法首先要建立评价集合,其次构建模糊评价矩阵,最后结合评估指标体系中的各项权重得到评价结果。Lee(2000)采用一种简化的测量系统来探讨高职院校与产业合作的结果,称为"behavioral outcomes",即关注参与者、教师和企业从合作中实际获得的东西,对高职院校与企业的合作进行了初步评估。Wesselink 等(2007)提出了基于综合能力的职业教育模型,该模型由基于能力的职业教育八项原则组成,并针对每项原则四个实施层次进行了阐述。它的目的是向从事职业教育的学习方案小组提供一种工具,用于评估其学习方案的情况和期望的"能力"。Iqbal 等(2011)开发了 CASEM(constraints and success criteria based evaluation metrics model)评价模型,该模型由约束条件、评价指标、成功标准和实际成效四个具体参数组成。该模型不仅负责研究合作的评估,而且还可以评估高职院校和产业界之间的各种合作。

从评价主体来看,各国经济体制不同、职业教育受重视程度不一、高职院校与企业合作模式多样等决定了各国职业教育评价主体呈现多元化特征。如美国职业教育评估主体有三个级别:国家、州政府和各地高校,这三者根据文件要求分别在各自行政领域内实施评价,如地方高校多以自我评估为主,每所学校可按自身实际情况进行相应的评价。德国"双元制"职业教育的评估主体包括联邦和州政府的相关部门、第三方中介认证机构、各种行业协会和职业学院(冯宝琪,2019)。澳大利亚职业教育质量的监督和评价以行业为主体,如国家质量委员会的 20 个成员中,代表行业的,包括行业组织和企业的成员就占了 5 名(吕红、石伟平,2009)。日本职业教育评估是由第三方机构为主体实施的外部评价,评价结果更加客观。英国职业教育评估由独立的专业评估机构完成,包括行业技能委员会、资金委员会、教育标准办公室、高等教育质量保证局等。

(六)产教深度融合存在的问题

1.地方高校与中小企业的弱合作

地方高校是我国高等教育体系的主体部分,包括地方高等职业技术院校、普通高等专科学校和一般地方本科院校,从其中毕业的学生数量超过毕业学生总数的 10%。地方高校主要功能是培养应用型人才,服务地方经济社会发展。它们在教育资源、科研实力、学生素质等方面相对较弱。毕业生就业层次不高、科研项目少等问题严重制约了高职院校的发展。

中小企业在我国国民经济中的地位和作用十分重要。据悉,在工商局登记注册的 1000 万家企业中,中小企业占 99%。这些企业提供了 75% 的城镇就业机会,70% 的创新来自它们。它们的工业产值和税收分别占全国的 60% 和 40%。他们扎根当地,对经济建设发展和社会就业起着举足轻重的作用。但与大企业相比,在物力、财力、人才、管理、技术等方面都处于弱势。总之,人力资源素质不高严重制约着中小企业的发展。地方高校和中小企业无论在位置和规模上,还是在基本需求上,相互之间有很强的互补性,从国外先进经验看,无论是德国还是美国,校企合作的主要参与者和受益者都是地方高校和中小企业。因此,地方高校与中小企业合作的规模和深度是衡量校企合作水平的重要标志。

在合作伙伴的选择上,地方高校更倾向选择大公司,但往往难以满足大企业对人才和技术的高要求。因此,尽管地方高校对与大企业合作充满热情,但鲜有机会与之合作,成功的更少。在与中小企业合作时,地方高校不能意识到自己是合作的主体。地方高校的服务能力有限,而中小企业的要求又多种多样,形成多对多的平衡关系是一种理想选择。然而,地方高校与中小企业之间缺乏有效的沟通方式,双方对对方的需求和资源都不熟悉。所有这些因素都增加了合作的成本和风险,导致未能实现理想的合作,这主要表现为高校和企业没有共识,中小企业也没有那么积极;整体而言,合作的成功率较低;合作水平不高;合作主要实现在一些属于劳动密集型产业的专业,如加工制造业、旅游商贸、信息技术、计算机应用、模具加工、服装设计、酒店旅游管理等,究其原因主要在于这类企业能够一次性提供大量的就业岗位,对专业能力也没有非常高的要求,而且合作实际上是向企业输送廉价劳动力的一种方式。企业为学生提供实习和工作岗位,这基本上是一个就业的过程。

2. 校企合作的内外部环境不完善

在传统模式下,学校与企业是没有任何联系的两方,这在一定程度上阻碍了两者之间的合作。近年来,政府更加重视校企合作,积极引导企业和学校参与其中。但由于缺乏一套完整的法律、法规、政策和措施,政府行为的效果是短期的。美国国会 1963 年通过的《职业教育法》、1984 年通过的《帕金斯职业教育法案》、1994 年通过的《从学校到工作机会法案》，将工作作为发展校企合作的重要推动力。我国于 1996 年颁布《中华人民共和国职业教育法》，并于2022 年进行了修订。新修订的《中华人民共和国职业教育法》第一条增加了"促进就业创业，建设教育强国、人力资源强国和技能型社会"的规定，第三条明确了职业教育"为全面建设社会主义现代化国家提供有力人才和技能支撑"。在深化产教融合、校企合作方面，新修订的《中华人民共和国职业教育法》完善了产教融合的制度支撑。一是进一步明确国家发挥企业的重要办学主体作用，推动企业深度参与职业教育，鼓励企业举办高质量职业教育。二是对深度参与产教融合、校企合作，在提升技术技能人才培养质量、促进就业中发挥重要主体作用的企业，按照规定给予奖励；对符合条件认定为产教融合型企业的，按照规定给予金融、财政、土地等支持，落实教育费附加、地方教育附加减免及其他税费优惠。三是鼓励地方各级人民政府采取购买服务，向学生提供助学贷款、奖助学金等措施，对企业和其他社会力量依法举办的职业学校和职业培训机构予以扶持。四是引导企业按照岗位总量的一定比例设立学徒岗位，有关企业可以按照规定享受补贴，明确企业与职业学校联合招收学生，以工学结合的方式进行学徒培养的，应当签订学徒培养协议。尽管有了法律引导，但在实践中如何落地还有待各地出台细则。如针对企业参与职业院校办学的校企双方产权制度的确立，将影响校企双方形成产教合作教育机制与政府、企业、学校三方合作的长效机制。

第一，企业参与职业教育的保障还不完善。虽然目前参与职业教育的企业享受优惠政策，但是很多地方企业参与校企合作时没有获得相应的补助或奖励。企业在进行校企合作时，常常面临额外增加的成本，如果不能得到补助或奖励，企业就无法积极投入职业教育（方文超，2022）。

第二，企业与学校追求的目标不一致。企业追求的目标是利润最大化；学校以立德树人为目标，追求把学生培养成为德智体美劳全面发展的人才。如何协调企业和学校追求的目标差异，是企业能否积极参与职业教育的关键。因此，政府可以优先选择区域内具有较大影响力的企业进行校企合作，并提供相应补助，以提高企业参与职业教育的积极性（方文超，2022）。

第三,政府指导与市场调节失衡。产教融合涉及多方利益,政策文件有时只能简单撮合产教结合或产学结合但难以促成水乳交融般的产教交织、融合一体。在这样的表层合作下,出于企业生存和市场竞争的需要,企业逐利的本性和特质就显露无遗,与学校合作培养人才的意愿、深度和力度大打折扣,利益(效益)关系导致合作模式及其效果未得到保证。

第四,模式管理与体系建设滞后。千头万绪、断断续续的产教融合模式不利于促进产业价值链的延伸,产教互补互融的发展共同体与校企互享互为的利益共同体难以形成,融合人才培养、技术创新、创业就业在内的多元合作关系尚未建立,切合高职教育特点和社会发展的教育教学模式有待探索,建设校企教育链、人才链、价值链紧密联动的体系日显艰巨而紧迫。

第五,措施落地与效果评价乏力。产教融合是一项包括社会经济、教学生产、人才培养等方面,涉及教育部门、企业公司、学校单位等主体的社会活动,是一个社会经济活动、教育活动及其社会服务紧密合作、良性互动的生态系统过程,其措施落地相对繁杂,有时可能还存在推诿敷衍现象,加上考核与评价办法不多,无法深入触及,融合效果不明显(鲁加升、雷志忠,2023)。

3. 产教融合运行存在差距

产教融合的主体是"产""教",关键是"融合",目标是在自主、自愿、自律的基础上形成有序、可感、能及的高职教育人才培养机制。而当前的运行状况、融合模式、合作质量、实际成效等,显然都还有很大差距,这集中体现在以下三个方面。

一是协同意愿有差距。产业侧重核心技术、人力资源及其利益成本,教育是公益事业,旨在培养人才、开展研究、服务社会、传承与创新文化、传播知识与技术。校企在机制、发展目标等方面的差异以及基于人情层面的合作等原因,造成高职教育仍然存在"重理论、轻实践"的观念与倾向,课程设计与行业标准、教学实践与生产实训脱节,合作时长与合作内容难持续,大多呈现"教育热、产业冷""学校急切、企业随意"的尴尬局面。

二是供需模式单面化。在校企合作中,学校主动找企业的需求与频次居多,企业作为接应方,多会选择性接受,敷衍应对,以致合作模式粗浅而单一,有时甚至出现企业只"需"不"供",有的徒有虚名,只是与学校签订一纸协议,表面应付合作,学校为切实培养适应产业和行业发展需求的学生只能对企业单方面发力,还可能是一厢情愿。

三是合作质量无保障。任何合作,都要建立在情投意合、你情我愿的基础之上,才能消除隐患并取得最佳效果。产教融合发展同样如此,必须建立在共建、共为、共享的机制与体系之上,遵守政策法规与规章制度,遵循市场机制和价值规律,遵从双方意愿与基本认识。但就目前而言,因利益诉求点不同,出发点不一,产教融合度不深,校企合作感不强,有数量而无质量,很难做到互惠共赢、资源共享、良性合作(鲁加升、雷志忠,2023)。

第三章 我国高等职业教育产教融合发展现状分析

　　高等职业教育事业的全面、健康发展离不开产教融合的有力保障(叶帅奇、蔡玉俊,2019)。产教融合作为高等职业教育的办学导向和发展方略,已经上升为国家战略(吴一鸣,2018),直接影响着我国技术技能型人才的培养质量。正因为其"保障性战略地位",把握我国高等职业教育产教融合发展现状,认清产教融合存在的实际问题,实乃当务之急。本章试图从我国高等职业教育产教融合政策发展历史出发,进一步梳理分析高职院校产教融合发展现状模式,揭示我国高等职业教育产教融合实践类型、存在问题并分析原因,为建立产教深度融合评价指标提供实践依据。

第一节 我国高等职业教育产教融合政策发展历史

　　产教融合是高等职业教育的灵魂、是高等职业教育提质增效的主要抓手之一,大力促进高等职业教育的产教融合是职业教育发展的重要任务之一,也是国家历年出台的职业教育政策的核心关注点之一(刘复兴,2003)。教育政策的现象形态是教育政策的静态表面形式,是政府关于教育领域政策措施的政策文本或其的总和(潘海生等,2019)。高等职业教育产教融合的深化和有效推进也需要科学合理的政策制度保障。因此,汲取已有的研究成果和共识,梳理高等职业教育产教融合相关的政策文件,系统分析政策文本,将改革开放以来我国职业教育产教融合政策发展划分为"生产与教育相结合""产教结合""产教融合""产教深度融合"四个时期。

一、生产与教育相结合的政策探索时期(1978—1994 年)

职业教育是使受教育者具备从事某种职业或者实现职业发展所需要的职业道德、科学文化与专业知识、技术技能等职业综合素质和行动能力而实施的教育,生产技术教育与德育、智育、体育、美育、劳育结合,是职业教育内在的核心要求,这一时期有四个重要政策文件(见表 3-1)。

1979 年发布的《国家劳动总局技工学校工作条例(试行)》明确,劳动部门所属的技工学校的教学工作应该结合生产过程进行,通过教学与生产的结合来提升学生的动手能力、操作能力以及解决实际问题的能力。

1989 年发布的《劳动部关于技工学校深化改革的意见》进一步强调,技工学校的教学改革,要加强生产实习教学,坚持突出操作技能训练的原则;坚持文化、技术理论课为专业课服务,专业课与生产实习教学密切结合的原则。

1991 年发布的《国务院关于大力发展职业技术教育的决定》提出,既要"积极推进现有职业大学的改革,努力办好一批培养技艺性强的高级操作人员的高等职业学校",又要"积极发展校办产业,办好生产实习基地",同时首次提倡"产教结合,工学结合"。

1993 年,中共中央、国务院印发了《中国教育改革和发展纲要》,提倡联合办学,走产教结合的路子,逐步做到以厂(场)养校。

整体上看,该时期表现为生产与教育相结合,相关政策文本体现了应急性的特征。虽然部分政策文件随着新政策的实施被废止,但这些政策在一定程度上依然推动了职业教育与产业、行业、企业之间的合作,促进了职业教育服务社会功能的发挥,也为职业教育恢复发展奠定了社会基础(肖靖,2019)。

表 3-1　生产与教育相结合探索时期的政策文本

序号	发布年份	政策名称	关键内容
1	1979	《国家劳动总局技工学校工作条例(试行)》	技工学校教育与生产相结合
2	1989	《劳动部关于技工学校深化改革的意见》	加强生产实习教学
3	1991	《国务院关于大力发展职业技术教育的决定》	产教结合,工学结合
4	1993	《中国教育改革和发展纲要》	校企联合办学

二、产教结合的政策改革时期(1995—2003 年)

20 世纪 90 年代,职业教育在中国得到了显著的发展,主要体现在产教结合、校企合作和工学结合的模式的推广,这一时期同样也有四个重要政策文件(见表 3-2)。

1995 年发布的《国家教育委员会关于推动职业大学改革与建设的几点意见》提出,职业大学要加强与产业部门的联合,积极实行校企结合。要努力探索产教结合的办学路子,大力发展校办产业,增强学校的办学活力与自我发展能力。积极开展应用科学技术研究、技术推广以及新技术、新产品开发工作,承担成人教育和岗位培训任务,不断增强学校在当地经济建设和社会发展中的影响力与促进作用。

1996 年颁布的《中华人民共和国职业教育法》以法律形式确定了职业教育产教结合的实施要求,明确提出"职业学校、职业培训机构实施职业教育应当实行产教结合,为本地区经济建设服务,与企业密切联系,培养实用人才和熟练劳动者"。

1998 年教育部出台的《面向 21 世纪教育振兴行动计划》明确要求加强产学研合作,促进高校、科研院所和企业在技术创新和发展高科技产业中的结合,为产教结合注入了新的内涵。

2002 年出台的《国务院关于大力推进职业教育改革与发展的决定》指出,"推进管理体制和办学体制改革,促进职业教育与经济建设、社会发展紧密结合";"要充分依靠企业举办职业教育";"职业学校要把教学活动与生产实践、社会服务、技术推广及技术开发紧密结合起来";"要加强与相关企事业单位的共建和合作,利用其设施、设备等条件开展实践教学"。

这一时期国家在强调职业学校教育实行"产教结合"的同时,进一步推动了多主体联合办学,细化为产学研三位一体。整体上,国家相关政策文件都对职业教育产教融合领域的界定有了极大的拓展。

表 3-2　产教结合改革时期的政策文本

序号	发布年份	政策名称	关键内容
1	1995	《国家教育委员会关于推动职业大学改革与建设的几点意见》	加强与产业部门的联合
2	1996	《中华人民共和国职业教育法》	多主体联合举办职业学校
3	1998	《面向 21 世纪教育振兴行动计划》	加强产学研合作
4	2002	《国务院关于大力推进职业教育改革与发展的决定》	校企合作、工学结合

三、产教融合的政策创新时期(2004—2013 年)

进入 21 世纪,随着信息技术的飞速发展和互联网经济的兴起,制造业发展呈现出全球化、多样化的需求和数字化转型的趋势,以智能制造、工业互联网、大数据、云计算为代表的新技术、新模式、新业态对高素质技术技能人才的需求越来越迫切,高等职业教育的规模得到了迅猛发展,以职业教育质量提高为核心的教育系统与产业系统融合需求进一步凸显,这一时期政府主导推动职业教育产教融合、校企合作密集出台了八个相关重要政策文件(见表 3-3)。

2004 年,教育部等七部门发布《关于进一步加强职业教育工作的若干意见》,首次明晰"推动产教结合,加强校企合作"的政策理念。

2005 年发布的《国务院关于大力发展职业教育的决定》明确提出,"依靠行业企业发展职业教育,推动职业院校与企业的密切结合";"大力推行工学结合、校企合作的培养模式"。

2006 年发布的《教育部关于全面提高高等职业教育教学质量的若干意见》明确要求"要积极推行与生产劳动和社会实践相结合的学习模式,把工学结合作为高等职业教育人才培养模式改革的重要切入点,带动专业调整与建设,引导课程设置、教学内容和教学方法改革"。

2010 年发布的《国家中长期教育改革和发展规划纲要(2010—2020 年)》明确指出"实行工学结合、校企合作、顶岗实习的人才培养模式",规定"制定促进校企合作办学法规,推进校企合作制度化。鼓励行业组织、企业举办职业学校,鼓励委托职业学校进行职工培训"等。

2011 年 10 月 25 日,"产教深度合作"首次出现在《教育部等九部门关于加快发展面向农村的职业教育的意见》中："充分发挥农业类行业企业、高等学校、示范(骨干)高等职业学校、科研院所作用……促进产教深度合作,共同推进农业产业发展,提高为区域经济发展的贡献率。"

2011 年,国务院印发的《工业转型升级规划(2011—2015 年)》强调,推进产学研用结合,形成创新合力,突破一批基础技术、前沿技术和关键技术,提高集成创新水平。

2012 年发布的《教育部关于全面提高高等教育质量的若干意见》提出,要提升高职学校服务产业发展能力,探索高端技能型人才系统培养模式。

2013 年出台的《教育部关于 2013 年深化教育领域综合改革的意见》首次提出"产教融合"概念,明确将"产教融合"作为一项职业教育领域的制度提出,拉开了我国职业教育与产业界深度融合发展的序幕。

在特定的社会经济背景下,高等职业教育产教融合政策创新时期将"产教结合"的路线进一步具体化,深入人才培养模式方面,更强调校企双方互动参与的产教结合。同时,在政策文件中直接明确提出了"产教融合"概念,彰显了"创新"意味。

表 3-3　产教融合创新时期的政策文本

序号	发布年份	政策名称	关键内容
1	2004	教育部等七部门《关于进一步加强职业教育工作的若干意见》	推动产教结合,加强校企合作
2	2005	《国务院关于大力发展职业教育的决定》	大力推行工学结合、校企合作的培养模式
3	2006	《教育部关于全面提高高等职业教育教学质量的若干意见》	把工学结合作为高等职业教育人才培养模式改革的重要切入点
4	2010	《国家中长期教育改革和发展规划纲要(2010—2020 年)》	调动行业企业的积极性
5	2011	《教育部等九部门关于加快发展面向农村的职业教育的意见》	促进产教深度合作
6	2011	《工业转型升级规划(2011—2015 年)》	推进产学研用结合
7	2012	《教育部关于全面提高高等教育质量的若干意见》	提升高职学校服务产业发展能力
8	2013	《教育部关于 2013 年深化教育领域综合改革的意见》	提出"产教融合"概念

四、产教深度融合的政策深化时期(2014年至今)

党的十八大以来,党和国家高度重视职业教育的改革与发展,在现代职业教育体系建设规划、高职学校"双高计划"建设、职业教育"一体两翼"发展等方面作了顶层设计,尤其是《中华人民共和国职业教育法》颁布26年后进行修订,"产教融合"提及九次之多,标志着职业教育改革与发展进入了产教深度融合的政策深化时期。这一时期出台了15个重要政策文件(见表3-4)。

2014年,《国务院关于加快发展现代职业教育的决定》将"形成适应发展需求、产教深度融合"的现代职业教育体系作为规划的总目标,将"产教融合"作为发展现代职业教育的原则提出。在激发职业教育办学活力举措中,提出要"发挥企业重要办学主体作用";"探索发展股份制、混合所有制职业院校";"加强行业指导能力建设";"鼓励多元主体组建职业教育集团";等等。

2014年,《现代职业教育体系建设规划(2014—2020年)》开始聚焦产教融合校企合作的主要矛盾和矛盾的主要方面,将发挥行业、企业等各方面的积极作用写入基本原则,强调企业不仅是职业教育的参与者,还应是职业教育的举办者,同时计划初步建成300个骨干职业教育集团。

2015年,教育部印发了《普通高等学校高等职业教育(专科)专业目录(2015年)》和《普通高等学校高等职业教育(专科)专业设置管理办法》,成为以专业建设为载体的高等职业教育产教融合深化的政策依据。

2017年,《国务院办公厅关于深化产教融合的若干意见》进一步强调发挥企业重要主体作用、推进产教融合人才培养改革、促进产教供需双向对接,从国家高质量发展的战略路径和制度层面专门对全面深化产教融合进行了系统规划。该意见呈现了与以往政策完全不同的意涵,反映出政府对实施"产教融合"有了更全面和深入的思考,全面启动各方资源促进企业发挥育人主体作用势在必行(袁晓华、张淼,2022)。

2018年3月1日起实施的《职业学校校企合作促进办法》鼓励开展产教融合型企业建设试点,明确依法实施职业教育是企业的义务,推动现代学徒制人才培养模式实行,具体规定校企合作的内涵、合作形式、促进措施和监督检查等。

2019 年，国务院印发的《国家职业教育改革实施方案》提出"培育数以万计的产教融合型企业"的目标；进一步更新产教融合理念，"推动职业院校和行业企业形成命运共同体"；通过"促进产教融合校企'双元'育人"，"深化产教融合、校企合作，育训结合"，明确了职业教育未来改革与发展的方向、原则与基本方法，从而构建多元结构的政策体系。

2019 年 2 月，中共中央、国务院印发《中国教育现代化 2035》，提出"加快发展现代职业教育"；"不断优化职业教育结构与布局"；"推动职业教育与产业发展有机衔接、深度融合"；"集中力量建成一批中国特色高水平职业学校和专业"。

2019 年 2 月，中共中央办公厅、国务院办公厅印发《加快推进教育现代化实施方案（2018—2022 年）》，明确职业教育产教融合工程的建设目标、建设任务、实施范围和遴选标准，将"深化职业教育产教融合"作为推进教育现代化的十项重点任务之一。

2019 年 3 月，国家发展改革委、教育部印发《建设产教融合型企业实施办法（试行）》，遴选建设一批产教融合型企业，并具体对其建设培育条件、建设实施程序、支持管理措施等方面作出具体规定，可以看出政策对企业参与产教融合积极性的重点提振以及推进企业参与深度和广度的重心倾向（秦芬，2020）。

2019 年 9 月，国家发展改革委、教育部等六部门印发了《国家产教融合建设试点实施方案》，公布了试点建设首批国家产教融合型城市的范围，明确"以购买服务、委托管理、合作共建等方式，支持企业参与职业院校办学或举办职业院校"，从而进一步提升办学水平。

2019 年 10 月，国家发展改革委、教育部印发《试点建设培育国家产教融合型企业工作方案》，对试点目标任务、试点重点领域、试点工作机制、主要工作任务等方面作出了具体规定。

2021 年，中共中央办公厅、国务院办公厅印发了《关于推动现代职业教育高质量发展的意见》，明确提出要完善产教融合办学体制，提出要"构建政府统筹管理、行业企业积极举办、社会力量深度参与的多元办学格局"，"以城市为节点、行业为支点、企业为重点，建设一批产教融合试点城市，打造一批引领产教融合的标杆行业，培育一批行业领先的产教融合型企业"。

2022 年 4 月 20 日，《中华人民共和国职业教育法》修订通过，在法律层面上巩固了"产教融合"的概念，明确了企业实施职业教育的义务和责任，进一步发挥企业的重要办学主体作用，推动企业深度参与职业教育，鼓励企业举办高质量职业教育。

2022 年 12 月，中共中央办公厅、国务院办公厅印发了《关于深化现代职业教育体系建设改革的意见》，明确了"以提升职业学校关键能力为基础，以深化产教融合为重点，以推动职普融通为关键，以科教融汇为新方向，充分调动各方面积极性，统筹职业教育、高等教育、继续教育协同创新，有序有效推进现代职业教育体系建设改革"的改革思路，提出"坚持以教促产、以产助教、产教融合、产学合作，延伸教育链、服务产业链、支撑供应链、打造人才链、提升价值链，推动形成同市场需求相适应、同产业结构相匹配的现代职业教育结构和区域布局"的改革方向，重点在"省域现代职业教育体系建设""市域产教联合体""行业产教融合共同体"方面发力，集合政府、大学、行业企业、中高职学校、科研院所等力量，部署了产教深度融合的发展任务，有力推动提升职业学校关键办学能力，促进人才培养、创新创业与服务经济社会高质量发展。

2023 年 6 月，国家发展改革委等八部门印发了《职业教育产教融合赋能提升行动实施方案（2023—2025 年）》，提出了推动形成产教融合头雁效应、夯实职业院校发展基础、建设产教融合实训基地、深化产教融合校企合作、健全激励扶持组合举措的重点任务，列出了支持、鼓励职业教育产教融合提升的系列举措。从丰富产教融合办学形态、拓展产教融合培养内容、优化产教融合合作模式、打造产教融合新型载体等角度为"产教融合"赋能（周芷莹等，2023）。

深化产教融合是推进职业教育改革的关键，也是促进职业教育对产业结构转型升级引领作用发挥的核心问题。从这一时期的国家政策可以看出，产教深度融合是目前的建设亮点和核心目标。以"产教融合"为手段，通过企业、高校的深度合作，最终收获"扩大就业创业、推进经济转型升级、培育经济发展新动能"等经济效益（沈洁等，2021）。

表 3-4　产教深度融合时期的政策文本

序号	发布年份	政策名称	关键内容
1	2014	《国务院关于加快发展现代职业教育的决定》	产教深度融合
2	2014	《现代职业教育体系建设规划（2014—2020 年）》	将发挥行业、企业等各方面的积极作用写入基本原则
3	2015	《普通高等学校高等职业教育（专科）专业目录（2015 年）》和《普通高等学校高等职业教育（专科）专业设置管理办法》	以专业建设为载体的高等职业教育产教融合深化的政策依据
4	2017	《国务院办公厅关于深化产教融合的若干意见》	深化产教融合
5	2018	《职业学校校企合作促进办法》	开展产教融合型企业建设试点
6	2019	《国家职业教育改革实施方案》	推动职业院校和行业企业形成命运共同体
7	2019	《中国教育现代化 2035》	推动职业教育与产业发展有机衔接、深度融合
8	2019	《加快推进教育现代化实施方案（2018—2022 年）》	职业教育产教融合
9	2019	《建设产教融合型企业实施办法（试行）》	建设产教融合型企业的细则
10	2019	《国家产教融合建设试点实施方案》	试点建设首批国家产教融合型城市的范围
11	2019	《试点建设培育国家产教融合型企业工作方案》	试点建设培育国家产教融合型企业工作方案的具体规定
12	2021	《关于推动现代职业教育高质量发展的意见》	协同推进产教深度融合
13	2022	新修订的《中华人民共和国职业教育法》	巩固了"产教融合"的概念
14	2022	《关于深化现代职业教育体系建设改革的意见》	明确了产教融合"一体两翼"的战略重点任务
15	2023	《职业教育产教融合赋能提升行动实施方案（2023—2025 年）》	以政策、试点与投入为切入口，深入推进产教互动、校企互补的产教深度融合发展格局

从 2018 年开始,为贯彻落实全国教育大会、《国务院办公厅关于深化产教融合的若干意见》和《职业学校校企合作促进办法》精神等,进一步深化产教融合发展,促进教育链、人才链、产业链、创新链有机衔接,全面提高教育质量,扩大就业创业、推进经济转型升级、培育经济发展新动能,各地方层面先后出台

了立足本地情况的产教融合深化意见。截至 2019 年 10 月,已有 24 个省级行政区发布了地方的产教融合深化意见(宋亚峰,2020),本书选取了部分政策文本,具体见表 3-5。值得重点关注的是,为了促进职业教育产教融合,推动教育、人才与产业、创新有机衔接,天津市第十八届人大常委会于 2024 年 1 月 16 日通过了《天津市职业教育产教融合促进条例》,并于 2024 年 3 月 1 日起施行。这是地方层面第一次以立法形式推进职业教育产教融合。该条例明确了政府、行业企业、学校等主体在职业教育产教融合人才培养方面的责权利,从地方层面落实《中华人民共和国职业教育法》等有关法律、行政法规,促进职业教育供给侧和产业需求侧的人才、创新、技术、资本、管理等要素双向融合,以培养高素质技术技能人才,服务经济社会高质量发展活动。

除省级层面外,也有市级层面的政策文件,如《青岛市人民政府办公厅关于深化产教融合助力新旧动能转化的实施意见》。总之,这一时期是不同层级政府密集发布专门针对产教融合的政策的阶段,产教融合的地位和行动路线日趋明晰。

表 3-5　地方层面的政策文本

序号	发布时间	政策名称
1	2018 年 2 月 22 日	《安徽省人民政府办公厅关于深化产教融合的实施意见》(皖政办〔2018〕4 号)
2	2018 年 7 月 31 日	《甘肃省人民政府办公厅关于深化产教融合的实施意见》(甘政办发〔2018〕155 号)
3	2018 年 8 月 23 日	《广东省人民政府办公厅关于深化产教融合的实施意见》(粤府办〔2018〕40 号)
4	2018 年 12 月 14 日	《广西壮族自治区人民政府办公厅关于深化产教融合的实施意见》(桂政办发〔2018〕154 号)
5	2018 年 4 月 14 日	《河北省人民政府办公厅关于深化产教融合的实施意见》(冀政办字〔2018〕49 号)
6	2018 年 8 月 13 日	《河南省人民政府办公厅关于深化产教融合的实施意见》(豫政办〔2018〕47 号)
7	2018 年 12 月 12 日	《吉林省人民政府办公厅关于深化产教融合的实施意见》(吉政办发〔2018〕48 号)
8	2018 年 6 月 25 日	《江苏省人民政府办公厅关于深化产教融合的实施意见》(苏政办发〔2018〕48 号)
9	2018 年 7 月 27 日	《辽宁省人民政府办公厅关于深化产教融合的实施意见》(辽政办发〔2018〕32 号)

续表

序号	发布时间	政策名称
10	2018 年 11 月 12 日	《内蒙古自治区人民政府办公厅关于深化产教融合的实施意见》(内政办发〔2018〕77 号)
11	2018 年 6 月 24 日	《青岛市人民政府办公厅关于深化产教融合助力新旧动能转化的实施意见》(青政办字〔2018〕54 号)
12	2018 年 11 月 4 日	《青海省人民政府办公厅关于深化产教融合的实施意见》(青政办〔2018〕160 号)
13	2018 年 4 月 20 日	《山西省促进产教融合实施方案》(晋政办发〔2018〕38 号)
14	2018 年 10 月 25 日	《四川省人民政府办公厅关于深化产教融合的实施意见》(川办发〔2018〕84 号)
15	2018 年 9 月 30 日	《天津市人民政府办公厅关于深化产教融合的实施方案》(津政办发〔2018〕34 号)
16	2018 年 8 月 4 日	《云南省人民政府办公厅关于深化产教融合的实施意见》(云政办发〔2018〕60 号)
17	2018 年 11 月 14 日	《浙江省人民政府办公厅关于深化产教融合的实施意见》(浙政办发〔2018〕106 号)
18	2018 年 11 月 13 日	《重庆市人民政府办公厅关于深化产教融合的实施意见》(渝府办发〔2018〕162 号)
19	2019 年 1 月 14 日	《山东省人民政府办公厅关于深化产教融合推动新旧动能转换的实施意见》(鲁政办发〔2019〕2 号)

第二节　我国高等职业教育产教融合发展现状

在知网上以"产教融合"为主题搜索相关文献,截至 2023 年,共搜索到 21831 篇文献,但是通过可视化分析发现,在 2014 年之前对产教融合的研究较少,平均每年发文量不到 10 篇;2014 年召开全国职业教育工作会议以来,关于产教融合的相关研究开始增加;尤其在国家政策的影响下,2017 年以来,以"产教融合"为主题的文献数量急速增长,2017—2022 年共发表了 17238 篇文献(见图 3-1)。

为了解我国高职院校产教融合发展现状,本文利用知网数据库平台,以"高职院校产教融合"为主题进行文献检索,时间跨度为 2018—2023 年,共检索到 7849 篇文献(见表 3-6)。

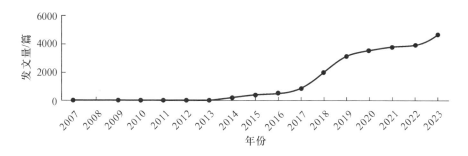

图 3-1　"产教融合"主题文献发表数量

表 3-6　2018—2023 年发表"高职院校产教融合"主题文献数量

单位:篇

年份	2018	2019	2020	2021	2022	2023	总计
发文量	656	1224	1400	1497	1349	1723	7849

有学者从不同主体的视角探究产教融合的发展现状,比如孙云志(2021)从学生受访者和教师受访者两个维度,对产教融合发展的认知情况、具体操作情况以及总体效果评价进行测量,通过问卷调查,对调查结果进行实证分析,最后发现我国产教融合发展中存在制度缺陷和机制错位的问题。

还有学者从"双高计划"的视角研究高职院校的产教融合现状。"双高计划"对高职院校的办学目标、办学质量和办学特色提出了更高的要求,在此政策的影响下,一大批高职院校取得了突出的成果,但仍存在人才培养与产业发展不相适应的情况。分析"双高计划"视角下高职教育的产教融合发展现状,对于院校的产教融合高质量发展具有重要意义。

关于产教融合面临的问题,余景波等(2023)指出,当前产教融合存在学校起点高、企业层次高、校企融合程度高的基本特征,在此特征下,产教融合表现出政策支持体系不完善、产业资本和教育资源融合机制不顺畅以及产教资源配套不足等问题。

针对产教融合中存在的相关问题,许多学者给出了针对性的建议,比如赵建峰等(2023)认为,产教融合共同体的建设存在价值差异凸显、主体权责不清、利益分配错位、人才供需矛盾等问题,进而提出相应对策,即有效推动教育链、人才链、创新链、产业链"四链"融通,实现产教多元主体多方共赢。

虽然我国高职院校的产教融合存在一定问题,但是近十年总体呈现出向上的发展态势,李响初和李依宸(2023)在"双高计划"视域下研究高职产教融合创新发展现状,发现我国现有产教融合发展主要呈现政策体系建设走深走实、职业教育的服务贡献能力显著提升、办学体系逐渐完善的状况。

综合已有研究成果,本书将产教融合发展现状归纳为办学条件持续改善、教师队伍水平不断提高、合作育人模式形式多样等三个方面。

一、办学条件持续改善

产教融合的发展背景下,我国职业教育的适应性不断增强,院校的办学条件持续改善,具体体现在以下两个方面。

第一,校企共建基地数量不断增加。国家政策的支持使与职业院校合作的企业能在合作中获得一定的利益,比如税收、土地、资金方面的支持和优惠,因此企业在进行产教融合方面具有一定的热情。此外,国家政策大力支持优化实习实训基地建设流程,优化职业院校项目建设审批流程,强化要素保障,促进职业院校项目建设便利化;强化金融支持,加大产教融合实训基地项目投资。以上举措强力推动了校企共建基地数量的增加。

第二,现代化的教学设施与设备不断完善。数字化的发展推动高职院校智慧校园、智慧教室的建设,在"智慧赋能"的作用下,教学中可以利用现代信息技术进行名师远程教学,模拟真实生产过程,增强课程的情境性;在教学中接入真实的生产过程,实现学习、实习、见习之间的有效连接,打破产学研之间的隔离状态,提高学生对知识的应用能力和自身实践能力。

二、教师队伍水平不断提高

产教融合背景下,教师队伍水平不断提高,形成了由优秀的理论教师、高水平的实习实训教师以及综合性的"双师型"教师组成的教学团队。各类教师各有所长,共同服务于人才培养,形成了集聚优势,更加符合学生选择性学习与全面发展的需要。高职院校教师队伍水平的不断提高,主要得益于"双高计划"的实施和"双师型"教师队伍的建设。

"双高计划"是国家在高职教育领域实施的一项重要措施,旨在提升我国高等职业教育的内涵建设,促进职业教育教学质量和人才培养质量,以适应经济社会对高端技术技能人才的需求。"双师型"教师的作用发挥情况是"双高计划"的重要指标,有利于推动高职院校加强师资队伍建设,推动高职师资包括在性别结构、年龄结构、学历结构、职称结构等方面的优化,进而推动高职院校教育教学水平以及教学质量的提升。

"双师型"教师指的是理论知识与实践能力并重的教师,对于高职院校来说,核心目标是培养适应社会需求的高素质技能人才,而"双师型"教师的培训模式将专业教师与实践专家结合起来,为职业教育带来了巨大的推动力。在培养"双师型"教师过程中,要鼓励教师与行业专家进行密切合作,由此可以了解行业的需求和变化,并与课程内容相结合,有利于使教学更具有实际应用性。同时这种紧密的校企合作关系可以确保学校提供的职业教育课程与行业需求保持同步,提高学生的就业竞争力,为学生创造更多的职业发展机会。

三、合作育人模式形式多样

目前我国产教融合的模式主要有校企合作、现代学徒制、订单班、委托培养以及其他模式,多样的育人模式既充分结合了院校以及所在地区的发展特点,又发挥了学校以及企业的优势资源,共同服务于教学和人才培养。

合作育人要发挥多方力量。在合作育人的过程中,根据合作企业的岗位需求以及区域发展特色,建立人才需求预测体系,进而确定人才培养目标、制定人才培养方案,院校与企业充分参与育人过程,贡献出优势资源,共同为人才培养服务,以实现合作育人的效果最大化。比如可以将企业需求融入教学环节,企业提供生产基地作为教学的场所,让学生在真实的情景中学习,不仅可以有效提高教学质量,还缩短了企业的人才培养周期、降低了企业的人才培养成本。为激发企业参与产教融合、校企合作的热情,国家出台了许多政策予以支持。《职业教育产教融合赋能提升行动实施方案(2023—2025年)》提到,对产教融合中信用评价结果好的企业,在上市融资、政府资金支持、产业扶持政策等方面予以优先或便利。因此,对于企业来说,实行产教融合对促进自身长远发展具有重要意义。

产教融合的主要育人主体是高职院校和企业。近年来,在政府的引导以及院校与企业的摸索中,形成了许多产教融合的新形式,比如组建市域产教联合体、职教集团(联盟)、行业产教融合共同体等,打造产教融合新型载体,不断推动产教融合的健康发展。

总体来说,我国现阶段产教融合的发展呈良好态势,但是仍存在一些问题,比如企业合作动力不足、合作对象有待拓展、现有合作缺乏长期性、愿景与现实反差较大等,阻碍着产教融合的健康发展。

第三节　我国高等职业教育产教融合实践

在我国产教融合的实践中,探索出了许多实践类型,比如现代学徒制、订单班、校企合作、委托培养,还有其他许多具有本校特色的培养模式,本节将重点探讨高职院校的产教融合实践,并指出高职院校在具体的实践过程中存在的相对集中和突出的问题,比如"校热企冷"现象(产教融合松散、层次浅),企业缺乏合作意愿,导致融合效果不佳;合作缺乏稳定性和可持续性,导致发展过程不协调,难以保证发展的持续性;多元主体协同不畅,导致产教脱节问题得不到根本解决。

一、我国高等职业教育产教融合实践类型

产教融合是职业教育的一大创新,其运行过程符合三螺旋理论的特征,产教融合不仅使学校、企业、政府都能参与人才培养过程,还能保持三方身份独立,最终产出较能满足各方利益的成果。

蓝洁(2023)通过对我国本土情境下的产教融合实践进行分析,将我国产教融合的发展历史分为计划经济体制下的企业主导、市场资源配置作用下的校企合作、产业转型升级推动作用下的产教融合三阶段。目前,我国的职业教育正处于产业结构调整和产业升级的发展阶段,现代制造、现代农业、现代服务业等领域需要大量高技能人才,深化产教融合、解决人才供需结构适配矛盾,已成为新时代职业教育改革发展的重点。为了更好地研究职业教育产教融合,推动产教融合政策的转化,总结产教融合的实践探索经验,我国成立了

许多研究产教融合的专门机构,比如中国职业技术教育学会、中国高等教育学会职业技术教育分会、中欧(聊城)人工智能产教融合研究院、南宁师范大学广西产教融合研究院、华为技术有限公司人才发展中心等。这些机构或是由事业单位或高校牵头、或是由企业主导、抑或是由行业企业合作设立,均体现了产教融合已然扎根于我国的本土实践,并上升到理论自觉。同样在这 20 余年的实践中,我们探索出了许多产教融合的发展模式。

尹秋玲和杨华(2022)通过对桂、浙、湘三地进行调研总结出了委托培养、工作室、学习型工厂、综合平台、校企一体化五种产教融合的发展模式。柳劲松等(2023)总结出我国职业教育产教融合发展的三种创新模式,包括山东淄博的双融制、湖北和贵州的以职兴城、广东省的以四链协同促文化认同等模式。韦钰(2021)分析了山东省产教融合发展的运行现状,发现山东省产教融合培养模式包含混合所有制、订单班/产业学院、现代学徒制、职教集团四种。

职业教育迈入高质量发展时代,党和国家高度重视深化产教融合,推动地方政府、行业企业、科研机构等多主体协同合作,丰富职业教育办学形态。2022 年 12 月,中共中央办公厅、国务院办公厅印发了《关于深化现代职业教育体系建设改革的意见》,明确打造市域产教联合体与行业产教融合共同体的战略任务,深化职业教育供给侧结构性改革,坚持以教促产、以产助教、产教融合、产学合作,建立健全多形式衔接、多通道成长、可持续发展的梯度职业教育和培训体系,拓宽学生成长成才通道。

结合学者对产教融合发展模式研究与院校实践探索,本书将着重论述现代学徒制、订单班、校企合作、委托培养、产业学院、混合所有制、市域产教联合体与行业产教融合共同体等发展模式。

(一)现代学徒制

学徒制最早出现于欧洲,主要存在于手工业和传统的工业领域,注重传统手工技能的传承。但是现代学徒制可以广泛存在于各个领域,除了技术技能,还注重培养学员的理论知识、问题解决能力。现代学徒制不同于以往传统的学徒制,与传统的学徒制相比,现代学徒制在教育内容、教育方式、评估方式、学习方式等方面都有明显的时代特征,更能适应不断变化的技术和经济环境。

2022 年修订的《中华人民共和国职业教育法》提到,国家推行中国特色学徒制,鼓励和支持产教融合型企业与职业学校、职业培训机构开展合作。中国特色学徒制强调"双主体育人、双导师队伍、双场所培养、双身份认定",与普通的高职教育模式有所区别。现代学徒制不是一个固定的产教融合发展模式,院校可以根据自己的发展实际选择不同的人才培养模式和培养方式。

台州职业技术学院企领学院实行"2+1""多岗递进"人才培养方案,在第三学年实行以现代学徒制为核心的课程设置,将"专业技术教育+岗位技能训练+创新创业实践+核心素养"融入课程体系。岗位技能训练的课程部分实行驻企实习,企业会选派经验丰富的技术骨干、车间主任等担任导师,形成一对一或者一对多的师徒结对形式,对学生进行轮流多个岗位"递进式"实操技术技能教学训练,让学生熟练掌握一个班组的岗位技能要求。

青岛酒店管理职业技术学院构建了"国家级—省级—市级—校级"四级学徒制体系,还结合具体专业,分三年对所有专业全面推行现代学徒制,形成了"双课一体、三标贯通、四段衔接"的现代学徒制人才培养模式,在学习成果评估上,开展 1+X 证书制度试点。青岛酒店管理职业技术学院通过现代学徒制的实践,形成了具有"青酒管"特色的职业教育产教融合模式。

宁波职业技术学院是教育部首批现代学徒制试点单位,开展现代学徒制试点专业 15 个,其中国家级试点项目 2 项,探索形成并不断完善适应不同类型企业的典型学徒制运行模式。宁波职业技术学院模具设计与制造专业(简称模具专业)作为首批教育部现代学徒制试点专业,为满足宁波模具产业急需的跨界融合、学科知识交叉的复合型技术技能人才需求,针对高职制造类复合型人才需长学制培养、高职教师专业能力和教学内容难以满足复合型人才培养需求等问题,与北仑区模具产业园区中小企业集群开展合作,积极探索并实践"职前 3 年现代学徒制+职后 3 年企业新型学徒制"的模具专业中国特色学徒制人才培养模式,为复合型人才培养提供了有效途径。

第一,实施职前现代学徒制与职后企业新型学徒制一体化培养。模具专业以政府为引导,学校企业为主导,育训结合,探索现代学徒制和企业新型学徒制相结合的人才培养模式。模具专业围绕模具设计、模具制造、项目管理等核心岗位,将复合型人才培养目标和职业生涯规划结合,系统规划学生的成长成才通道,以国家职业技能等级证书模具工"中级—高级—技师"贯通培养为主线,将职前 3 年现代学徒制和职后 3 年企业新型学徒制相结合,探索实践"3＋3"中国特色学徒制人才培养体系。通过职前现代学徒制培养,学生能够达到高级工水平,通过职后企业新型学徒制和学校"回炉再造",学生能够达到技师水平,实现高素质复合型人才一体化培养。

第二,借鉴国内外标准,开发具有中国特色学徒制的专业标准和教学标准。2015 年开始,宁波职业技术学院与英国合作,建立全国首个 EAL 认证中心,开展专业国际认证、教学资源开发和认证培训等项目。模具专业在英方专家指导下,借鉴先进的英国学徒制经验,引进 EAL 职业资格证书和课程体系,将 EAL 证书标准和模具工标准有机结合,构建"EAL(二级)＋模具工(中级)""EAL(三级)＋模具工(高级)""EAL(四级)＋模具工(技师)"人才培养体系。根据模具相关岗位职业内涵,校企合作共同确定通用的典型工作任务,对知识点和技能点进行重组,通过对部分课程进行置换、合并、扩充、增加和删除,实现课程与职业能力相对应,形成现代学徒制人才培养方案和企业新型学徒制人才培养方案。

第三,校企合作打造"双导师制"教学创新团队。在北仑区模具产业园区的指导、协调和帮助下,宁波职业技术学院与多个企业建立紧密合作关系,校企共建企业导师和学校导师的选定、评定和聘用机制,共建"双导师制"教学创新团队,以提高教学质量,广泛引进吸纳行业、企业优秀人才,引领专业、产业发展。一是引进高学历、高技能人才;二是设立兼职特聘岗位,聘请企业技术总监担任专业带头人,引领教学改革;三是柔性引进和聘请企业技能大师和劳模担任"企业导师",传承工匠精神,传授绝技绝艺。学校导师和企业导师既有分工,也有合作:学校导师提升学生可持续发展和专业能力,企业导师解决现场技术难题提升学生综合能力,专业教师和企业技术人员通过科研项目培养学生创新能力,部门主管通过内部培训培养学生管理能力,实现复合型人才精准培养。

第四,将"新技术、新工艺、新规范"融入教学,改革教学内容与教学方法。随着工业互联网技术和新能源汽车的发展,模具产业正面临前所未有的变革,数值模拟分析技术(CAE)、虚拟仿真技术、企业管理系统(ERP)、产品数据管理(PDM)、生产管理系统(MES)等在企业中开始大量使用。在教学中,要注重教学内容和实际生产紧密联系,将企业的"新技术、新工艺、新规范"引入教学,与不同企业合作共同打磨课程,形成面向不同企业的教学课程和模块,实现企业科研项目、教学资源和企业培训资源之间的相互转化,为培养与不同企业对口的学生打下坚实基础。

现代学徒制或企业新型学徒制作为产教融合的一种主要人才培养模式,能有效提升高职学生的实践能力和岗位适应能力。但目前在制度保障、体制机制、标准建设等方面,还存在一些急需解决的问题。第一,需进一步健全现代学徒制运行的制度。现代学徒制尚未成为我国一种成熟的职业教育模式,在相关法律法规、配套政策等方面缺乏较为完备的支持,需要在 2022 年修订的《中华人民共和国职业教育法》的指导下,加快健全与现代学徒制配套的法律、政策、制度体系。第二,需进一步完善现代学徒制运行的长效经费保障机制。现代学徒制的实施是一项长期工作,且运行管理投入较大,目前的主体经费大都还是以学校自筹为主,而企业的经费主要用于学生津贴等方面。建议相关部门建立专项经费支持制度,以利于在更大范围开展现代学徒制人才培养。第三,需进一步加强现代学徒制培养质量的标准化建设。现代学徒制培养质量的把控和管理需要形成标准化体系,可以将教育部首批现代学徒制试点单位有关专业标准建设作为范例推广到国内外兄弟院校,提高现代学徒制培养质量的国际认可度、社会认可度,提升毕业生的就业竞争力和职业可持续发展力。

(二)订单班

订单班是一种特殊形式的职业教育培训模式,是指职业院校与企业进行合作,培养专业化人才,最终经过企业考核合格后定向就业的人才培育模式。"订单人才"培养是目前高等职业教育"引企入教、合作育人"校企合作办学的重要表现形式。

订单制是根据企业的实际需求,为企业量身定制人才的一种培训形式,实现精准培养,有利于降低企业人才培养成本,企业作为直接获益者,这种形式有利于提高企业参与校企合作的热情;对学生来说,这种形式有利于缓解自身就业压力,实现专业对口就业;这种形式还有助于提高教育质量、促进职业院校的高质量发展。

总的来说,产教融合订单制具有需求导向、产学合作、学习目标明确等三个特点。需求导向是指订单制以产业企业的需求为起点进行人才培育;产学合作是指院校和企业开展合作,将学生的学习和产业发展相结合;学习目标明确是指学生在入学的时候就能提前了解毕业后的就业情况和岗位操作具体要求,有助于提升学生学习的指向性。

长沙民政职业技术学院电子信息工程学院采用校企合作"订单式"人才培养方式,使学生能提前进入企业实习并熟悉未来工作岗位。学院与苹果公司开展合作,组织实施"多企业多学校多专家共建,可复制课程及人才培养模式"的项目,目的是与合作企业、合作院校共同培养优秀职业人才,并且建立了一套严密的流程方案,包括企业入校宣讲、学院选拔、在校建班、入企实习、考核转正等各个环节,保证人才培养的质量。

金华职业技术大学与新世纪建设集团有限公司、中天建设集团有限公司、中兰环保科技股份有限公司、广联达科技股份有限公司、浙江五洲工程项目管理有限公司等16家企业合作,开展建筑工程技术专业"2+0.5+0.5""双标双轨交替式"订单班人才培养。学校成立智慧建造产业学院理事会,在平等协商、互利互惠的前提下,通过合作实现资源互补,建立校企专业共治、课程共建、师资共融、人才共育、评价共促的育人机制和平台,以培养产教融合工匠型技能人才。与此同时,成立由校外专家和校内"双师"教师组成的建筑工程技术专业建设指导委员会,具体负责人才培养方案制定、课程资源建设、实习实训基地建设、师资队伍建设等重大事项的研究指导、调整与改革事宜。具体实施流程为:企业确定人才培养需求标准后,将企业的人才需求标准提交到由校企专家组成的建筑工程技术专业建设指导委员会,由专业建设指导委员会对企业的人才需求进行论证,探索实施"2+0.5+0.5"的人才培养模式。"2"表示学生入校后的前两年在学校学习理论知识,主要培养学生的综合素质,使其掌握专业基础知识;第一个"0.5"表示学生在企业进行施工实训和顶岗实习,重点培养学生的专业基本技能;第二个"0.5"表示继续在校学习,这时订单班的相关课程内容会按照企业需求及实习反馈进行改革。

通过订单培养的实践,进一步深化产教融合、校企合作。有学者对订单班和普通班的育人模式进行对比后发现,在技能竞赛、理论知识与实践能力、就业率方面,订单班都明显优于普通班,这主要得益于订单班在人才培养过程中体现学校和企业双主体相结合、企业师傅和学校教师相结合、课堂和企业实训相结合的培养方式。

(三)校企合作

校企合作是市场经济条件催生的一种教育与产业的合作形式,产教融合在产业结构调整和升级中应运而生,校企合作是产教融合在人才培养方面的主要落地方式。

校企合作一般是由学校和企业建立合作模式,是学校提升教育质量的一种发展方式。对于学校来说,校企合作在一定程度上能够弥补学校实训场地不足、技能型师资短缺的问题,培养更高质量的学生;对于企业来说,校企合作能够使企业利用职业院校的师资优势,进行产业和技术研发方面的创新,提升企业知名度。

四川建筑职业技术学院是校企合作的受益者,学院紧密对接市场的需求,将"时代鲁班"作为人才培养定位,与头部企业合作,共同制定人才培养目标、培育"双师"教师团队,建立起"专业—课程—课堂"三级课程思政目标链,实现了职业院校高质量的育人成效。

无锡职业技术学院牵头组建职教集团,与施耐德电气(中国)有限公司、西门子(中国)有限公司、通用电气公司、思科公司等世界 500 强企业进行合作,设立工学结合实践基地,实现工作、学习融合发展,促进学生专业能力、职业能力一体化发展。

2009 年,杭州职业技术学院与国际知名丝绸女装企业达利(中国)有限公司共建"校企共同体"——达利女装学院。15 年来,达利女装学院立足一个企业,面向整个行业,以"双高计划"为引擎,坚持新发展理念,不断深化产教融合、校企合作办学特色,坚持产学研用一体化,加快提升学校内涵建设水平和综合办学实力,"达利现象"已成为全国高职校企合作的一张金名片。达利女装学院的实施举措包括以下几个方面。

第一，厚积十年再出发，校企共同体开启新征程。2019 年，在达利女装学院成立十周年之际，杭州职业技术学院与达利（中国）有限公司签署了《新十年校企战略合作协议》，并揭牌成立校企共建的"纺织服装工程创新中心"。校企双方共同聚焦人才培养定位"精"准、产学研平台筑"高"、技术革新与创新引领能力拔"尖"三个方面，签订达利女装学院新十年校企战略合作协议

第二，面向整个行业，成为当地纺织服装企业"数智化"升级新动力。服装设计与工艺专业群紧盯杭州女装产业发展方向，与城市发展共生共融，重点服务杭州经济都市圈纺织服装企业的"数智化"转型升级。目前，达利（中国）有限公司的"数智化"版房主管和技术人员全部由服装设计与工艺专业毕业生担任。2019 级毕业生成为公司的"数智化"版房的技术骨干，针织服装与针织技术的毕业生已经成为濮院（全国最大的毛衫产业集群）毛衫企业"织可穿"智能制造技术人才的首选。在校学生用"全成型"横机为企业开发设计制作时尚毛衫，时装零售与管理专业的毕业生更是成为周边纺织服装企业直播电商的香饽饽，学院 2020 年被共青团杭州市委授予"中国（杭州）青年电商主播培训基地"的称号。同时，企业也以人财物等形式参与专业群"数智化"人才的培养，两年时间，仅企业捐赠的"全成型"电脑横机等纺织服装行业当前最先进的智能制造设备就价值 210 万元。

第三，深化校企互融的专业建设机制，企业深度参与人才培养。一是共同修订专业教学标准。联通企业岗位（群），分析岗位（群）典型工作任务，确定能力要求，设置相关课程，修订专业教学标准；紧密联系企业生产实际，调整课程教学内容，共同开发项目化课程和教材。二是共同参与教学管理。聘用在行业有影响力的企业任职的，熟练掌握新技术、新工艺的技术骨干和能工巧匠担任兼职教师，使之成为产业的"企业教授"，尤其是发挥其在指导学生的实践教学，特别是在指导学生顶岗实习和毕业设计方面的重要作用。三是共同开展就业指导。借助达利（中国）有限公司人力资源管理优势，校企共同开展以学生职业发展为目标的就业指导工作，将学生作为企业"准员工"进行管理，纳入企业岗位技能培训体系，提升学生就业能力，最终实现学生体面就业。四是共同实施质量评价。跟踪学生在企业实习的表现，由企业指导教师共同参与实施对学生实践环节成绩的评定；企业参与毕业生质量评价，配合学校进行企业

满意度调查,把调查结果反馈到教学,并据此修订专业教学标准,提高人才培养质量。

校企合作提供了有效的平台和桥梁,使学校能够与企业共同推进实现产教融合的目标,促进教育理论与实践的紧密结合,培养适应社会需求的高素质人才。同时,产教融合也为校企合作提供了更具体和深入的合作方向,通过将产业需求纳入课程设计、教师培训和学生实践,更好地满足企业对人才的需求,并提升学生的就业竞争力。因此,可以说校企合作和产教融合是相互促进、紧密联系的关系,它们共同推动了教育与产业的发展。

(四)委托培养

委托培养模式是指学院和用人单位双方共同制定培养方案,但是委托培养不是一种孤立的产教融合培养模式,是体现在订单制、现代学徒制、校企合作等发展模式之中的模式。

产教融合的委托培养是指在教育机构、企业和学生之间形成紧密的合作关系,以提高学生的综合素质和职业能力。

按照主体划分,委托培养可以分为企业委托和学校委托两种形式。企业委托是指企业和学校达成合作,依托学校的教学资源比如师资,将员工送往学校进行学习。订单班和现代学徒制都是学校为企业某一个岗位培养人才的方式,最终培养出来的人才具有岗位针对性的特点,学习场所还是以学校为主。学校委托是指学校通过购买企业的服务,将学生送往企业实习或工作,与企业员工共同参与实际工作项目。教育机构与企业共同制定学习计划和课程,确保学生在实践中能够接触到真实的工作环境和问题。同时,企业承担督导和指导学生的责任,帮助他们将理论知识转化为实际技能。

产教融合的委托培养有助于学生的职业发展和就业准备。通过与企业的密切合作,学生可以更好地了解行业需求和就业市场的实际情况,增强自己的专业能力、丰富自己的实际工作经验。此外,学生还可以借助企业资源和专业指导,培养创新思维、团队合作和解决问题的能力。

对教育机构和企业而言,产教融合的委托培养也有多重好处。教育机构可以更好地满足社会需求,提升教学质量,培养符合市场需求的毕业生;企业可以通过与学校的合作,发现潜在人才,并在培养过程中塑造他们,为企业自身发展注入新鲜血液。

(五)产业学院

产业学院指的是依托产业背景,高等学校、职业学校与地方政府、行业企业等组织合作,共享资金、专业、平台、基地、人才、管理等多种资源要素成立的二级学院或办学机构,是集人才培养、科学研究、技术创新、企业服务、学生创业等功能于一体的人才培养实体。随着产业转型升级与科技革命的加速来临,现代产业技术呈现快速发展、交叉融合的特征,对高层次技术技能人才和高端人才的需求量迅猛增加,产业学院建设作为多主体资源深度融合、产教全方位合作的一种办学形态,必将成为深化产教融合和推动高等学校分类发展、特色发展的重要举措。

20世纪60年代,日本成立了京都产业大学,同年大阪交通大学也改称大阪产业大学。1996年,英国公共政策研究所在《产业大学:创建全国学习网》中首次提出"产业大学"的概念。1998年,英国教育与就业部拟定了《英国的产业大学:使人人都参与终身学习》,英国政府开始在全国推广产业大学,其主要目的在于提高企业特别是中小企业的生产力和竞争力,成立"产业学院"以培训产业工人获得知识和技能,从而满足行业企业对人力资本的需求,主要方式是通过现代化网络通信技术实现开放式远程学习。我国的产业学院内涵与英国的不同,也与大家熟知的"企业大学"不同。企业大学是指由企业出资,以企业高级管理人员、一流的商学院兼职教授及专业培训师为师资,通过实战模拟、案例研讨、互动教学等实效性教育手段,培养企业内部中、高级管理人才和产品服务人员的教育机构,是满足人们终身学习需要的一种新型教育与培训体系,如华为大学、海尔大学。2017年《国务院办公厅关于深化产教融合的若干意见》首次提到"产业学院"概念,在"引企入教"中提出"鼓励企业依托或联合职业学校、高等学校设立产业学院和企业工作室、实验室、创新基地、实践基地"。2020年,教育部办公厅、工业和信息化部办公厅印发的《现代产业学院建设指南(试行)》明确,为扎实推进新工科建设再深化、再拓展、再突破、再出发,协调推进新工科与新农科、新医科、新文科融合发展,全面提高人才培养能力,在特色鲜明、与产业紧密联系的高校建设若干与地方政府、行业企业等多主体共建共管共享的现代产业学院。现代产业学院建设要坚持创新发展原则,创新管理方式,充分发挥高校与地方政府、行业协会、企业机构等双方或多方办学主体作用,加强区域产业、教育、科技资源的统筹和部门之间的协调,推进共同建设、共同管理、共享资源,探索"校企联合""校园联合"等多种合作办学模式,实现现代产业学院可持续、内涵式创新发展。现代产业学院建设任务包括创新人才培养模式、提升专业建设质量、开发校企合作课程、打造实习实训基地、建设高水平教师队伍、搭建产学研服务平台、完善管理体制机制等。

综上所述,产业学院的基础是专业和产业。单一专业无法满足产业链的人才需求,只有构建紧密对接产业链、创新链的专业群,才能真正发挥产教融合的聚合效应。因此,职业院校推进产业学院建设,要深挖各自学校的优势专业,以优势专业为"龙头",结合区域经济发展的产业特征,组建相应的专业群组。主动对接当地特色鲜明的"产业链、创新链",实施"以群组院",构建具有明显专业群特征并紧贴区域经济发展的产业学院。因此,产业学院具有三大特征:一是有明确的产业服务对象。产业学院建设要选准创新链或产业链服务面向,具有一定的集中度,以利于学科专业(群)的设置架构紧密对接产业群。二是具有服务产业的综合性功能,涵盖人才培养、科学研究、技术创新、员工培训、学生创业等。三是与产业中的龙头或头部企业建立紧密的产学互动机制。因此,产业学院体现的是一种产权结构混合所有制关系,其有效运行还有赖于法律法规有关的产权保护与互惠共赢的合作共同体建设。

我国产业学院最早产生于浙江、广东等经济产业活跃、职业教育发展水平较高的地区,这既是职业教育发展的内生需求,也是企业发展进入成熟期的高层次体现。随着政策的有力推动,产业学院在全国各地逐步发展起来,形式多样。从产业学院参与共建的主体来分,主要有学校、地方政府、行业和企业等四种。学校多为高职院校和应用型本科院校,中职学校也有涉及。产业学院设在中职学校内,不是为了显示职业教育的层次,而是为了体现职业教育的类型属性。与企业行业合作共建产业学院,培养出的学生与岗位的匹配性更强,但是学生学到的内容多受合作企业的局限。为了克服这个弊端,出现了"行业学院",每个行业学院都由一个专业群与一个产业链对接,保证学生的岗位针对性和行业适应性。从产业学院的建设形式来分，有虚拟平台和实体平台两种。虚拟平台大多是在学校内设二级学院的基础上外挂某相关产业产业学院的牌子，也设有董事会等机构，但实际运转过程中相关行业和企业的作用发挥不充分，甚至没有参与感。实体平台是学校依据产业链、跨学院设立的产业学院，打破了学校原专业体系设置的壁垒，按照产业链的上下游关系，设立相应的专业链，实行董事会领导下的校长负责制，校企共建共管，这也推动了学校内部治理结构的改革发展。

国内高职院校先于普通高校开始探索产业学院模式，最先探索改革的是2006年浙江经济职业技术学院与物产中大集团股份有限公司创建的物流产业学院和汽车后服务连锁产业学院，中山职业技术学院与广东省各专业镇政府在其产业园区合办产业学院的起步也较早。浙江经济职业技术学院与中山职业技术学院在产业学院发展方面都取得了较大成就，在国内产生的影响较大，浙江经济职业技术学院充分依托物产中大集团股份有限公司强大的流通产业背景，在人才培养、员工培训、技术研究等方面开展全方位合作。企业和学校一体统筹规划，集团将学院作为研发、培训和人才培养基地并纳入战略发展规划，学校将有效服务集团作为发展目标定位。集团在学校设立研发中心、培训中心和人才培养中心，研发中心围绕集团问题开展研究，培训中心承担集团各类人才培训任务，人才培养中心为社会和集团培养和输送高素质应用型人才，成立两个产业学院承担三个中心的功能，分别在双方持续合作的机制保证、功能对接、人员共用、设施共享、信息互通等方面开展了有益探索与实践。中山职业技术学院与专业镇合作成立四个具有"1＋N"特点的产业学院，每个产业学院服务该镇的一个产业集群，是产业学院面向产业集群高职教育模式的有益尝试。

浙江交通职业技术学院为满足浙江省轨道交通行业对复合型技能人才的需求，于2019年与杭州市地铁集团有限责任公司、宁波市轨道交通集团有限公司、温州市铁路与轨道交通投资集团有限公司、绍兴市轨道交通集团有限公司和台州市轨道交通集团有限公司联合组建轨道交通产业学院。轨道交通产业学院下设专业建设委员会和工作小组。专业建设委员会成员为学校教务处、产业学院负责人，各合作城市轨道运营企业人力资源部和城市轨道车辆、运营、机电等技术部门负责人,主要职责是拟定城市轨道车辆应用技术、城市交通运营管理和城市轨道交通机电技术专业人才培养方案,协调三个专业师资队伍建设方案,协同三个专业教学资源建设等。学校和合作企业各设置一个工作小组,主要负责(订单班)课程建设、开课计划、教学组织、学生管理和师资队伍共建。订单班人才培养方案制定过程中,积极召开专业建设委员会会议,广泛征求各合作企业意见和建议;专业实训室建设前期,广泛邀请企业一线技术骨干参与前期论证;订单班教学过程中,积极引入企业教学资源、典型案例;企业遴选技术骨干与学校共同组建订单班师资团队,企业全程参与"订单人才"培养,联合开发教学资源、开展标准建设、撰写教材、开展科技攻关,共建省级技能大赛工作室,校企骨干联合培养同台竞技,为企业提供技能鉴定或认定。

(六)混合所有制

职业院校混合所有制的办学实践最早源于 20 世纪 90 年代后期,至今已走过 30 多年,职业院校混合所有制办学改革由自发逐步走向国家支持。混合所有制办学是当前高职院校改革发展的重要方向之一。一是鼓励职业院校开展试点,针对高职院校混合所有制办学中面临的资产划定、产权明晰、基于产权结构的现代法人治理体系、基于产权属性的内部运行机制等不明确的问题,鼓励院校先试先行,把基层解决实践问题的做法总结上升为政策制度,形成可供复制的经验。二是抓住职业教育混合所有制改革试点契机,加快促进职业教育管理体制变革,突破政策瓶颈,降低院校探索职教混合所有制改革的体制成本,鼓励采取更多市场化手段支持企业参与举办职业教育,实现政府由"办"职业教育向"服务"职业教育过渡。三是更加强调职教混合所有制改革过程中校企双元育人的机制创新,充分发挥企业重要主体作用,使提升职业教育人才培养质量成为职教混合所有制改革的内生动力。

混合所有制办学过程中,政府、职业院校既可与区域、行业内技术先进、具有较强品牌影响力的实体企业以及具备支持举办高质量职业教育实力和条件的其他各种社会力量合作举办职业院校、二级学院、产业学院、公共实训中心、生产性实训基地、技能培训基地等办学机构,也可合作举办专业、培训等办学项目。产业学院、公共实训中心、生产性实训基地、技能培训基地等办学机构既可设立法人机构，也可设立非法人机构。各举办方一般会制定办学章程，根据办学章程履行办学职责，参与办学活动。部分办学主体在党委领导下建立基层党组织，保证正确的办学方向。办学机构一般会被赋予充分的办学自主权，运用理（董）事会决策、行政负责人组织执行、监事会监督、专家治学等管理运行机制保障组织运行。

台州职业技术学院主动对接台州"456"先进产业集群的民营汽车产业链发展需要，整合政校企行多方资源，探索混合所有制二级学院办学的新路径，与两家民营企业共建混合所有制汽车学院，形成校企利益共同体，共同探索产教融合的新途径，形成"院司一体"合作办学新模式。一是构建专业校企同建、资源同用、文化同融、人才同育、就业同促、技术同研、服务同承、风险同担、成果同享、多方同长的"多元十同"办学机制，形成"一院一司，院司一体"的运行模式，实行人才培养和技术服务"一体两翼，同步发展"的运行制度；二是探索"司院一体、双会协同"的管理模式，形成学校党委统一领导，直属党支部前置酝酿，理事会和董事会决策，院长、经理层执行的内部治理架构；三是混编师资实行"混合共建，混编共管，同工同酬"管理模式，企业驻校老师入职混合所有制公司，学校按照在编教师的工资定级方式套算企业老师的工资等级，校企双方真正实现"身份互认、角色互通"；四是共同建成集汽车销售、维修、检测、教学培训于一体的校内综合汽车维修类生产性实训基地，通过牵线搭桥，与一汽大众、保时捷等四家车企共建品牌合作培训中心；五是形成"共基础，分方向，定岗位"的学习领域课程体系和"知岗，跟岗，顶岗"的实践育人体系，实施工学交替，对岗培养；六是建立独立共享的产权制度，明确政府院校企业三方以资本、设施、设备、技术、管理等形式投入建设，实行资产独立共用原则。牢牢把握职教改革发展的方向，坚持问题导向，按市场规矩行事；以用益物权形式，但求所用、不求所有，在确保国有资产不增加不流失的情况下，提出了"合规，共赢，实效"的合作办学新理念。坚持专家论证、政府立项，确保合规；坚持育人优先、保障经营，实现共赢；坚持成果导向、质量为先，保证实效；打破职业教育供给侧与需求侧之间的壁垒，开辟合作办学的新路径。通过创立"院司一体，双会协同"合作办学机制，形成牢固的校企利益共同体，激发了办学活力。创新"多师融合,同工同酬"校企混编师资团队建构和管理机制,开拓了职业教育师资建设的新途径。

2016年印发的《国务院关于鼓励社会力量兴办教育促进民办教育健康发展的若干意见》提出,"社会力量兴办教育是指各种社会力量以捐赠、出资、投资、合作等方式举办或者参与举办法律法规允许的各级各类学校和其他教育机构",鼓励"探索举办混合所有制职业院校,允许以资本、知识、技术、管理等要素参与办学并享有相应权利。鼓励营利性民办学校建立股权激励机制"。2019年出台的《国家职业教育改革实施方案》明确提出,经过5—10年左右时间,职业教育基本完成由政府举办为主向政府统筹管理、社会多元办学的格局转变,由追求规模扩张向提高质量转变,由参照普通教育办学模式向企业社会参与、专业特色鲜明的类型教育转变,大幅提升新时代职业教育现代化水平,为促进经济社会发展和提高国家竞争力提供优质人才资源支撑。但在具体推进推广层面,职业教育混合所有制因牵涉到人、财、物及产品技术等产权与分配政策细则问题,改革还正在路上。

(七)市域产教联合体

市域产教联合体是指由地方政府牵头,以产业园区为基础,成立政府、企业、学校、科研机构等多方参与的理事会,实行实体化运作,整合各类资源,有效推动各类主体积极参与职业教育,具有人才培养、创新创业、促进产业经济高质量发展的功能。

市域产教联合体是教育和产业互补互融、共生共长的载体之一,目的在于集聚企业行业等多主体的资金、技术、人才、政策等要素,深度参与职业学校专业规划、人才培养规格确定、课程开发、师资队伍建设,共商培养方案、共组教学团队、共建教学资源,共同实施学业考核评价,推进教学改革,提升技术技能人才培养质量;搭建人才供需信息平台,推行产业规划和人才需求发布制度,引导职业学校紧贴市场和就业形势,完善职业教育专业动态调整机制,促进专业布局与当地产业结构紧密对接;建设共性技术服务平台,打通科研开发、技术创新、成果转移链条,为园区企业提供技术咨询与服务,促进中小企业技术创新、产品升级。各主体在市域产教联合体中发挥各自优势,省级教育行政部门的职责是为地方政府在市域产教联合体建设方面提供政策支持和保障,积极协调发展改革、财政等部门落实财税、土地、金融等政策。参与园区重在创新工作机制,有效整合资源,推动联合体内各类主体协同配合,达成产权明晰、组织完备、机制健全、运行高效的实体化运作。联合体内各类院校落实紧密对接产业发展需求,不断提高教育教学质量,深度参与企业生产各环节,帮助企业解决实际生产问题,从而实现服务区域城市经济社会发展。

建设市域产教联合体是全面贯彻党的二十大精神、增强职业教育适应性和吸引力的重要举措,是深化产教融合、服务区域经济发展的重要途径,是促进教育链、人才链与产业链、创新链紧密结合的重要载体。2023 年,教育部办公厅公布了第一批 28 家市域产教联合体名单(教育部,2023),从 2024 年开始,分省级与国家级两个层面开展市域产教联合体建设,国家级项目将优先从省级市域产教联合体中产生,并且按照"有进有出、动态调整"的原则,采用实地调研、年度计划执行复核等形式,对市域产教联合体建设情况进行监测和管理,确保国家级市域产教联合体能够聚焦政府统筹、工作机制、产业聚合、联合育人、技术攻关等关键环节,按照"少而精,示范性"的要求,发挥人才技术服务融合功能,提高技术技能人才培养质量。

(八)行业产教融合共同体

行业产教融合共同体是由龙头企业和高水平高等学校、职业学校(含中职学校、高职专科学校和本科层次职业学校)牵头,联合行业组织、学校、科研机构、上下游企业等共同组建的,跨区域汇聚产教资源,能够有效促进产教布局高度匹配、服务高效对接、支撑全行业发展的产教融合新型组织形态。由于行业产教融合共同体服务整个行业产业发展,牵头的龙头企业应在所属行业有重要影响力和话语权,能够统筹行业产业资源,并在共同体内切实起到统筹、牵头作用,鼓励中央管理企业、中国 500 强企业、产教融合型企业等牵头组建。

产教融合体优先选择新一代信息技术产业、高档数控机床和机器人、高端仪器、航空航天装备、船舶与海洋工程装备、先进轨道交通装备、能源电子、节能与新能源汽车、电力装备、农机装备、新材料、生物医药及高性能医疗器械等重点行业和重点领域,汇聚产教资源,制定教学评价标准,开发专业核心课程与实践能力项目,研制推广教学装备;依据产业链分工对人才类型、层次、结构的要求,实行校企联合招生,开展委托培养、订单培养和学徒制培养,面向行业企业员工开展岗前培训、岗位培训和继续教育,为行业提供稳定的人力资源;建设技术创新中心,支撑高素质技术技能人才培养,服务行业企业技术改造、工艺改进、产品升级。

2023 年 7 月 25 日,首个国家重大行业产教融合共同体暨国家轨道交通装备行业产教融合共同体成立大会在常州市举行。共同体由中国中车集团有限公司(简称中车)、高水平大学、行业相关职业院校、行业组织共同牵头,首批成员单位覆盖全国 20 多个省份,包括 9 所普通高校、30 多所职业院校、中车及其40 多家所属制造类子公司,5 个产业集聚地区教育行政部门作为支持单位参与(见表 3-7)。共同体成立轨道交通装备行业产教融合共同体领导小组,由教育部分管副部长担任组长,教育部职业教育与成人教育司(职成司)司长、中车董事长、西南交通大学校长担任副组长。领导小组办公室设在职成司和中车,采用双主任制,由职成司副司长和中车党委副书记担任。建立相应的共同体运行机制,协调长春、青岛、株洲、大连、常州等区域产教布局,优先在高速铁路动车组制造与维护、轨道交通智能控制装备技术、轨道交通信号与控制、数字化设计与制造技术、城市轨道交通车辆制造与维护等紧缺专业进行布局。

表 3-7　国家轨道交通装备行业产教融合共同体(部分)

类别	单位名称	所在地
普通高校	西南交通大学	四川省
	同济大学	上海市
	北京交通大学	北京市
	大连交通大学	辽宁省
	兰州交通大学	甘肃省
	石家庄铁道大学	河北省
	华东交通大学	江西省
	常州大学	江苏省
	西安交通工程学院	陕西省

类别	单位名称	所在地
产业聚集地区 教育行政部门	长春市教育局	吉林省
	青岛市教育局	山东省
	株洲市教育局	湖南省
	大连市教育局	辽宁省
	常州市教育局	江苏省

产教融合共同体的核心竞争力是各主体的核心能力和产教深度融合程度。政府主导作用对产教融合共同体的有效运行至关重要,政府应制定相关落地政策,鼓励学校与企业开展合作,为共同体的发展提供政策支持和资金支持。同时,政府应主导搭建信息共享平台,这不仅可以使各参与主体实时了解行业的最新动态,以便作出相应调整和决策,还可以促进学校、企业和科研机构之间的合作交流,实现资源共享和优势互补,推动行业产教融合共同体的顺利运行。

国家轨道交通装备行业产教融合共同体计划到2025年,整合轨道交通装备行业优质资源,组建全行业、跨区域的产教融合共同体,匹配行业需求与教育供给,为轨道交通装备行业"高端化、智能化、绿色化、国际化"发展提供充分高效的技术、人才支撑。2023年初步建立一套行业共同体管理制度体系,探索创立行业产教融合共同体建设模式和运行机制,建成组织健全、管理规范、运行高效的行业产教融合共同体。2024年打造一批符合轨道交通装备产业转型升级要求的新专业、新课程、新教材、新标准,培养一批"双师型"教师队伍,培育一批新时代工匠人才,形成教育教学和人才发展相适应、职业教育与轨道交通装备产业相匹配的工作机制。2025年广泛发展国内外产业链相关重点企业、20所左右国内外高水平大学、全国相关专业职业院校,集聚一批行业高端人才,产出一批产学研用协同创新成果,建立行业产教融合共同体评价评估体系,使轨道交通装备行业产教融合共同体成为全国行业产教融合共同体的标杆、示范。

（九）其他模式

除了以上几种产教融合的发展模式,还存在许多其他的发展模式。比如从国外产教融合经典模式借鉴过来的山东淄博的"双融制"、贵州和湖北的"以职兴城"、广州南洋理工职业学院的双身份文化育人模式、金华职业技术大学的产教综合体育人模式等。柳劲松等(2023)认为,职业教育中学校与企业应充分沟通、交流与合作,但实际情况是职业院校大量购置设施、建设实践场地、引入企业技师,导致资源的重复与浪费,而产教信息之间的对称可以避免这种情形。因此在国外的"双元制"的基础上,山东淄博提出了"双融制","双融制"分为外融合和内融合。外融合是将外部的跨学校和跨企业相结合;内融合是以降低成本为目标,整合教育和培训资源。

贵州和湖北将职业教育与城市发展结合起来,围绕产业园来进行职业教育资源的配置,同时又依托新技术的兴起,促进产业结构的调整和升级,旨在提高职业教育创新能力来促进乡村振兴,促进产教城协同发展。

广州南洋理工职业学院坚持职教链、人才链与产业链、创新链的有机衔接,不断增强职业教育适应产业发展的能力,着力增强学生和员工的双重身份认同感,有助于培养学生未来适应工作岗位的能力。

金华职业技术大学聚焦金华市重点培育的"五大千亿"产业之一的高端装备产业高素质技术技能人才需求,在机械制造与自动化国家高水平专业群建设中,开创性地实施了"产教综合体"建设,从"虚拟"向"实体"突破,学校以场地、技术等入股,引入优势企业和社会资本共建公司化的运营实体,建立企业化的运行制度,实现产教融合的"自我造血";在机制上大力创新,立足"产学研训创"一体化,推动"单一基地"向"综合平台"提升,走出了实体化运作、一体化提升的产教融合发展的新平台、新形态、新机制、新模式,依托产教园的产教融合教学改革成果获"2021年浙江省教学成果奖特等奖",产教园获评首批"浙江省高等学校省级产教融合示范基地",得到《光明日报》《中国教育报》《浙江日报》等省级以上媒体多次专题报道。金华职业技术大学的产教综合体建设主要采取了以下几种措施。

第一,聚力实体化运作,创建"3＋1＋N"产教综合体新平台。"3"是指学生实训中心、技术研发中心和企业技术服务中心 3 个中心，"1"是指 1 家学校资产经营公司，"N"是指与企业合作成立的多家实体性公司。目前，该产教综合体已成立了 3 家不同类型的合资公司：学校以生产性实训设备入股，与骨干企业合资成立的生产型公司（浙江京飞航空制造有限公司）；学校以技术入股，引入风投基金成立金职液压动力（金华）有限公司；学校以品牌入股，引入产业基金成立浙江星河金职航空科技有限公司。平台建设中，金华当地政府职能由"办"职业教育向"管理与服务"转变。在金融支持方面，政府分五年每年给予企业 1200 万元融资贴息补助和 1000 万元特殊产业补助；在人才引进方面，政府对于研发型企业所需的高层次紧缺人才给予"一揽子"奖励资助；在资产属性转化方面，政府"一事一议"给予政策支持；此外，政府还在环评、节能等政务审批及完善企业发展环境方面给予学校帮助。

第二，聚力一体化提升，打造"产学研训创"产教综合体新形态。学校以产教综合体平台为支撑，通过强化真实生产、实训教学、科技研发、社会培训、创新创业等产教综合体平台"产学研训创"的一体化建设，以产助学、以研促产、学训结合、训创融合，形成良性循环。

通过校企双方资源共享、人才培养方案共商、实践教学体系共建，推动教学组织与企业生产紧密契合，实现"产学一体"。依托省级重点工程实验室、院士工作站、省技能大师工作室等高端平台，使"研发工程师"和"能工巧匠"融合，实现"产研一体"。聚焦精密件加工、数字化设备与工艺改进等产业新技术，开展高端技术人才特色培训项目，实现"产训一体"。成立创客空间，积极孵化优势项目产业化，实现"产创一体"。

第三，聚力全方位融通，构建"三融三通"产教综合体新机制。学校依托产教综合体全方位统筹校企资源，探索构建"三融三通"的运行机制，打通产教融合研究、生产和教学有效结合的"最后一公里"。"三融"是指企业岗位需求与人才培养目标融合、岗位技术能力需求与教学内容融合、生产组织与教学组织的培养方式融合。"三通"是指学校与企业共营实体公司的政策打通、学校老师进入实体公司的身份打通、实体公司资源共享与利益分配方式打通。

第四，聚力全过程协同，探索"全链式"人才培养改革新模式。学校积极探索现代学徒制、学研互动的项目导师制和精益求精的"职业素养"养成机制，支撑"全链式"人才培养。分层分段,校企协同创新工学交替"现代学徒制"。建成开放式教学实训车间,组建校企无界化"讲师团",通过基础性课程和企业真实项目的模块化选修,实施分层分类教学。校企协同推行学研互动"项目导师制"。将航空零部件制造等生产实际案例再设计成应用创新实践项目,以成果为导向激励学徒在不同阶段完成为其量身定制的导师项目。校企协同推进精益求精"职业素养"养成。紧密对接行业 AS9100D 质量管理体系标准和CCAR-147 标准认证,在"课程、活动、管理、文化"四个方面全程融入工匠素养养成。

金华职业技术大学产教综合体的建设模式破解了产教融合之困,推动了学校和企业进行实质性的资源协同与整合,保证了各方的平等话语权和利益平衡。通过专业企业一体统筹和政策、岗位、利益三个打通的制度创新,推动校企利益、资源、技术和人员的全面融合,打通了产教融合的"最后一公里"。

上述这些产教融合模式是与我国的实际相结合发展而来的,是对工学结合、育训并举的职业教育育人机制的有效探索,形成了具有中国特色的产教融合创新发展模式,增强了我国职业教育的适应性。

二、我国高等职业教育产教融合存在问题及原因分析

(一)"校热企冷",利益诉求有冲突

校企合作是职业院校技术技能人才培养的必然要求,但"校热企冷"现象在产教融合校企合作中屡见不鲜。有学者在调研时听某职校教科处处长说道:"每个校长背后都要有一群企业家,每个系主任都要与一群企业家做朋友";还有浙江宁波某职校也非常注重与企业和企业家的接触,并且动员院系主动与企业进行交流,试图打破校企合作壁垒。这种现象也能说明为什么职业学校与企业的关系远比普通高中密切,同时也反映了校企的关系大多停留在浅层次合作。

出现"校热企冷"现象,主要是因为利益诉求不一致引起的冲突,企业利益得不到完全满足影响了企业的参与积极性。一般来说,产教融合实践未能处理好校企利益共生关系冲突,容易出现"校热企冷"的现象。校企共生利益包

括成本分担和利益获得两个方面。从成本分担的层面上看,职业院校的成本由政府所承担,政府会为职业院校的发展提供资金、设备、场地等支持;但企业的成本只能由自己承担。从利益获得的层面上看,通过产教融合,职业院校可以获得声誉和社会认可度,进而推动职业院校本身的发展;企业能获得一定的人力资本、政府支持、经济效益,但比较而言,院校的获得感要明显强于企业,企业的收益尤其是人力资本方面存在较大风险。一方面,尽管企业对高素质技术技能人才需求量大,但在当前"买方市场"的环境下,很多时候企业不需要支付任何教育成本即可获得劳动力,这就使企业更注重自身的短期利益,对于具有一定公益性的任务不感兴趣,认为完全没有必要为培养学生而增加企业成本。另一方面,合作企业获得所需高素质技术技能人才的满足程度较低。目前教育的滞后性与企业需求发展性的矛盾使职业院校培养的人才与企业发展需求存在一定差距,据访谈了解,企业需要的人才不仅要掌握一定的专业知识,了解基本工作流程,而且要具有一定的实践经验。但目前部分学生的动手操作能力、组织纪律性差;自我定位不准,眼高手低;与人沟通能力较弱,心理承受能力差,表明职业院校所培养人才的技能水平和综合素养还不能完全符合企业的用人标准,而以订单式、现代学徒制等合作模式培养的学生,毕业生"留企率"较低,使企业投入人才培养的收益具有较大的不确定性,造成企业投入成本的浪费。企业的最根本利益未能得到很好的满足,这就必然不利于激发企业参与的积极性。加之目前校企合作浅层合作的多,企业给学校捐赠设备和资金,而企业却没有得到即时、显性的实际利益,这种"单向性"的利益流动与企业"投入—回报"的双向性利益诉求相悖。所以,在实际合作中,企业处于被动应付状态,不可能把校企合作列入工作计划、经费预算和工作实施。最后,目前还没有一个供校企双方沟通的服务平台,缺乏第三方协调,政府在激励企业参与职业教育方面仍然缺乏实质性的激励措施,作用不明显,企业并没有将合作纳入"硬性"发展规划与任务,职业教育的育人功能尚未融入企业自身价值链,这必然使企业参与人才培养的责任意识淡薄,参与校企合作的热情和动力不够。

(二) 合作不稳,融合机制不健全

资源的相互依赖是合作的基础,但是不对等的依赖会导致合作缺乏稳定性和持续性。合作过程中,如果一方投入的更多,而另一方持消极的态度或者自己的投入没有得到预期的回报,那么其会丧失合作的意愿。尽管校企合作形式多样,但多集中在为学生提供实习、就业岗位与师资培训方面,且这些合作的效果还有待进一步考察。在人才培养方案设计和实施、课程建设和教学考核、项目开发与合作、科技研发、实训基地建设、文化交流方面校企双方也有合作,但并没有聚焦于双方需求的深层合作。有些校企之间的合作也仅仅是每个学期举办座谈会、讲座等,难免存在缺乏深度参与的情况。由此可见,校企短期浅层合作虽然在一定程度上拉近了企业与学校的距离,但没有形成双方的依赖性,双方不能想对方之所想、急对方之所急,这在一定程度上影响企业参与职业教育的稳定性。

在校企合作中存在典型的校企依附式合作,表现为学校依赖企业和企业依赖学校两种,不管哪种表现都会导致合作缺少积极性和连续性,不利于长期发展(吕建强,2023)。一是学校依赖企业,企业投入大量资源,并且在短期内看不到利益,只有两到三年后才能获得收益,影响企业进行产教合作的积极性。职业院校只是走个过场,表面开展产教融合,不愿深入与企业共同进行培养模式的变革,致使企业对产教融合的评价较低。虽然有些学校进行校企合作,但是专业的人才培养方案没有发生变化,其中的培养目标、课程设置、师资安排、教学方式等还是按照学校模式,这与技能人才培养所需校企合作相违背。二是企业依赖学校,产教融合的培养目标应以需求为导向,企业要提前进行岗位需求分析,然后与职业院校共同制定人才培养目标和方案,但是一些企业进行合作只是为了提高自己的声望,合作的积极性较低,和职业院校无法进行深入合作。企业依赖学校还表现为在实践环节,企业依据自身需求安排学生实习,让学生做一些简单重复性的劳动,没有考虑学生未来出路,使产教融合效能较低。不管是学校依赖企业还是企业依赖学校,都是不健康的产教融合表现形式。一方的依赖会导致另一方合作积极性的降低,从而导致合作的不稳定、短期化。真正良性的产教融合应该是学校、企业通力合作,贡献自己的优势资源,共同为培养高素质技术技能人才服务。

出现合作不稳定的主要原因还在于校企双方未能建立起长效的互利互动共赢机制,特别是当前阶段我国企业举办或参与职业教育还处在鼓励支持阶段,不是法定的企业责任,高职院校应主动从企业主体利益出发,深入思考激发企业参与职业教育主动性与积极性的方法,并在修改技能人才培养方案与工学结合模式、企业技术研发与产品升级、职工技能培训、服务配套等方面采取实质性投入与行动,通过提升人才、技能与服务质量来赢取企业的信任与合作。这种合作互动机制是双方层面的,既有学校需要利用企业资本、技术、知识、设施、设备和管理等要素参与专业建设、课程建设、"双师型"教师队伍建设、实习实训基地建设与学生就业创业等,也有企业需要利用学校的土地设备、技术师资、技能培训课程等要素以服务产品开发升级与市场推广。但从国家、部委与地方有关法律法规、政策制度分析,大多规定了企业在校企合作中应该承担的责任,而学校的责任大多比较模糊,这也削弱了企业长期参与校企合作的积极性。以 2018 年教育部等六部门印发的《职业学校校企合作促进办法》为例,校企合作在人才培养、技术创新、就业创业、社会服务、文化传承等方面的合作形式基本上是基于学校层面的工作内容,而对企业层面所需的资源、技术、投入补贴等工作利益缺乏细化规划。《职业学校校企合作促进办法》第七条列举了职业学校和企业可以开展的合作:一是根据就业市场需求,合作设置专业、研发专业标准,开发课程体系、教学标准以及教材、教学辅助产品,开展专业建设;二是合作制定人才培养或职工培训方案,实现人员互相兼职,共同为学生实习实训、教师实践、学生就业创业、员工培训、企业技术、产品研发、成果转移转化等提供支持;三是根据企业工作岗位需求,开展学徒制合作,联合招收学员,按照工学结合模式,实行校企双主体育人;四是以多种形式合作办学,合作创建并共同管理教学和科研机构,建设实习实训基地、技术工艺和产品开发中心及学生创新创业、员工培训、技能鉴定等机构;五是合作研发岗位规范、质量标准等;六是组织开展技能竞赛、产教融合型企业建设试点、优秀企业文化传承和社会服务等活动;七是法律法规未禁止的其他合作方式和内容。

此外,考核机制不健全与校企文化差异也是合作不稳定的影响因素。在实施产教融合的过程中,建立健全相关考核评价机制至关重要,这是检验合作效果、实践基地、人才培养与市场需求匹配程度的重要内容,但是我国现有的产教融合考核评价机制存在一些问题。一是对产教融合的评价方式单一。某些情况下,产教融合的考核机制单从人才培养质量方面考核,而且对学生的综合能力和适应职场能力的考核缺乏企业参与。地方政府非常关注职业院校的"留地率"与企业十分重视合作带来的"留企率"就是最好的发展要求。二是评价标准不明确。由于产教融合是一个相对较新的教育模式,缺乏明确的评价标准和指导方针,这使考核变得主观化和缺乏统一性。比如对学生在企业实习实训的考核评价,由于学生行为的数据收集和分析较为困难,而有效的考核机制要以大量可靠的数据作为支撑,现有局面下对学生在学习和实践过程中的表现难以进行评估,因此难以显著看到校企合作的效果,影响产教融合的持续性发展。三是考核机制缺乏适应性和灵活性。这导致校企合作无法应对不断变化的产业需求和技术发展,导致考核过程和实际工作相脱节。

文化认同是校企合作深度发展的重要影响因素。一个组织的文化不仅包含组织成员共享的价值观、信仰、目标、规范,还包括其本身蕴含丰富的伦理价值(钱炜等,2020)。产教融合使校企成为利益共同体,通过对相关资源比如设备、资金、场地、师资等要素的整合,生成满足彼此共同需要的产品,产教融合是一种长期性的、稳定性的彼此协作关系。如果在文化上存在大的分歧,必然会影响产教融合的效果。教育和企业之间不可避免存在文化差异,从各自属性出发,教育注重公共性,企业注重经济性,逐利是大部分企业生存与发展的目标,因此校企之间存在文化的差异。但是产教融合的发展过程是一种始于做法、成于制度、终于文化的过程(涂宝军等,2020)。两者之间的文化认同是产教融合成功实践的重要方面。但是,学校和企业很难完全实现文化认同,因此产教融合的实践受制于文化观念的差异。校企之间产教融合的文化差异体现在目标、过程和结果三方面。

第一,在产教融合的目标上,职业院校进行产教融合的目的是提高教育质量和人才培养质量,通过教学资源、设备、资金、实训基地、场地乃至师资人才的全面整合培养人才,同时人才培养目标对接市场需求,使培养的人才更加适应市场的需要,对院校的长远发展具有重要意义。企业是为了通过产教融合培养自己所需要的人才,缩短人才培养的周期,有利于降低培养成本。

第二,在产教融合的过程中,一方面,教育具有长效性,其结果需要较长的一段时间才能显现;而产业的发展以经济利益为重,需要从短期和长远进行规划,过于注重教育的长效性必然会导致产业短期经济效益的缺失。另一方面,当下确定的人才培养目标只是当下企业对所需人才的标准和要求,而市场是变化的,市场对人才的需求也在发生变化,根据当下确定的人才培养目标培育出来的毕业生几年后可能不符合市场的需求,会造成人才与社会的脱节。

第三,在产教融合的结果上,学校和企业之间的文化一致性会影响产教融合的结果。有学者认为,文化认同蕴含着一定文化环境中角色、身份的合法性(崔新建,2004),对一种文化的认同会导致对另一种文化的割裂(柳劲松等,2023)。高职院校遵循的是人才培养规律和教育规律,企业遵循市场价值规律和生产规律,两者是不同的社会组织,这也就决定了它们在文化上的差异性(柴草,2019),这种差异可能是截然相反甚至是对立的。人才在成长过程中必然会经历从学校走向企业和市场的阶段,如果遇到对立的文化差异,个体的文化适应性太弱,会使学生产生角色混乱,阻碍学生未来的发展。

(三)协同不畅,一体统筹不完善

从前述我国高等职业教育产教融合政策发展的历史脉络可以发现,职业教育政策方面产教结合、校企合作、产教融合整体上不如人意,国家对职业教育产教融合的关注不断升级。2013 年,《中共中央关于全面深化改革若干重大问题的决定》提出要"加快现代职业教育体系建设,深化产教融合、校企合作,培养高素质劳动者和技能型人才"。2014 年,《国务院关于加快发展现代职业教育的决定》提出要"深化产教融合"。2017 年,《国务院办公厅关于深化产教融合的若干意见》明确指出"人才培养供给侧和产业需求侧在结构、质量、水平上还不能完全适应,'两张皮'问题仍然存在",提出要"深化产教融合,促进教育链、人才链与产业链、创新链有机衔接"。此后,在关于职业教育政策的文件中多次对深化产教融合提出了指导意见。有学者对《国务院办公厅关于深化产教融合的若干意见》进行了话语视角的文本分析,发现该文件共涉及 18 个责任单位,国务院组成部门有八个,国务院层面承担任务最多的是教育部,其次为国家发展改革委与人力资源社会保障部。如在 26 项重点任务分工中,教育部涉及构建教育和产业统筹融合发展格局、强化企业重要主体作用、推进产教融合人才培养改革、促进产教供需双向对接、完善政策支持体系五个大方面的 18 项任务。既然国家如此重视产教融合,为什么多部门在政策制度的执行与实施上存在偏差,未能真正破解教育与产业"两张皮"问题,实现产教融合良性循环?

首先,产教融合牵涉多个主体。一是产教主体的多元化。产教融合顾名思义,是产业系统与教育系统之间的深度合作,实现"教育＋行业企业"的跨界融合。产业系统拥有以企业为主体的组织单元,企业以市场为导向、以盈利为目标,是一种特定的社会生产分工形式,不同类型和等级的企业构成了社会分工网络中的科层制体系。而教育系统是以政府为主导、以育人为目标,拥有以学校为主体的组织单元,各级各类的学校是实施正式教育的主要机构。由此,职业教育产教融合是指政府、行业、企业、学校协同推进,促进职业教育供给侧和产业需求侧的人才、创新、技术、资本、管理等要素双向融合,培养高素质技术技能人才,服务经济社会高质量发展的活动。二是产教融合实施主体的多元化。产教融合从国家层面涉及发展改革、教育、人力资源社会保障、财政、工业和信息化等部门,以及有关行业主管部门、国有资产监督管理部门等,从区域层面涉及经济发展不平衡的各地区。如何统筹职业教育融入各区域产业经济,各级地方政府有责任将国家政策制度落地落细,推动教育链与产业链衔接、人才链与创新链衔接,发挥企业参与教育的积极性和主动性,促进人才培养供给侧和产业需求侧"结构要素"的"全方位融合",将产教融合渗透到产业转型升级的各个环节,落实人才培养全过程的专业设置对接产业需求、课程内容对接岗位标准、教学过程对接生产过程。

由于产教融合多主体的复杂性,统筹协同对产教融合尤为关键。同样针对《国务院办公厅关于深化产教融合的若干意见》的重点任务清单,各责任单位在制订相应计划或方案上就存在行动不一致的现象。如在省级层面上,江苏省作为全国职业教育发达省份,积极出台本省《深化产教融合实施意见》,利用其在高等教育上的优势,结合产业链、创新链和不断发展的新技术、新产业、新业态、新模式以及江苏省产业集群式发展的特点和规律,省政府提出要发挥职业教育在创新型省份建设中的支撑作用,引导一批普通高校及独立学院向应用技术型高校转型,强化产教融合学科专业建设,加快发展新型电力(新能源)装备、工程机械等 13 个产业集群相关的学科专业,为产教深度融合发展提供智力支持。但与之形成鲜明对比的是,近一半省份没有进行及时反馈。在国家层面,政府相关部门出台了相应的政策制度,如教育部等六部门于2018年联合发布了《职业学校校企合作促进办法》,使"校企合作"有了法律依据;人力资源社会保障部联合财政部于2018年出台了《关于全面推行企业新型学徒制的意见》,强化企业在新型学徒制培训中的主体责任;等等。但是多元主体间协同不够,直接反映指标就是"企业主体"参与职业教育的积极性并未普遍提升,说明政策的协同推进存在误差。比如,2021年中共中央办公厅、国务院办公厅印发的《关于推动现代职业教育高质量发展的意见》提出对产教融合型企业给予"金融+财政+土地+信用"组合式激励,明确"工业和信息化部门要把企业参与校企合作的情况,作为各类示范企业评选的重要参考。教育、人力资源社会保障部门要把校企合作成效作为评价职业学校办学质量的重要内容。国有资产监督管理机构要支持企业参与和举办职业教育。鼓励金融机构依法依规为校企合作提供相关信贷和融资支持"等。但在落地方面,以上职能机构以及财政、税务、工商等职能部门与教育、人力、发改委等核心部门联动不够,即使各级成立了相应的职业教育联席制度,作用发挥也不是很明显,产教融合校企合作政策环境还不是十分友好,新旧政策冲突未能衔接处理。此外,同一个政策文本任务分配不明确也影响着执行落实。如在《国务院办公厅关于深化产教融合的若干意见》的重点任务分工中,多次出现"省级人民政府"和"××部会同有关部门",必然造成相关部门领取任务不明确,导致政策实施的"真空地带"或滞后。

其次,产教融合相关法律法规还不够健全,导致校企合作存在隔阂。我国的中等职业学校和高等职业学校绝大多数是公立学校,公立学校作为事业单位,学校的所有资产归属国有,在人员招聘、内部管理、薪酬制度、员工晋升、社会培训服务等方面都需要遵循国家事业单位的相关制度。从产权结构看,企业拥有自己的财产权,企业存在的价值在于将自然资源通过技术、资本、管理等手段转化为具有使用价值的产品与服务,从而增加企业财富。当教育界与产业界进行合作时,学校必然会受到政府调控,一旦政府调控机制在涉及双方核心利益领域时"越界",以企业为主体的产业系统必然会降低对产教融合的预期与投入,形成产教融合的"壁炉现象"。产业学院中的校企合作就存在这种产权如何确权的问题,核心还是学校有形与无形资产如何确权以防止国有资产流失、校企合作产生的产品与服务利润如何分配的问题。在法律法规层面上尽快完善产教融合产权保护机制,对产教融合过程中技术、人力、资源、商品、服务、管理等的权益进行清晰界定,让产业系统与教育系统的知识资源、人力资源、创新资源、商品资源等顺利进行产权交易,获得合理合法的产权保护,推动产业系统与教育系统在宏观和微观层面达成合作共赢的方案。维护合法权益的产权保护制度建立后,校企合作双方的义务与责任能够明确,这有利于合作的有效运行和风险共担。如当企业的技术、产品、生产组织方式受市场需求影响出现波动时,根据企业退出机制可以控制企业的经营风险;又如当教育系统主管部门基于保护师生合法权益、国家安全、国有资产保护等因素改变产教融合规制时,根据学校退出机制可以结束合作。

最后,协调产教融合的第三方机构缺乏或缺位也是引起协同不畅的一个因素。产教融合是系统性、多主体、多要素间的全方位合作,应由第三方进行协调、监督、评价和服务,行业协会就扮演这个重要的角色。从目前的政策文件看,对行业协会责权利的分配并不是十分明确,绝大多数只是引导性的意见,行业协会的协调作用必然受到影响。如《国务院关于加快发展现代职业教育的决定》提出要"加强行业指导能力建设,分类制定行业指导政策。通过授权委托、购买服务等方式,把适宜行业组织承担的职责交给行业组织,给予政策支持并强化服务监管。行业组织要履行好发布行业人才需求、推进校企合作、参与指导教育教学、开展质量评价等职责"。《国务院办公厅关于深化产教融合的若干意见》在重点任务"促进产教供需双向对接"中,也对行业协会提出"强化行业协调指导。规范发展市场服务组织。打造信息服务平台。健全社会第三方评价"的要求。

对于企业与学校合作沟通的桥梁组织,也有学者提出称之为"互益组织",由个人会员或团体会员构成,包括行业商会、行业协会或行业指导委员会。2021年教育部公布了57个全国行业职业教育教学指导委员会,由行业主管部门、行业组织等牵头组建和管理,对相关行业职业教育和培训工作进行研究、咨询、指导和服务。这些组织成员大多来自企业、学校、行业组织、政府机构、其他事业单位、社区等部门,通过协会、联盟、委员会等形式组建,协助学校和企业破除由组织性质带来的融合壁垒,灵活、精准、及时地协调教育系统与产业系统在产教融合过程中产生的各种诉求,协调推动合作双方的优势互补,互惠共赢。但对行业参与职业教育的约束力不强,缺乏有效的激励考核机制,无论是互益组织还是众多行业协会,不同组织间的工作内容与作用发挥差异较大。

第四章　高等职业教育产教深度融合指标体系构建

指标和指标体系是进行计划、组织、管理和控制经济社会活动的重要工具,也是检查与考核各种资源利用状况的重要手段,在经济社会工作中起到重要的作用。衡量高职院校与行业企业产教融合深度状况同样需要一套科学合理可测量的指标和指标体系。本章从指标的构建原则与依据出发,结合高职院校产教深度融合特征,基于CIPP评价模型、利益相关者理论从产教融合环境、投入、过程、效益四个方面构建了高等职业院校产教深度融合水平评价指标体系,并在此基础上对各层次的指标权重进行了确定。

第一节　评价指标体系设计

建立起一套科学而完整的指标体系,首先应有利于产教融合服务于人的全面发展,促进学校和合作企业在专业建设、课程标准研制与开发、产教融合实习实训基地建设、"双师型"教师发展、学生创业就业、社会培训服务等领域全方位融合发展。其次应有助于产教融合推动区域经济社会发展,整合多方资源,建立产教融合有效运行的体制机制,克服产教融合中"融而不合""合而不深"的"两张皮"现象,减小企业的市场化倾向与教育的人才成长规律间的摩擦。最后应有利于调动合作各方的积极性,挖掘一切资源要素潜力,提高技术技能人才培养质量,提升学校服务行业企业发展的能力与水平。

一、评价指标体系设计原则

(一)全面性与系统性相结合

高职院校产教深度融合水平评价指标体系是一个完整的、相互关联的系统,只有将评价指标进行有机组合,才能对高职院校产教深度融合水平作出全面、客观、科学的评价。构建高职院校产教深度融合水平评价体系需遵循全面性与系统性相结合的原则。全面性原则要求对高职院校产教深度融合的内涵、水平进行全方位评价,要从理论的角度对产教深度融合进行评价,更要从实践的角度对产教深度融合进行评价。系统性原则要求高职院校产教深度融合水平的评价需要建立在对其影响因素的系统分析基础之上,评价指标体系设计应体现系统性,将高职院校产教深度融合的各个方面进行整合,使各评价指标之间能够形成一个有机的整体,为后续研究提供全面系统的数据支撑。

综上所述,全面性与系统性相结合原则要求在构建高职院校产教深度融合水平评价体系时,要从宏观、中观、微观三个层面全面构建产教深度融合水平评价指标体系,使高职院校产教深度融合水平评价指标体系既能体现出产教深度融合的一般特点和规律,又能反映出高职院校对产教深度融合的特殊要求。

(二)兼顾多方利益相关者

构建高职院校产教深度融合水平评价指标体系需遵循兼顾多方利益相关者的原则。从利益相关者的角度看,产教深度融合涉及政府、行业、企业和学校等主体,在产教深度融合中各利益相关者具有不同的地位和作用。政府作为产教融合的权威利益相关者,是政策的制定者和监督者,通过制定相关政策构建保障体系,对产教融合起到宏观调控作用;行业组织作为产教融合的紧密利益相关者,是产教融合的组织者和监督者,通过制定标准、规范、指南等对行业企业进行引导与监督;企业作为产教融合的紧密利益相关者,是产教深度融合的主体,是职业教育与培训服务供给的提供者;学校作为产教融合的核心利益相关者,是职业教育与培训服务实施的主体,是专业设置、课程开发、教学改革、实习实训基地建设等实践教学环节的实施者;学生是产教深度融合的直接受益者。因此,构建高职院校产教深度融合水平评价指标体系应遵循兼顾多方利益相关者的原则,即评价指标体系应基于各利益相关者的地位和作用,站在利益相关者的立场上,对高职院校产教深度融合进行全方位的评价。

(三)科学性与可行性相结合

构建高职院校产教深度融合水平评价指标体系需遵循科学性与可行性相结合原则。首先,评价指标体系的构建应体现科学性原则。评价指标体系的构建要有科学合理的依据,建立评价指标体系应考虑到学校自身特点、所处区域经济社会发展水平、办学定位、培养目标、服务方向等因素,并对各指标的设置进行科学合理的论证,确保其与学校自身发展需求相适应。其次,评价指标体系的构建应遵循可行性原则。选取的评价指标应尽量采用量化方法进行设计,减小主观因素对评价结果的影响。定性指标应能够覆盖各高职院校产教融合具体实践。

综上所述,在构建高职院校产教深度融合水平评价指标体系时应遵循科学性与可行性相结合原则,使其能客观地反映出高职院校的产教深度融合水平。

二、评价指标体系设计思路

评价指标体系构建前需要选取合适的评价指标。首先,本书采用了 CIPP评价模型,以诊断、改进与提升为导向,更强调高职院校产教融合的过程与发展。其次,基于产教融合相关政策性文件、学术性文献选取评价指标,包括已颁布的各级政策文献资料、专家学者在产教融合评价领域的学术研究成果等。除此之外,本书还参考了《高等职业教育质量年度报告》《浙江省高职院校督导评估指标体系(2022)》等产教融合考核指标,以保证指标的规范性、可操作性。通过梳理、总结以上资料得到初步的评价指标。最后,通过专家咨询及对高职院校产教融合现状的实证调查,研究确定最终评价指标体系。

(一)产教融合政策性文件整理

通过梳理国内产教融合、产教融合评价等方面相关政策的研究,明确高职院校产教融合发展的方向,厘清其影响因素,这是开展高职院校产教融合水平评价的重要内容。

2014 年,《国务院关于加快发展现代职业教育的决定》提出"产教深度融合",随后,"产教融合"相继被写入《教育部、国家发展改革委、财政部关于引导部分地方普通本科高校向应用型转变的指导意见》《中国特色高水平高职学校和专业建设计划项目遴选管理办法(试行)》《教育部、财政部、国家发展改革委关于深入推进世界一流大学和一流学科建设的若干意见》等系列政策文件,成为国家优化高等教育供给侧结构、提高教育质量的重要机制。以《国务院办公厅关于深化产教融合的若干意见》为标志,深化产教融合已上升为国家教育和人力资源开发的整体制度安排。本书重点以影响高等职业教育的《国务院关于加快发展现代职业教育的决定》《国务院办公厅关于深化产教融合的若干意见》《教育部、财政部关于实施中国特色高水平高职学校和专业建设计划的意见》《职业教育提质培优行动计划(2020—2023 年)》《中华人民共和国职业教育法》为依据,提取核心指标项(见表 4-1)。

表 4-1　产教融合相关政策文件

政策文件	原文表述	指标提取
2014 年《国务院关于加快发展现代职业教育的决定》	①健全企业参与制度 ②强化职业教育的技术技能积累作用 ③建立健全课程衔接体系 ④建设"双师型"教师队伍 ⑤完善经费稳定投入机制 ⑥加强基础能力建设	政策支持 管理机构 产教融合平台 师资队伍 协同育人 经济投入 基地建设
2017 年《国务院办公厅关于深化产教融合的若干意见》	①深化"引企入教"改革 ②以企业为主体推进协同创新和成果转化 ③强化企业职工在岗教育培训 ④推进产教协同育人 ⑤创新教育培训服务供给	协同创新 员工培养 协同育人 创新创业教育 服务供给 实训基地建设

续表

政策文件	原文表述	指标提取
2019 年《教育部、财政部关于实施中国特色高水平高职学校和专业建设计划的意见》	①打造技术技能创新服务平台 ②打造高水平双师队伍 ③提升校企合作水平 ④健全多元投入机制	技术技能创新服务平台 技术技能成果转化 人力资源 校企协同育人 政府经费 政策保障
2020 年《职业教育提质培优行动计划（2020—2023 年)》	①深化职业教育供给侧结构性改革 ②深化校企合作协同育人模式改革 ③完善校企合作激励约束机制 ④完善职业教育财政支持机制 ⑤完善协同推进机制	产业人才数据平台 产教融合管理机构 产教融合创新机制 财政支持 校企协同推进机制
2022 年《中华人民共和国职业教育法》	①国家鼓励职业学校在招生就业、人才培养方案制定、师资队伍建设、专业规划、课程设置、教材开发、教学设计、教学实施、质量评价、科学研究、技术服务、科技成果转化以及技术技能创新平台、专业化技术转移机构、实习实训基地建设等方面，与相关行业组织、企业、事业单位等建立合作机制 ②产教融合型企业、规模以上企业应当安排一定比例的岗位，接纳职业学校、职业培训机构教师实践 ③国家优化教育经费支出结构，使职业教育经费投入与职业教育发展需求相适应，鼓励通过多种渠道依法筹集发展职业教育的资金 ④省级以上人民政府教育行政部门会同同级人民政府有关部门建立职业教育统一招生平台，汇总发布实施职业教育的学校及其专业设置、招生情况等信息，提供查询、报考等服务	协同育人 成果转化 基地建设 教师企业实践 政策支持 平台建设

通过产教融合相关政策性文献梳理，本书认为，产教融合水平评价指标体系应着眼于以下几点：在产教融合环境方面，关注政策保障、管理机构、产教融合平台建设等指标；在产教融合投入方面，关注经济投入、师资队伍、实训基地建设等指标；在产教融合过程方面，关注校企协同育人、协同创新、企业员工培训、教师实践等指标；在产教融合效益方面，关注人才培养质量、成果转化、用人单位反馈等指标。

（二）产教融合文献资料整理

本书通过对"产教融合""校企合作"等相关文献资料的分析,为高职院校产教深度融合水平评价指标的选取提供了依据。目前,学术界对产教融合评价的研究还处在一个探索的阶段,不同学者所关注的评价对象、评价内容各不相同,因此所形成的评价指标体系既存在交叉,又有一定的差异。

秦凤梅和莫堃(2022)基于CIPP评价模型及利益相关者理论,设计了包含背景评价、输入评价、过程评价及结果评价4个一级指标及21个二级指标的产教融合质量评价体系。张军贤等(2021)在CIPP评价模型的基础上建立了产教融合质量全过程评价模型,并在此模型的基础上设计了包括产教融合保障措施、产教融合资源配置、产教融合人才培养、产教融合就业质量等4个一级指标的评价体系。张旭刚(2020)根据乡村振兴战略需要,以CIPP评价模型"四阶段,五位一体"理论为指导,建立了一套以农村职业教育产教融合质量为目标的评价指标体系。高慧和赵蒙成(2018)重视评价过程中"人"的价值,提出从学生、教师、学校、企业和政府等五个层面构建高职院校产教融合质量评价体系。

陈新民等(2021)从资源整合的角度出发,结合产教融合的特点,从培养应用型人才的能力、科研的综合竞争力以及直接满足市场需求的能力这三个方面入手,设计出一套高职院校产教融合绩效评价体系。何俊萍(2021)以IPO模型为基础,从产教融合的投入、过程和效果三个角度,建立了高职院校产教融合绩效评价指标体系。周春光等(2021)遵循整体性、可测性、差异性原则,从保障条件、组织实施、合作成效三个方面设计了由3个一级指标、12个二级指标、30个三级指标构成的高职产教融合绩效评价体系。

沈绮云等(2021)构建了包括组织保障、行业企业投入、校企协同育人等6个一级指标,治理组织、技术创新等8个二级指标以及27个三级指标在内的产教融合目标达成度评价指标体系,并运用德尔菲法、层次分析法进行分析。霍丽娟(2020)从产教融合的契合程度入手,将校企协同合作能力、服务区域建设发展水平、社会环境影响等要素作为评价指标。谢敏和顾军燕(2018)采用层次分析法和德尔菲法,构建了产教融合"五维度"层次结构模型和三级评价指标体系。

通过综合相关学术性文献,抽取产教融合评价的三级指标(见表 4-2),为构建高职院校产教深度融合水平评价指标体系提供参考。

表 4-2 产教深度融合水平评价三级指标梳理

一级指标	二级指标	三级指标
产教融合环境	政策支持	政策、产教融合协议、产教融合规章制度、学生实习实训制度、实习实训协议、产教融合方案等
	机构平台	产教融合平台、产教融合机构、产教融合型企业、指导机构、产学研合作企业等
产教融合投入	经济投入	企业捐赠实训设备、政府投入、教师薪酬、学校产教融合专项经费、实践教学经费、企业捐赠资金、生均产教融合经费、生均实训费等
	师资队伍	"双师型"教师、企业兼职教师、技能大师工作室、教师企业挂职、企业兼职带头人等
	实训基地建设	协同创新中心、共建实训基地、教师培训基地、技术技能创新平台、省级产教融合示范基地、智慧教室、现代学徒制试点等
产教融合过程	协同育人	兼职教师年课时量、实习实训岗位、产教融合专业占比、专业设置与产业匹配度、共建课程、共建教材、校企共建人才培养方案、多元化办学专业、1＋X 证书制度试点/项目、合作培养学生等
	协同创新	技术创新成果、校企合作项目、联合申报教改项目、合作研发专利、申报科研项目等
	员工互培	为企业培训员工数、教师企业实践等
产教融合效益	人才培养质量	毕业生就业率、专业对口率、创业率、学生获 1＋X 证书比例、学生获各种证书情况等
	产教融合反馈	教师对产教融合满意度、毕业生对企业满意度、用人单位满意度、毕业生对学校满意度等
	经济效益	技术交易到款额(万元)、非学历培训到款额、专利转化率、横向技术服务到款额、纵向科研经费到款额、专利数量等

通过产教融合相关政策性、学术性文献分析,本书整理了高职院校产教融合水平评价初选指标,包括了产教融合环境、产教融合投入、产教融合过程、产

教融合效益4个一级指标。其中,产教融合环境指标包括了政策支持、机构平台2个二级指标,下设8个三级指标;产教融合投入指标包括了经济投入、人力资源、基地建设3个二级指标,下设19个三级指标;产教融合过程指标包括协同育人、合作创新、员工互培3个二级指标,下设19个三级指标;产教融合效益指标包括了人才培养质量、产教融合反馈、经济效益3个二级指标,下设13个三级指标。

通过上述文献梳理,本书初步构建了高职院校产教深度融合水平评价指标体系。基于初构的指标体系,利用专家咨询法邀请从事产教融合相关工作且经验丰富的25位专家学者作为咨询对象,专家具体情况如下:学校专家学历不低于硕士,企业专家学历不低于学士;学校专家职称不低于讲师,企业专家职称不低于工程师;参与产教融合管理、教学或研究工作时间都比较长,一般在10年以上;自愿参加多轮咨询。本书选取了25位专家进行咨询,最终收到20位专家的有效反馈信息。本书于2022年9—10月展开第一轮专家咨询,按照专家反馈意见对指标进行修改,完善后于2022年11—12月开展第二轮专家咨询。第二轮专家没有提出修改意见,咨询效果较为理想,停止函询。

经过第一轮咨询,专家一致认为根据CIPP评价模式理论构建的一级指标具有科学性和合理性,不需要进行修改。在二级指标中,专家学者对各项指标的意见和评价都比较接近,所以二级指标也都予以保留,不做修改和删除。

结合部分专家意见,对三级指标进行筛选和修正,结果如表4-3所示。相关指标有十个方面的完善:一是将"校企共同制定的产教融合相关协议数""校企共同制定的产教融合规章制度数"合并为"校企共同制定的产教融合管理制度(协议、规章制度等)数";二是删除了机构平台指标下"合作企业建立产教融合管理部门/机构数"三级指标;三是删除了经济投入指标下"年支付企业兼职教师课酬"三级指标;四是删除了实训基地建设指标下"双师型教师培养培训基地数""校企共建教师企业实践基地数"三级指标;五是删除了协同育人指标下"企业提供学分课程数"三级指标;六是删除了合作创新指标下"联合申报各类科研项目、各级课程、教改项目"三级指标;七是删除了员工互培指标下"企业为学校培训教师次数"三级指标;八是删除了人才培养质量指标下"毕业生在实习企业或合作企业就业率"三级指标;九是删除了产教融合反馈指标下

"教师对产教融合满意度"三级指标；十是删除了经济效益指标下"专利转化率"三级指标。

表 4-3 高职院校产教深度融合水平评价指标体系修正情况

三级指标（初始）	三级指标（修正）	修正依据及理由
地方政府、行业等出台的产教融合相关政策数	——	
校企共同制定的产教融合相关协议数	校企共同制定的产教融合管理制度（协议、规章制度等）数	同级指标内涵重复
校企共同制定的产教融合规章制度数		
产教融合管理部门（当地政府设立）数	——	
校内产教融合管理部门/机构数	——	
合作企业建立产教融合管理部门/机构数	删除	数据获取不易
地方政府、行业等建立产教融合信息发布平台数	——	
地方省级及以上产教融合型企业数	——	
地方政府财政拨款占办学经费收入比	——	
企业捐赠资金价值	——	
企业捐赠设备和设施占学校实训设备价值比	——	
学校教学实训设备生均值	——	
年支付企业兼职教师课酬	删除	指标内容太泛化
学校产教融合专项经费占教学经费比	——	
学校教学实践经费占教学经费比	——	
学校"双师型"专任教师比例	——	
企业兼职教师占比	——	
教师到企业挂职锻炼比例	——	
教学名师（技能大师）工作室数	——	
校企共建教师教学创新团队数	——	

续表

三级指标（初始）	三级指标（修正）	修正依据及理由
地方政府建立产教融合实习实训基地数	——	
地方省级及以上产教融合实习示范基地	——	
校企共建实习实训基地数	——	
双师型教师培养培训基地数	删除	指标内容交叉、重复
校企共建教师企业实践基地数	删除	指标内容交叉、重复
校企共建创新创业基地数	——	
技术技能创新平台数	——	
校企合作专业建设（专业设置、专业标准）占比	——	
专业设置与区域重点产业匹配度	——	
每三年动态调整专业数量占比	——	
校企共同制定人才培养方案占比	——	
校企共同开发的课程数量占比	——	
企业提供学分课程数	删除	语义表述模糊
校企共同开发的教材数	——	
企业为学生实习提供的岗位数	——	
参与校企合作学生占比	——	
企业兼职教师年课时总量占比	——	
1＋X 证书试点/项目数	——	
多元化办学（订单班、现代学徒制、产业学院、集团化办学、混合所有制）专业占比	——	
技术创新成果数	——	
合作研发项目的数量	——	
合作研发的专利数量	——	
联合申报各类科研项目、各级课题、教改项目	删除	语义表述模糊
学校为企业培训员工次数	——	

续表

三级指标（初始）	三级指标（修正）	修正依据及理由
企业为学校培训教师次数	删除	指标内容交叉、重复
企业为教师实践提供岗位数	——	
毕业生就业率	——	
毕业生就业专业对口率	——	
毕业生在实习企业或合作企业就业率	删除	同级指标内涵重复
毕业生创业率	——	
学生获得省级以上技能竞赛项目占比	——	
学生取得技能等级证书（含 1＋X 证书）比例	——	
每千人学生获得专利数量	——	
用人单位对毕业生满意度	——	
毕业生对学校满意度	——	
教师对产教融合满意度	删除	数据获取不易
技术交易到款额	——	
专利转化率	删除	与二级指标关联性较弱
非学历培训到款额	——	

　　将专家调查收到的反馈与初拟的高职院校产教深度融合指标体系进行对比，删除、合并有关指标，最终完成高职院校产教深度融合水平评价指标体系构建，指标体系如表4-4所示。

表 4-4 高职院校产教深度融合水平评价指标体系

一级指标	二级指标	三级指标	权重
产教融合环境 X1	政策支持 X11	地方政府、行业等出台的产教融合相关政策数(个)	X111
		校企共同制定的产教融合管理制度(协议、规章制度等)数(个)	X112
	机构平台 X12	产教融合管理部门(当地政府设立)数(个)	X121
		校内产教融合管理部门/机构数(个)	X122
		地方政府、行业等建立产教融合信息发布平台数(个)	X123
		地方省级及以上产教融合型企业数(个)	X124
产教融合投入 X2	经济投入 X21	地方政府财政拨款占办学经费收入比(%)	X211
		企业捐赠资金价值(万元)	X212
		企业捐赠设备和设施占学校实训设备价值比(%)	X213
		学校教学实训设备生均值(元)	X214
		学校产教融合专项经费占教学经费比(%)	X215
		学校教学实践经费占教学经费比(%)	X216
	人力资源 X22	学校"双师型"专任教师比例(%)	X221
		企业兼职教师占比(%)	X222
		教师到企业挂职锻炼比例(%)	X223
		教学名师(技能大师)工作室数(个)	X224
		校企共建教师教学创新团队数(个)	X225
	基地建设 X23	地方政府建立产教融合实习实训基地数(个)	X231
		地方省级以上产教融合实习示范基地(个)	X232
		校企共建实习实训基地数(个)	X233
		校企共建创新创业基地数(个)	X234
		技术技能创新平台数(个)	X235

续表

一级指标	二级指标	三级指标	权重
产教融合过程 X3	协同育人 X31	校企合作专业建设(专业设置、专业标准)占比(%)	X311
		专业设置与区域重点产业匹配度(%)	X312
		每三年动态调整专业数量占比(%)	X313
		校企共同制定人才培养方案占比(%)	X314
		校企共同开发的课程数量占比(%)	X315
		校企共同开发的教材数(个)	X316
		企业为学生实习提供的岗位数(个)	X317
		参与校企合作学生占比(%)	X318
		企业兼职教师年课时总量占比(%)	X319
		1+X 证书试点/项目数(个)	X3110
		多元化办学(订单班、现代学徒制、产业学院、集团化办学、混合所有制)专业占比(%)	X3111
	合作创新 X32	技术创新成果数(个)	X321
		合作研发项目的数量(个)	X322
		合作研发的专利数量(个)	X323
	员工互培 X33	学校为企业培训员工数(人天)	X331
		企业为教师实践提供岗位数(个)	X332
产教融合效益 X4	人才培养质量 X41	毕业生就业率(%)	X411
		毕业生就业专业对口率(%)	X412
		毕业生创业率(%)	X413
		学生获得省级以上技能竞赛项目占比(%)	X414
		学生取得技能等级证书(含 1+X 证书)比例(%)	X415
		每千人学生获得专利数量(个)	X416
	产教融合反馈 X42	用人单位对毕业生满意度(%)	X421
		毕业生对学校满意度(%)	X422
	经济效益 X43	技术交易到款额(万元)	X431
		非学历培训到款额(万元)	X432

三、评价指标解释

本章所构建的高职院校产教深度融合水平评价指标体系由三级指标构成，一级指标由产教融合环境、产教融合投入、产教融合过程、产教融合效益构成；二级指标由政策支持、机构平台、经济投入、人力资源、基地建设、协同育人、合作创新、员工互培、人才培养质量、产教融合反馈、经济效益11个指标构成；在二级指标的基础上细化及拓展，设置48个三级指标。

（一）产教融合环境指标说明

产教融合外部环境是高职院校产教融合能够顺利开展的前提条件，本书主要从政策支持、机构平台两个方面进行观测。政策制度是高职产教融合顺利推进的重要保证。政策支持可以从两个层面加以理解。从宏观层面看，是指当地政府、行业、教育教学部门为推进高职院校产教融合工作而制定的政策或制度；从微观层面看，是指院校、企业双方为促进产教深度融合、提高教育质量而制定的方案、规章制度和协议等的总和。规章制度制定的目的在于，明确各主体责任、权利及诉求，建立产教融合运行机制，约束办学主体行为，确保产教融合运行及制定的方案、协议及规章制度能落到实处。因此，本书选择地方政府、行业等出台的产教融合相关政策数、校企共同制定的产教融合管理制度（协议、规章制度等）数两个指标对政策支持进行观测。

高效的组织机构是产教融合工作顺利开展的载体。高职院校产教融合涉及多方利益主体，为保证其顺利开展，需要当地政府、企业、职业院校有针对性地设置独立或合作的产教融合管理机构，在共同研究设立管理部门的基础上，由各利益主体委派相关人员作为管理部门的核心成员，负责日常组织机构或管理部门的运作。与管理部门同样重要的还有产教融合信息发布平台、产教融合型企业。产教融合信息发布平台聚焦国内产教融合领域的相关信息，为各类高校、行业企业提供信息发布、政策解读、合作交流、匹配对接等服务，是推动产教融合、校企合作发展的新引擎。综上，产教融合环境一级指标下有地方政府、行业等出台的产教融合相关政策数，校企共同制定的产教融合管理制度（协议、规章制度等）数，产教融合管理部门（当地政府设立）数，校内产教融合管理部门/机构数,地方政府、行业等建立产教融合信息发布平台数,地方省级及以上产教融合型企业数 6 个三级指标。

(二)产教融合投入指标说明

产教融合投入是高职院校产教融合能够顺利开展的基础,主要指学校、企业等在产教融合前期投入的资金、设备设施、技术、管理及人员,主要由经济投入、人力资源、基地建设三个指标构成。2019 年教育部、财政部出台的《关于实施中国特色高水平高职学校和专业建设计划的意见》提出,要创新高等职业教育与产业融合发展的运行模式,精准对接区域人才需求,提升高职学校服务产业转型升级的能力,推动高职学校和行业企业形成命运共同体,为加快建设现代产业体系,增强产业核心竞争力提供有力支撑。作为产教融合的办学主体,学校与企业是责任共担、利益共享的,作为产教融合顺利开展的关键核心要素,资金、设备、人力等要素必不可少。其中经济或资金投入,是产教深度融合的关键,一方面是政府相关部门、行业企业对于教育的经费投入;另一方面是高职院校为保障产教融合顺利开展投入的各项经费等。因此,本书选择了 6 个三级指标对经济投入进行观测。

人力资源建设是高职院校产教融合得以有效开展的人力保障,这里主要指各类师资队伍数量、结构及质量等。2019 年印发的《深化新时代职业教育"双师型"教师队伍建设改革实施方案》指出,要把教师队伍建设作为基础性工作来抓,支撑职业教育改革发展,落实立德树人根本任务,加强师德师风建设,突出"双师型"教师个体成长和"双师型"教学团队建设相结合,提高教师教育教学能力和专业实践能力,优化专兼职教师队伍结构,大力提升职业院校"双师型"教师队伍建设水平,为实现我国职业教育现代化、培养大批高素质技术技能人才提供有力的师资保障。因此,本书选择学校"双师型"专任教师比例、企业兼职教师占比、教师到企业挂职锻炼比例、教学名师(技能大师)工作室数、校企共建教师教学创新团队数 5 个三级指标对人力资源进行观测。

加强实习实训基地建设,是以就业为导向的高等职业教育的特点之一,学生学习的目标是掌握职业岗位所需的技术技能,教师职业素养的提高也需要一定的企业实践,因此学校应该给学生与老师创设实习实训机会以提升其实践能力。故基地建设是高职院校教育教学中非常重要的一环,既要保障建立一定数量的校内、校外实习实训基地、示范性产教融合基地,又要确保实训基地的使用频率、效率。由此,本书选择了 5 个指标对基地建设情况进行观测。

(三)产教融合过程指标说明

产教融合过程是高职院校产教融合实施的重要环节,本书主要从协同育人、合作创新及员工互培三个方面进行观测。协同育人是产教融合最重要的功能之一。协同育人过程中,校企合作共同设置专业、制定人才培养方案、共同开发课程标准、共建工作手册式或活页式教材、为学生提供实习岗位、开设 1+X 证书试点/项目等,将行业企业技能需求、职业标准与规范融入教育教学各环节。因此,本书选择了 11 个三级指标对协同育人进行观测。

如何实现高职院校"教育链—人才链—产业链—创新链"四链的有机融合,既是全面深化高职院校产教融合的一项重要课题,又是构建高职院校产教融合水平评价指标体系的一个重要指向。现代科学技术在发展过程中呈现出高集成性和跨领域交叉融合的明显特征,这就要求职业院校和行业企业等不同类型的创新主体,在更多的领域和更高的层面进行深入的协作,而产教融合就是一种将科技创新和教育资源相结合的根本性举措。校企合作创新,一方面是指高职院校与企业共同开展科技研究和技术创新,另一方面是指对高职院校与企业的协同创新进行合理的安排,以提高科研成果转化效率。因此,本书选择技术创新成果数、合作研发项目的数量、合作研发的专利数量等 3 个三级指标对合作创新进行观测。

推动职业教育人才培养供给侧与产业需求侧深度匹配,一批高质量、既懂理论教学又懂实践教学的"双师型"教师与专兼结合教学团队是关键。2017 年出台的《国务院办公厅关于深化产教融合的若干意见》提出,要加强产教融合师资队伍建设,推动职业学校、应用型本科高校与大中型企业合作建设"双师型"教师培养培训基地,完善职业学校和高等学校教师实践假期制度,支持在职教师定期到企业实践锻炼。员工互培可以充分发挥学校和企业在人才、技术、资源、管理等方面的优势,通过技术合作、岗位锻炼、产品开发等多种形式开展培训,推动形成产教融合利益共同体。一方面,合作企业为教师提供现代农业、先进制造业、现代服务业等产业领域的实践岗位,让教师及时了解产业发展、行业需求和职业岗位变化,使其将新技术、新工艺、新规范体现在课程建设与教学过程中,持续提高其自身的教学能力与实践能力;另一方面,学校为企业员工提供技术培训,促进中小企业技术创新、产品升级。员工互培还可加快推进"互兼互聘"的结构化专业师资队伍建设,使其形成常态机制,让更多的企业工程技术人员、高技能人才、管理人员、能工巧匠等成为职业院校的产业导师。因此,本书选择 2 个三级指标对员工互培进行观测。

(四)产教融合效益指标说明

产教融合效益是高等职业院校产教融合水平最直观的表现,本书主要从人才培养质量、产教融合反馈及经济效益三个方面进行观测。就企业而言,企业之所以参与职业院校人才培养,是因为企业希望能为自身发展储备更多的技术技能人才、院校优秀毕业生,使其能够留任企业岗位,这也是企业参与订单班、现代学徒制等产教融合过程的内在动力。此外,企业也想通过学校提供的技术研发服务提高其产品经济效益,助力企业科技创新,提升成果转化率。在产教融合办学模式下,毕业生就业率、专业对口率、用人单位对毕业生的满意度、产教融合产生的经济效益等指标是影响企业产教融合积极性的重要因素。就高职院校而言,培养学生职业技能、创业能力,推动校企人员双向流动,提高职教师资的双师双能素质,提高人才培养的适应性和系统性,让学生、用人单位、企业的满意度更高是其主要预期效益。因此,本书选取了 10 个三级指标对产教融合效益进行观测。

第二节　评价指标权重确定

一、熵值法概述

熵值法是一种较为客观、综合的研究方法,并已得到广泛应用。它是一种通过计算对各指标进行赋权的运算方法,在应用熵值法计算的过程中,根据计算的结果可知:指标信息熵值越小,系统结构越均衡有序,指标有效信息量越大,指标权重也越大;反之,指标信息熵值越大,系统结构越杂乱无章,指标有效信息量越少,指标权重也越小。因此,本书采用熵值法对各指标进行赋权,算出评价指标体系中各级各类指标的综合得分,再根据各高职院校产教融合情况进行评价。在运用熵值法进行计算之前,首先要收集数据,使之形成一个由 m 个样本、n 个指标构成的原始数据矩阵,其中 $x_{ij}(i=1,2,3,\cdots,m;j=1,2,3,\cdots,n)$ 代表第 j 个指标第 i 个对象的数值,然后再按照熵值法的计算步骤进行计算,具体操作步骤如下:第一步,数据的归一化处理。各指标量纲、数量级的差异会导致不同指标的数据有大有小,从而影响计算结果,为消除因量纲不同而产生的影响,分析前需对数据进行标准化处理。第二步,计算第 j 个指标第 i 个对象的权重。第三步,计算指标信息熵。第四步,计算信息熵冗余度。第五步,计算指标客观权重。

二、确定指标权重

(一)对象选择与数据来源

全国高等职业教育产教融合经过 20 多年由点及面、先易后难的试点摸索,已呈现从螺旋式向纵深化发展,在服务区域经济社会发展方面取得了有目共睹的成效,但在社会主义市场经济蓬勃发展的新阶段,对照高职教育发展的新特点、新使命、新目标,高等职业教育在开展高技术技能人才培养、科技创新服务、社会高端培训等方面,尚有较大的发展空间。

研究采用熵值法来确定产教融合水平评价体系各指标的客观权重,原始数据来自浙江省 41 所高水平高职院校,剔除计算过程中的无效数据,最终共获得 37 所高职学校(见表 4-5)的有效数据。具体选择 2017—2021 年的产教融合相关指标数据,结合熵值法来确定各指标客观权重。

表 4-5 37 所研究样本高职学校名单

学校类型	学校名称	办学性质	所属地
中国特色高水平学校建设单位	浙江机电职业技术学院	公办	杭州
	宁波职业技术学院	公办	宁波
	金华职业技术大学	公办	金华
	浙江金融职业学院	公办	杭州
	温州职业技术学院	公办	温州
	杭州职业技术学院	公办	杭州
浙江省高职高水平学校建设单位	浙江经济职业技术学院	公办	杭州
	浙江建设职业技术学院	公办	杭州
	浙江旅游职业学院	公办	杭州
	浙江交通职业技术学院	公办	杭州
	浙江经贸职业技术学院	公办	杭州
	义乌工商职业技术学院	公办	金华
	浙江工贸职业技术学院	公办	温州
	浙江艺术职业学院	公办	杭州
	浙江工业职业技术学院	公办	绍兴
	浙江纺织服装职业技术学院	公办	宁波
	丽水职业技术学院	公办	丽水
	浙江警官职业学院	公办	杭州
	浙江工商职业技术学院	公办	宁波
	宁波城市职业技术学院	公办	宁波
浙江高职高水平专业群建设单位	温州科技职业学院	公办	温州
	杭州科技职业技术学院	公办	杭州
	台州职业技术学院	公办	台州
	绍兴职业技术学院	民办	绍兴
	嘉兴职业技术学院	公办	嘉兴
	湖州职业技术学院	公办	湖州
	宁波卫生职业技术学院	公办	宁波

学校类型	学校名称	办学性质	所属地
浙江高职高水平专业群建设单位	浙江同济科技职业学院	公办	杭州
	衢州职业技术学院	公办	衢州
	浙江国际海运职业技术学院	公办	舟山
	台州科技职业学院	公办	台州
	杭州万向职业技术学院	民办	杭州
	浙江农业商贸职业学院	公办	绍兴
	浙江广厦建设职业技术大学	民办	金华
	浙江邮电职业技术学院	公办	绍兴
	浙江特殊教育职业学院	公办	杭州
	浙江舟山群岛新区旅游与健康职业学院	公办	舟山

调查获得的相关评价指标的原始数据分为两类,一类是由各高职院校如实填写的绝对数据,如"双师型"教师占比、合作开发教材数、毕业生就业率等指标,在进行综合评价时,直接采用这些数据;另一类是缺失数据,如某学校2019年产教融合专项经费未统计或数据丢失等,处理这些数据时均采用移动平均法计算补齐。

(二)构造原始数据矩阵

$$R = \begin{bmatrix} x_{11} & \cdots & x_{1n} \\ \vdots & \vdots & \vdots \\ x_{m1} & \cdots & x_{mn} \end{bmatrix}$$

其中,$m = 37$,$n = 48$,x_{ij} 为第 i 所高职院校第 j 项因子的因子得分,其中 $i = 1, 2, \cdots, 37$；$j = 1, 2, \cdots, 48$。

(三)数据的标准化

对于正向指标和负向指标而言,其意义不同、计算方式也不同,正向指标数值越高越好,负向指标数值越低越好,因此,对正向指标和负向指标采用不同的数据归一化方法。

对于正向指标：

$$P_{ij} = \frac{x_{ij} - \max\{x_j\}}{\max\{x_j\} - \min\{x_j\}} \tag{4.1}$$

对于负向指标：

$$P_{ij} = \frac{\max\{x_j\} - x_{ij}}{\max\{x_j\} - \min\{x_j\}} \tag{4.2}$$

本书 48 个三级指标，均按照上述方法进行标准化处理。

(四)确定指标因子权重

计算第 j 个指标第 i 个对象指标的贡献度：

$$Y_{ij} = \frac{P_{ij}}{\sum_{i=1}^{m} P_{ij}} \tag{4.3}$$

计算第 j 个指标的熵值 e_j：

$$e_j = -(1/\ln m)\sum_{i=1}^{m} Y_{ij}\ln Y_{ij} \tag{4.4}$$

根据上述熵值计算公式，分别计算出了衡量浙江省高职院校产教融合水平的 48 个三级评价指标熵值(见表 4-6)。

表 4-6　评价指标熵值 e_j 结果

三级指标内容	e_j
地方政府、行业等出台的产教融合相关政策数(个)	0.9539
校企共同制定的产教融合管理制度(协议、规章制度等)数(个)	0.8921
产教融合管理部门(当地政府设立)数(个)	0.9558
校内产教融合管理部门/机构数(个)	0.9202
地方政府、行业等建立产教融合信息发布平台数(个)	0.9200
地方省级及以上产教融合型企业数(个)	0.9167
地方政府财政拨款占办学经费收入比(%)	0.9722
企业捐赠资金价值(万元)	0.8439
企业捐赠设备和设施占学校实训设备价值比(%)	0.8250
学校教学实训设备生均值(元)	0.9637

续表

三级指标内容	e_j
学校产教融合专项经费占教学经费比(%)	0.7889
学校教学实践经费占教学经费比(%)	0.8948
学校"双师型"专任教师比例(%)	0.9890
企业兼职教师占比(%)	0.9693
教师到企业挂职锻炼比例(%)	0.9424
教学名师(技能大师)工作室数(个)	0.8541
校企共建教师教学创新团队数(个)	0.7346
地方政府建立产教融合实习实训基地数(个)	0.9179
地方省级以上产教融合实习示范基地(个)	0.8900
校企共建实习实训基地数(个)	0.9282
校企共建创新创业基地数(个)	0.8009
技术技能创新平台数(个)	0.8580
校企合作专业建设(专业设置、专业标准)占比(%)	0.9891
专业设置与区域重点产业匹配度(%)	0.9877
每三年动态调整专业数量占比(%)	0.9188
校企共同制定人才培养方案占比(%)	0.9899
校企共同开发的课程数量占比(%)	0.9308
校企共同开发的教材数(个)	0.9303
企业为学生实习提供的岗位数(个)	0.8872
参与校企合作学生占比(%)	0.9392
企业兼职教师年课时总量占比(%)	0.9805
1＋X 证书试点/项目数(个)	0.8082
多元化办学(订单班、现代学徒制、产业学院、集团化办学、混合所有制)专业占比(%)	0.9481
技术创新成果数(个)	0.7124
合作研发项目的数量（个）	0.7862
合作研发的专利数量(个)	0.6857
学校为企业培训员工数(人天)	0.9086

续表

三级指标内容	e_j
企业为教师实践提供岗位数(个)	0.9159
毕业生就业率(%)	0.9970
毕业生就业专业对口率(%)	0.9927
毕业生创业率(%)	0.9219
学生获得省级以上技能竞赛项目占比(%)	0.7893
学生取得技能等级证书(含1+X证书)比例(%)	0.9857
每千人学生获得专利数量(个)	0.7778
用人单位对毕业生满意度(%)	0.9912
毕业生对学校满意度(%)	0.9903
技术交易到款额(万元)	0.8026
非学历培训到款额(万元)	0.8768

计算指标熵权：

$$w_j = (1 - e_j) \bigg/ \sum_{j=1}^{n} (1 - e_j) \tag{4.5}$$

确定了熵值后,通过式(4.5)熵权法计算公式依次计算出各个指标的权重,结果如表4-7所示。

表 4-7　各级指标权重结果

一级指标	二级指标	三级指标	权重
产教融合环境 (0.1442)	政策支持 (0.0475)	地方政府、行业等出台的产教融合相关政策数(个)	0.0264
		校企共同制定的产教融合管理制度(协议、规章制度等)数(个)	0.0210
	机构平台 (0.0967)	产教融合管理部门(当地政府设立)数(个)	0.0266
		校内产教融合管理部门/机构数(个)	0.0235
		地方政府、行业等建立产教融合信息发布平台数(个)	0.0235
		地方省级及以上产教融合型企业数(个)	0.0232

续表

一级指标	二级指标	三级指标	权重
产教融合投入 （0.3281）	经济投入 （0.1207）	地方政府财政拨款占办学经费收入比（%）	0.0280
		企业捐赠资金价值（万元）	0.0168
		企业捐赠设备和设施占学校实训设备价值比（%）	0.0152
		学校教学实训设备生均值（元）	0.0273
		学校产教融合专项经费占教学经费比（%）	0.012
		学校教学实践经费占教学经费比（%）	0.0213
	人力资源 （0.1078）	学校"双师型"专任教师比例（%）	0.0295
		企业兼职教师占比（%）	0.0278
		教师到企业挂职锻炼比例（%）	0.0254
		教学名师（技能大师）工作室数（个）	0.0177
		校企共建教师教学创新团队数（个）	0.0074
	基地建设 （0.0996）	地方政府建立产教融合实习实训基地数（个）	0.0233
		地方省级以上产教融合实习示范基地（个）	0.0209
		校企共建实习实训基地数（个）	0.0242
		校企共建创新创业基地数（个）	0.0131
		技术技能创新平台数（个）	0.0181
产教融合过程 （0.3158）	协同育人 （0.2704）	校企合作专业建设（专业设置、专业标准）占比（%）	0.0295
		专业设置与区域重点产业匹配度（%）	0.0294
		每三年动态调整专业数量占比（%）	0.0235
		校企共同制定人才培养方案占比（%）	0.0296
		校企共同开发的课程数量占比（%）	0.0244
		校企共同开发的教材数（个）	0.0244
		企业为学生实习提供的岗位数（个）	0.0206
		参与校企合作学生占比（%）	0.0251
		企业兼职教师年课时总量占比（%）	0.0237
		1＋X 证书试点/项目数（个）	0.0138
		多元化办学（订单班、现代学徒制、产业学院、集团化办学、混合所有制）专业占比（%）	0.0264

续表

一级指标	二级指标	三级指标	权重
产教融合过程 (0.3158)	合作创新 (0.0021)	技术创新成果数(个)	0.0006
		合作研发项目的数量（个）	0.0012
		合作研发的专利数量（个）	0.0004
	员工互培 (0.0433)	学校为企业培训员工数(人天)	0.0231
		企业为教师实践提供岗位数(个)	0.0201
产教融合效益 (0.2119)	人才培养质量 (0.1310)	毕业生就业率(%)	0.0303
		毕业生就业专业对口率(%)	0.0301
		毕业生创业率(%)	0.0238
		学生获得省级以上技能竞赛项目占比(%)	0.0119
		学生取得技能等级证书(含1+X证书)比例(%)	0.0292
		每千人学生获得专利数量(个)	0.0058
	产教融合反馈 (0.0481)	用人单位对毕业生满意度(%)	0.0297
		毕业生对学校满意度(%)	0.0184
	经济效益 (0.0328)	技术交易到款额(万元)	0.0132
		非学历培训到款额(万元)	0.0196

第五章　高等职业院校产教深度融合水平分析——以浙江省为例

通过构建产教融合水平评价指标体系,本书对浙江省 37 所高职院校产教融合发展情况进行评价,得到各高职院校的产教融合水平综合指数。本章重点对结果进行分析并找出高职院校产教深度融合发展中存在的问题,提出政府、行业、企业、学校合作深化产教融合的实现路径与对策。

第一节　浙江省高职院校产教深度融合水平测算

一、TOPSIS 法

TOPSIS 是一种简单高效的多指标综合评价方法,它的基本原理就是给定一个评价指标,计算该指标与最优解和最劣解之间的"接近程度",并对计算结果进行优劣排序,从而得到评价对象总体水平的高低。正理想解是指评价指标能够达到的最高水平,即被认为是"最优"的解;负理想解是指评价指标达不到的最差水平,即被认为是"最劣"的解。因此,基于 TOPSIS 算法,一方面能够对最优和最劣的结果进行分析,另一方面还能对评价对象总体水平的高低进行分析,进而得到更加合理的综合评价结果。

采用 TOPSIS 法计算浙江省高职院校各指标与最优解和最劣解之间的"接近程度",进而得到其产教融合水平的综合排序。通过计算,一方面可以得出浙江省高职院校产教融合的整体水平,另一方面也可以得出产教融合水平相对高、中、低的学校。TOPSIS 计算过程如下。

第一步,利用计算所得权重对标准化矩阵中的指标进行加权,形成加权矩阵。

$$c_{ij} = b_{ij} * w_j \tag{5.1}$$

第二步,确定正理想解 c^+ 和负理想解 c^-。

$$c^+ = \left[c_1^+, c_2^+, \cdots, c_n^+ \right]$$

$$c^- = \left[c_1^-, c_2^-, \cdots, c_n^- \right]$$

正理想解:

$$c_j^+ = \begin{cases} \max c_{ij}, j \text{ 极大型性}, \\ \min c_{ij}, j \text{ 极小型性}, \end{cases} j = 1, 2, 3, \cdots, n, \tag{5.2}$$

负理想解:

$$c_j^- = \begin{cases} \min c_{ij}, j \text{ 极大型性}, \\ \max c_{ij}, j \text{ 极小型性}, \end{cases} j = 1, 2, 3, \cdots, n \tag{5.3}$$

第三步,计算每个待评价对象到正理想解和负理想解的距离。

到正理想解的距离为:

$$d_i^* = \sqrt{\sum_{j=1}^{n} (c_{ij} - c_j^+)^2}, i = 1, 2, \cdots, m \tag{5.4}$$

到负理想解的距离为:

$$d_i^0 = \sqrt{\sum_{j=1}^{n} (c_{ij} - c_j^-)^2}, i = 1, 2, \cdots, m \tag{5.5}$$

第四步,计算每个待评价对象的相对贴近度:

$$f_i = \frac{d_i^0}{d_i^0 + d_i^*}, i = 1, 2, \cdots, m \tag{5.6}$$

第五步,再将 f_i 从小到大排序,得到各评价对象的优先序。

二、浙江高职院校产教融合水平评价步骤

由于测算学校较多,本章只选取部分学校的计算结果进行呈现。

(一)计算加权矩阵

利用第四章求得的各项指标权重 w_j 与标准化矩阵中的各指标进行加权,

得到加权矩阵,结果如表 5-1 所示。

表 5-1　加权矩阵

学校名称	$X1$	$X2$	$X3$	$X4$	$X5$	$X6$
JD 职业技术学院	0.02643	0.00431	0.00887	0.00261	0.02347	0.02174
JR 职业技术学院	0.02642	0.00066	0.00887	0.00261	0.02347	0.02174
W 职业技术学院	0.00661	0.01114	0.00443	0.01305	0.00391	0.00290
LY 职业技术学院	0.00441	000748	0.00443	0.00261	0.00391	0.00290

(二)确定正理想解 c^+ 和负理想解 c^-

根据式(5.2)和式(5.3)计算出评价指标体系中的正理想解和负理想解,如表 5-2 所示。

表 5-2　正理想解与负理想解

结果	$X1$	$X2$	$X3$	$X4$	$X5$	$X6$
正理想解	0.02643	0.02104	0.02659	0.02349	0.02347	0.02319
负理想解	0.00220	0.00005	0.00443	0.0000	0.00000	0.00290

(三)求解相对贴近度 f_i

根据式(5.4)和式(5.5),求出待评价对象到正理想解和负理想解的距离,以及与理想解的相对贴近度 f_i,结果如表 5-3 所示。

表 5-3　待评价对象到正理想解和负理想解的距离、与理想解的相对贴近度

学校名称	d^*	d^0	f_i 得分
JD 职业技术学院	0.07473	0.09816	0.54308
JR 职业技术学院	0.7928	0.09781	0.53269
W 职业技术学院	0.08203	0.08803	0.52158
LY 职业技术学院	0.01887	0.29734	0.51755

第二节　浙江省高职院校产教融合水平评价结果

一、浙江省高职院校产教融合水平评价结果概况

由式(5.6)计算可知,相对贴近度 f_i 越接近于 0,表明被评价对象越接近最劣势的状态;反之,则表明被评价对象越接近最优势的状态,说明融合水平越高,即浙江省被评价的 37 所高职院校的产教融合水平越高。

f_i 的评价范围处于 0—1 之间,f_i 无限接近于 1 时,表明浙江高职院校产教融合程度最优势,f_i 无限接近于 0 时,则表明浙江高职院校产教融合程度最劣势。为了进一步区分各高职院校产教融合程度,取 f_i 值的中位数进行进一步的比较。中位数是以其在所有标志值中所处的位置确定的全体单位标志值的代表值,不受分布数列的极大或极小值影响,因此在一定程度上提高了中位数对分布数列的代表性。f_i 的中位数无限接近于 0.5,通过 TOPSIS 计算的各高职院校产教融合相对贴近值为 0.46281,较为接近 f_i 的中位数数值,故可以认为中位数具有一定的代表性。因此,以中位数 0.5 为划分依据,f_i 值$\geqslant$0.5时,则可认为浙江高职院校产教融合水平"高";0.4$<$ f_i 值$<$0.5 时,则可认为浙江高职院校产教融合水平"中";f_i 值$\leqslant$0.4 时则可认为浙江高职院校产教融合水平"低"。根据 f_i 值可以对 37 所高职院校产教融合水平进行综合评价并排序。2021 年各高职院校综合评价结果及融合程度判断如表 5-4 所示。

表 5-4　浙江省 37 所高职院校产教融合水平综合评价(2021 年)

学校名称	d^*	d^0	f_i 得分	融合程度	排名
JD 职业技术学院	0.06899	0.09646	0.54308	高	1
JR 职业技术学院	0.07731	0.09177	0.53269	高	2
JS 职业技术学院	0.07960	0.08679	0.52158	高	3
W 职业技术学院	0.08166	0.08758	0.51755	高	4
K 职业技术学院	0.08388	0.08816	0.51264	高	5
B 职业技术学院	0.08146	0.08460	0.50920	高	6

续表

学校名称	d^*	d^0	f_i 得分	融合程度	排名
JH 职业技术学院	0.08028	0.08274	0.50746	高	7
C 职业技术学院	0.08039	0.08144	0.50300	高	8
LY 职业技术学院	0.08289	0.08237	0.49854	中	9
H 职业技术学院	0.08643	0.08319	0.49051	中	10
JX 职业技术学院	0.08494	0.08149	0.49003	中	11
J 职业技术学院	0.08489	0.08113	0.48872	中	12
TJ 科技职业学院	0.08501	0.08092	0.48756	中	13
GM 职业技术学院	0.08473	0.07799	0.47911	中	14
Y 职业学院	0.08617	0.07919	0.47883	中	15
HZ 职业技术学院	0.08898	0.07989	0.47293	中	16
YW 职业技术学院	0.08925	0.07961	0.47154	中	17
T 职业技术学院	0.08866	0.07666	0.46354	中	18
S 职业技术学院	0.08831	0.07605	0.46281	中	19
G 职业技术学院	0.09157	0.07588	0.45313	中	20
NW 职业技术学院	0.08821	0.07298	0.45246	中	21
WX 职业技术学院	0.09094	0.07446	0.44994	中	22
JT 职业技术学院	0.08835	0.07229	0.44952	中	23
WK 职业学院	0.08921	0.07184	0.44612	中	24
TS 职业技术学院	0.09200	0.07382	0.44515	中	25
T 职业技术学院	0.09183	0.07261	0.44148	中	26
L 职业技术学院	0.09506	0.07335	0.43582	中	27
M 职业技术学院	0.09535	0.07259	0.43243	中	28
GY 职业技术学院	0.09341	0.07076	0.43025	中	29
Z 职业技术学院	0.09292	0.06803	0.42151	中	30
Q 职业技术学院	0.09786	0.06936	0.41533	中	31
N 职业技术学院	0.09681	0.06870	0.41520	中	32
HY 职业技术学院	0.10022	0.06824	0.40513	中	33
JG 职业技术学院	0.09842	0.06674	0.40376	中	34

续表

学校名称	d^*	d^0	f_i 得分	融合程度	排名
F 职业技术学院	0.09933	0.06584	0.39872	低	35
D 职业技术学院	0.10456	0.06563	0.38551	低	36
X 职业技术学院	0.11667	0.04111	0.25909	低	37

采用相同方法,本书还得出了浙江省 37 所高职院校五年(2017—2021 年)产教融合在环境、投入、过程、效益与综合指数方面的评价结果(见表 5-5)。

表 5-5　浙江省各高职院校产教融合五年综合平均得分(2017—2021 年)

学校名称	产教融合环境	产教融合投入	产教融合过程	产教融合效益	综合指数
JD 职业技术学院	0.08842	0.59892	0.16227	0.12570	0.49619
JR 职业技术学院	0.07801	0.37565	0.22242	0.10616	0.47276
JS 职业技术学院	0.04024	0.47091	0.19750	0.09900	0.46074
W 职业技术学院	0.07736	0.28125	0.16317	0.10050	0.45119
K 职业技术学院	0.06748	0.38619	0.18496	0.08988	0.44672
B 职业技术学院	0.04140	0.52372	0.17810	0.09892	0.44054
JH 职业技术学院	0.02610	0.26388	0.18963	0.10567	0.43423
C 职业技术学院	0.05997	0.34485	0.17097	0.09171	0.42682
LY 职业技术学院	0.01887	0.29734	0.19278	0.09361	0.42346
H 职业技术学院	0.06699	0.60114	0.16432	0.10492	0.41965
JX 职业技术学院	0.06541	0.31179	0.17005	0.10089	0.41340
J 职业技术学院	0.06748	0.38619	0.18496	0.08988	0.41189
TJ 科技职业学院	0.02198	0.17529	0.13617	0.10449	0.41063
GM 职业技术学院	0.02060	0.43399	0.12222	0.09099	0.41017
Y 职业学院	0.02610	0.26388	0.18963	0.10567	0.40759
HZ 职业技术学院	0.03814	0.29562	0.15319	0.09318	0.40019
YW 职业技术学院	0.03978	0.29573	0.12912	0.11177	0.39702
T 职业技术学院	0.04521	0.35927	0.14348	0.10046	0.39257
S 职业技术学院	0.02356	0.18955	0.14483	0.09060	0.38788

续表

学校名称	产教融合环境	产教融合投入	产教融合过程	产教融合效益	综合指数
G 职业技术学院	0.04024	0.47091	0.19750	0.09900	0.37924
NW 职业技术学院	0.07801	0.37565	0.22242	0.10616	0.37062
WX 职业技术学院	0.02707	0.32392	0.17908	0.10495	0.37056
JT 职业技术学院	0.06430	0.28168	0.16186	0.10204	0.36608
WK 职业学院	0.06541	0.31179	0.17005	0.10089	0.36143
TS 职业技术学院	0.06705	0.28238	0.12582	0.09895	0.35728
T 职业技术学院	0.04222	0.42086	0.12962	0.09492	0.35585
L 职业技术学院	0.04140	0.52372	0.17900	0.09892	0.34693
M 职业技术学院	0.01122	0.24775	0.15544	0.09776	0.34274
GY 职业技术学院	0.03867	0.35727	0.15779	0.09432	0.34093
Z 职业技术学院	0.06443	0.25475	0.12561	0.09748	0.34072
Q 职业技术学院	0.03064	0.22720	0.13563	0.11098	0.33377
N 职业技术学院	0.03721	0.36030	0.14735	0.12111	0.31909
HY 职业技术学院	0.04343	0.09943	0.11710	0.08322	0.30974
JG 职业技术学院	0.04775	0.42011	0.13071	0.10537	0.30548
F 职业技术学院	0.08842	0.59892	0.16227	0.12570	0.29793
D 职业技术学院	0.04541	0.08693	0.09480	0.09711	0.26772
X 职业技术学院	0.06331	0.55183	0.10154	0.08728	0.17224

二、浙江省高职院校产教融合水平评价结果分析

(一)浙江省高职院校产教融合水平总体一般

根据计算结果发现(见图 5-1),2021 年浙江省 37 所高职院校产教融合水平的相对贴近度 f_i 取值在 0.2—0.6 之间。有 8 所学校的 $f_i \geqslant 0.5$,占比 21.62%,相较于其他分值的学校,这 8 所学校产教融合水平相对较"高";有 26 所学校的 f_i 值处于 0.4—0.5 之间,占比 70.27%,可认为,这 26 所学校产教融合水平相对"中等";有 3 所学校的 f_i 值低于 0.4,占比 8.11%,可认为这

3所学校相较于其他学校,产教融合水平处于相对"低"的状态。尤其值得关注的是,f_i 值最高的 JD 职业技术学院,f_i 值也只有 0.54308。如果 1 代表产教深度融合水平的最优势,显然,从产教融合的政策平台、各方投入、过程运作与产出成效评价,融合水平还有很大提升空间。以上结果表明,浙江省高职院校产教融合水平总体一般,尚未达到深度融合层面。

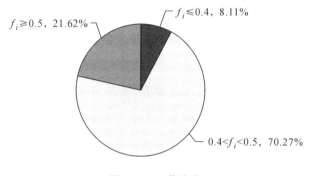

$f_i \geqslant 0.5$,21.62% $f_i \leqslant 0.4$,8.11%

$0.4 < f_i < 0.5$,70.27%

图 5-1　f_i 值分布

2021 年浙江省 37 所高职院校产教融合水平的接近程度 f_i 值取值在 0.2—0.6 之间,在 0.2—0.3、0.3—0.4、0.4—0.5、0.5—0.6 区间段内均有分布,融合水平中等程度的院校数量较大,且差异间距不大,一方面表明不同学校产教融合深度不够存在共性问题,调研中发现各地方政府与行业部门在产教融合制度层面缺乏操作性的政策,产教融合型企业、实习基地的经费支持等投入不到位,直接影响了企业参与的积极性,各类项目"重申报轻建设"、合作过程"校热企冷"现象始终得不到缓解;另一方面从产教融合效益指标中也反映出较多高职院校服务企业能力不足,如有的高职院校对企业员工技术技能培训的数量很少,参与企业技术开发或专利转让获得的技术交易到款额偏低。订单式、现代学徒制、产业学院等产教融合模式合作培养的毕业生,"留企率"还不高。

(二)浙江高职院校产教融合水平逐年递增

由图 5-2 可以看出,总体而言,2017—2021 年浙江省产教融合综合指数呈逐年上升的趋势。从增长趋势看,2017—2018 年产教融合指数平缓增长。以2018 年为分界,2018—2021 年产教融合水平指数有较大幅度提升,除了职业院校本身加快产教融合提高技术技能人才质量的内在动力,还与各级政府强调产教深度融合在高水平学校建设中的作用相关。2019年教育部、财政部印发的《中国特色高水平高职学校和专业建设计划项目遴选管理办法(试行)》提出,申报"双高计划"的职业学校须"在产教融合、校企合作方面成效显著,对区域发展贡献度高"。2020年浙江省人民政府出台了《浙江省深化产教融合推进职业教育高质量发展实施方案》,强调以深化产教融合为主线,以创新体制机制为突破口,以促进高质量就业创业和适应产业发展需求为导向,不断完善职业教育和培训体系,深化办学体制和育人机制改革,基本形成全省职业教育产教融合发展生态,主要目标是到2025年,全省建成省级高水平高职院校15所、高水平专业群30个;产教融合"五个一批"①工程深入实施,校企协同育人和协同创新机制全面建立。2019年,浙江省共有15所院校入选中国特色高水平高职学校和专业建设计划建设单位名单,绝对数排位全国第2,相对比例全国第1。其中,6所高职院校入选高水平学校建设单位,9所高职院校入选高水平专业群建设单位。2020年,有45所高职院校入选浙江省高水平职业院校和专业(群)建设名单,推动了浙江省高职院校将产教深度融合作为高质量发展、综合办学水平提升的一项重要工作任务,职业院校的产教融合水平也随之不断提升。

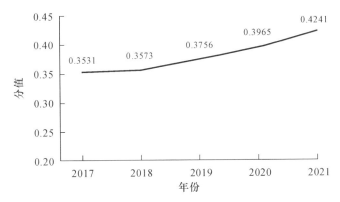

图 5-2　2017—2021 年产教融合平均得分及趋势

---

①　"五个一批"是指一批产教融合联盟、一批产教融合基地、一批产教融合型企业、一批产教融合工程项目、一批产学合作协同育人项目。

从一级指标得分情况来看(见图5-3),分值都低于0.5,说明目前4个一级指标在高职院校产教融合过程中贡献度均比较弱。其中,产教融合环境指标在一级指标中均值得分最低,为0.0482分,且均值以上的学校仅占40.54%,表明现阶段浙江省政策环境、机构平台等外部环境在促进高职院校产教深度融合中作用发挥不明显;产教融合投入均值得分为0.3456分,均值以上的学校占比48.65%,通过原始数据搜索也可发现,高职院校、企业、政府部门等相关主体在产教融合过程中的各项资源投入比重较高且逐年增加;产教融合过程指标均值得分不算特别高,为0.1466,这或许与当前大部分院校还停留在产教融合探索阶段,校企合作表面化,未能实现校企双向赋能双方共赢有关;产教融合效益指标均值得分为0.0985,在一级指标中得分相对偏低,企业无法获得合作预期的经济效益、产教融合尚未达到预期的育人效果均可能影响职业院校的产教融合程度。

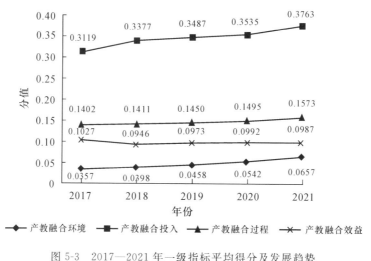

图 5-3 2017—2021 年一级指标平均得分及发展趋势

(三)浙江省高职院校产教融合存在明显的区域发展特征

通过计算各学校产教融合平均分可发现(见图5-4),浙江省11个地(市)行政区内高职院校产教融合存在明显的区域发展特征。全省11个地(市)行政区平均分为0.3795分,其中,杭州、湖州、嘉兴、宁波四个地区高于平均水平,平均线以下地区有七个,最低的是舟山。从院校分布来看,产教融合综合得分在均值以上的学校多集中分布在杭州、宁波等人均生产总值排名前列的城市，而舟山、衢州等经济排名落后的城市，不仅高职学校总量较少（分别为2所和1所），而且在本次产教融合程度测算中排名也比较靠后，从这些数据可以看出，浙江省产教融合水平的区域差异较为明显。从地区院校数量看，浙江省高职院校主要分布于省会杭州市（14所），占所调研高职院校总数的37.84％。其次是宁波市（5所），占所调研高职院校总数的13.51％。杭州在总量远超其他地区情况下，产教融合程度得分超过全省平均水平，表明杭州区位优势突出，产业经济发展较强，产教融合整体水平较高。得分排名前10位的学校，有6所位于杭州，金华、温州各1所，宁波2所，这也说明了浙江省11个地区学校差异较大。从浙江省各地（市）行政区产教融合平均分看，杭州得分最高为0.4134分，但仍与最优值1相差较远，说明各地（市）高职院校产教融合水平仍有待提升。

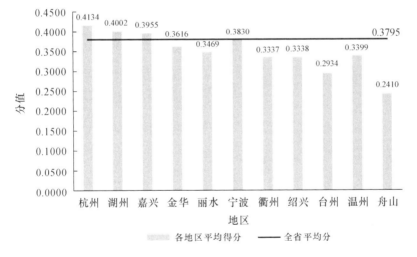

图 5-4　11 个地（市）行政区高职院校产教融合平均得分情况

（四）浙江省公办高职院校产教融合水平高于民办院校

依据平均得分计算结果（见图 5-5），浙江省公办院校产教融合水平整体上高于民办院校，公办院校产教融合各方面也都处于相对领先水平。从产教融合综合得分来看，公办院校为 0.3826 分，民办院校为 0.3444 分，公办院校比民办院校高 0.0382 分。对比产教融合各一级指标可发现，公办院校与民办院校在产教融合环境、产教融合过程、产教融合效益三方面的差距正在不断缩小,而在产教融合投入方面,公办院校资源投入远超民办高职院校。资源投入的差距,或许是因为民办院校经费紧张、教学资源有差异、企业参与合作的热情不高、院校对产教融合的重视程度不同,致使公办院校与民办院校在产教融合投入方面呈现出两极分化趋势。这表明民办高职今后仍需继续加大产教融合投入力度,充分利用民办优势加强产教融合、校企合作,吸引更多优质企业参与办学。

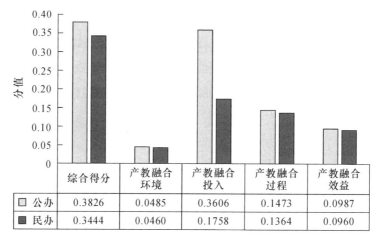

	综合得分	产教融合环境	产教融合投入	产教融合过程	产教融合效益
公办	0.3826	0.0485	0.3606	0.1473	0.0987
民办	0.3444	0.0460	0.1758	0.1364	0.0960

图 5-5　公办院校与民办院校一级指标平均得分

公办院校与民办院校均存在发展不平衡、不充分的情况。其中,产教融合环境的分值最低,表明"环境"层面的政策支持、组织保障等在院校产教融合中作用仍发挥不明显;产教融合效益得分相对较低,表明产教融合效益尚未达到预期效果;产教融合过程得分相对较高,仅次于产教融合投入,但通过分析公办院校、民办院校产教融合过程数据可知,大部分院校校企合作仍处于较浅层面,融合过程中院校和企业"你中有我,我中有你"的基础目标还未完全达成。从院校数量来看,公办性质的高职院校较多,共收集到 34 所公办院校产教融合数据参评,民办院校数量相对较少,只有 3 所。公办院校在总量远超民办院校的情况下,产教融合得分高于民办院校,表明公办院校在产教融合办学方面优势突出,产教融合整体水平相对较高。

（五）浙江省省属高职院校产教融合水平略高于地方属院校

依据平均得分计算结果（见图 5-6），省属高职院校（17 所）综合平均得分为 0.3899 分，地方属高职院校（20 所）综合平均得分为 0.3707 分，省属院校在综合得分方面略高于地方属院校。从综合得分看，省属院校分值较高为 0.3899 分，但仍与最优值 1 相差较远，说明省属院校以及地方高职院校产教融合水平层次较浅，仍有待提升。从得分均值以上的学校数量看（19 所），省属院校 8 所，占均值以上学校数量的 42.11%，地方院校 11 所，占均值以上学校数量的 57.89%。从院校总数来看，省属院校（15 所）数量远低于地方属院校（22 所）。

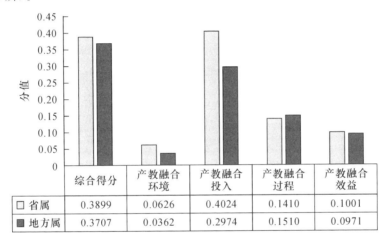

图 5-6　省属院校与地方属院校一级指标平均得分

对比产教融合各一级指标可直观地看出省属院校与地方属院校在产教融合各方面的差距及融合过程中各自的优势、短板之处。省属院校在产教融合环境、产教融合效益方面表现较好，产教融合投入方面的优势更是远超地方属院校，但省属院校在产教融合过程方面表现欠佳，这在一定程度上反映出省属院校产教融合投入与产出间的不协调。地方属院校则在产教融合过程中优势比较明显，且地方院校在产教融合效益方面有赶超省属院校的趋势，其他方面则成绩平平，表明地方院校专业设置与人才培养总体上较适应区域经济社会发展。通过比较分析，省属院校、地方属院校优势各异，两类院校在产教融合办学、服务区域经济社会发展需求方面的适应性都在不断增强。

三、浙江省高职院校产教融合问题

(一) 产教融合外部保障机制不健全

从产教融合外部保障机制来看,主要存在政策措施制定、落实不到位,机构平台不完善等问题。

1. 政策措施制定、落实不到位

从政策制度环境来看,国家在职业教育发展中积极推进产教融合,一些政策文件相继出台,但本书对浙江高职院校数据的调研以及计算结果显示,仍存在产教融合政策制度体系不完善、政策支持力度不足等问题。第一,从各地政府官网能搜索到的产教融合相关政策文件并不多。以杭州市为例,在杭州市政府网站搜索"产教融合",显示最新的产教融合文件是 2020 年《杭州市人民政府办公厅关于深化产教融合的实施意见》,文件发布时间较为久远,且内容多是关于产教融合实施的典型案例。还存在浙江省 11 个地(市)行政区发布的政策文件不均衡的现象。调研显示,杭州市 2021 年发布 12 个产教融合相关政策文件,宁波市发布 6 个产教融合相关政策文件,而像衢州市、湖州市2021 年仅出台 1—2 个产教融合相关政策文件。第二,相关的政策配套实施细则不够完善,各地颁布的政策大多停留在宏观或者中观层面,对于如何支持、资助力度的大小、知识产权归属、收益分配、风险分担、实施成效等方面缺乏具体的实施意见,高职院校在运行时难以把握,从政策实施到各职业院校执行存在"最后一公里"的问题。第三,国家政策出台,到省级政府解读,再到地方政府执行具有一定的时间差,因此会造成政策发布的相对滞后,且部分政府缺乏对政策解读的引导,某些政策都已出台一段时间,但其总体知晓度仍然偏低。

2. 产教融合的机构平台不完善

产教融合是不同界别的融合,其本身就存在一定的沟通问题,加之各主体间合作的组织机构和对话平台不完善,甚至还依旧缺乏,这就不可避免地会导致运行不畅、资源共享受阻、责任推卸等问题,从而影响校企产教深度融合。本书经数据调研、分析后发现,政府部门、高职院校虽已搭建一些产教融合管理部门,但是数量都相对较少。同时,部门与部门间的沟通联系较为分散、缺

乏一体化统筹管理部门。此外，产教融合信息发布平台数量也较少。像嘉兴、衢州、金华等地的产教融合信息发布平台数几乎为零。这就可能导致学校与企业信息不对称、信息闭塞，学校对合作企业了解少之又少，企业对职业院校的特点、优势不清晰，从而影响产教融合的效果。

（二）产教融合投入相对不足

从数据调研及其分析发现，高职院校、行业企业等相关主体在产教融合过程中的各项资源投入比重较高且逐年增加，公办院校与民办院校在产教融合投入方面的比重均较高且逐年递增，省属院校与地方院校在产教融合投入方面的比重均较高且逐年递增，总体呈现较好的趋势。但从数据分析也可以看出，产教融合投入层面离"好"还有一定距离。比如在产教融合资金支持力度方面、师资队伍方面、基地建设方面还比较薄弱。调查数据显示，有超过三分之一的高职院校未设立产教融合的专项经费；政府经费投入也存在地区差异、院校差异的情况；与国家高水平院校、省属院校相比，民办高校能够得到的各项资源投入较少；有将近50%的高职院校在产教融合实践教学经费方面投入不足10%。师资队伍方面，调查发现，浙江省大部分高职院校"双师型"教师队伍占比50%以上，但高端人才和能工巧匠仍严重缺乏。在基地建设方面，地方政府虽已开始启动区域共享的产教融合实习实训基地建设，但存在基本建设、设备采购、人员配比等一系列的困难和问题，进展缓慢；地方省级以上产教融合实习示范基地数量较少。例如，数据调查显示，衢州市2017—2021年，仅有1个地方省级以上产教融合实习示范基地，宁波市也仅有3个地方省级以上产教融合实习示范基地，对于当地的产教融合运行缺乏示范引领作用。

（三）产教融合深度不够

从产教融合过程层面来看，主要存在产教融合"深度"不够的问题，具体表现为行业缺乏引导力、企业缺乏参与动力、高职院校缺乏吸引力。

行业组织作为行业发展的智囊和经济发展的参谋，在产教融合中既是一个利益攸关方，又是一个利益平衡者。但本书在浙江省各高职院校数据调研过程中发现，行业组织的存在感不足、作用不突出、作用不到位。在实践中，高职院校与企业的联系是一种"单相思",高职院校从自身利益出发与企业合作主要是为了解决就业问题,而企业从自身利益出发与高职院校合作主要是为了解决人才瓶颈、技术咨询与研发问题。从现实情况来看,行业组织似乎并未发挥指导和协调作用,且地方的行业组织也并不完善。

企业作为高职院校进行产教融合的重要参与方,对整个产教融合水平评价结果具有极大的影响力。企业既是产教融合的主要推力,是校方重要的合作伙伴,也是合作成果最终的受益者。但当前一些研究结果表明,很多企业对自身在产教融合过程中的主体地位认识不足,这些不足主要体现在企业对产教融合投入的设备及资金的总额、提供的岗位数量、指导学生开展实践、共同开发课程教材、接纳挂职教师的数量等方面。企业在整个合作模式中多扮演被动的辅助性角色,主体意识薄弱,投入的精力与资源等相对较少,在参与产教融合各类合作中浅尝辄止、参与主动性不强等。此外,产教融合的外部保障机制不健全、激励机制没有形成等也是导致企业缺乏参与产教融合发展动力的重要原因。

高职院校缺乏对企业的合作吸引力。主要表现为:一是专业设置与产业发展需求契合度有待提高。二是技术服务能力弱。高职院校服务企业技术研发、产品生产、科研成果转化的能力较弱,导致企业与之合作的动力不强。如数据调研后发现,部分高职院校与企业合作技术创新成果数为零、合作研发专利数量也相对较少。三是教师缺乏企业实践经历。目前,企业为高职院校教师提供实践的机会少,高职院校教师缺少企业工作经验和行业背景。

(四)产教融合成效不凸显

从产教融合效益层面来看,主要存在人才培养质量不高、经济效益不明显等问题。

1.人才培养质量不高

产教融合过程中,校企双方在人才培养方案制定、课程设置、教材选用等方面缺乏深入交流,导致双方合作存在盲目性,合作质量不高。例如,在合作的专业领域,双方更多注重的是学科建设和专业课程开发,对于教学过程中的需求变化和学生成长成才等需求了解不深,无法做到"精准对接",难以实现产教融合效益最大化。

2. 经济效益不明显

高职院校要把人才、技术和科研成果转化为经济效益,为企业带来实实在在的效益。数据分析后发现,在产教融合运行过程中,多数院校较为注重产教融合过程,主要原因是产教融合的顺利运行需要各项资源的投入进而产出相应的经济效益,符合现行评价体系的结果导向以及企业的经济效益取向,因而大部分院校较为重视资源投入。但是,相较于各项资源的投入,产教融合的成效并不凸显。这可能是因为松散的组织运行模式使产教融合管理存在问题,教学实训设备、实习实训基地利用率不足,教师难以实质性地参与企业挂职锻炼,对人、财、物等资源的配置能力弱,投入的资源未能有效转化为产出,导致成果产出不足、经济效益不明显。

第六章　高等职业教育产教深度融合与经济高质量发展的耦合性分析

职业教育是与产业经济发展最紧密结合的教育类型,与产业经济的跨界融合是其基本特征之一,因此,区域经济发展水平状况是教育系统与产业系统能否深度融合的重要基础。为了进一步探究产教融合水平的影响因素,本章以浙江省为例,应用耦合理论分析高等职业教育产教融合水平与经济高质量发展间的关系,为职业教育实现产教深度融合提供宏观层面的政策依据。

第一节　基本背景

伴随我国经济结构调整和产业结构升级,借助大数据、物联网和人工智能等新一代信息技术,我国产业人口的各项劳动技能结构亟须进行有效的调整,提升职业教育的人才供给匹配度是破解该问题的关键,以满足第四次工业革命到来对高端技术技能人才的迫切需要。党的十八大以来,国家加大了产教"深度"融合的政策投入力度,党的十九大报告指出,"完善职业教育和培训体系,深化产教融合、校企合作"。2017 年印发的《国务院办公厅关于深化产教融合的若干意见》明确提出,要构建教育和产业统筹融合发展格局、强化企业重要主体作用等,力求培养大批高素质创新人才和技术技能人才。2020 年,教育部等九部门联合印发《职业教育提质培优行动计划(2020—2023 年)》,将深化产教融合、校企合作作为提质培优、增值赋能的重点任务。可见,"深化产教融合"是党和国家对高等教育现代化提出的现实要求,这突破了产教融合定位于职业教育的传统边界,不仅有利于高等教育人才培养导向的转变,还有利于探索符合国家和地区经济特点的人才培养模式,要求高等职业教育必须克服现有阻碍,深入推进教育链、人才链有机衔接产业链、创新链,以保障高等职业教育的可持续发展,全面提升人力资源质量。党的十九大报告指出,"我国经济已由高速增长阶段转向高质量发展阶段"。从高速度转向高质量,我国经济结构发生变化,经济驱动因素不断优化。为满足经济高质量发展,国家亟须建设学习大国、人力资源强国和人才强国,职业教育将为此提供坚实支撑。事实上,我国高职教育与经济社会发展密不可分,越来越多的学者关注到高等职业教育在我国经济增长奇迹中的积极效应,并不断尝试从我国的教育体制与人才培养模式角度对这种积极效应进行归因(罗春婵、孙红月,2021)。

2021年中共中央办公厅、国务院办公厅印发的《关于推动现代职业教育高质量发展的意见》强调,到2035年,职业教育整体水平进入世界前列,技能型社会基本建成。技术技能人才社会地位大幅提升,职业教育供给与经济社会发展需求高度匹配。职业教育中的高等职业教育作为直接与经济社会发展对接技能人才、技术的教育层次,肩负着更多赋能经济高质量发展的重要责任。其一,高素质技术技能型人才是实现区域经济高质量发展的建设主力。高等职业教育作为向区域经济发展持续输入高素质技术技能型人才的重要培养主体,兼具教育性与职业性双重属性,在完成立德树人根本任务的同时,定向培养区域产业所需专业人才,实现科技生产与再生产,为区域经济发展提供智力支持,加快人力资本提升,促进区域经济高质量发展、可持续发展。2022年中共中央办公厅、国务院办公厅印发的《关于加强新时代高技能人才队伍建设的意见》提出全面实施"技能中国行动",构建以行业企业为主体、职业学校(含技工院校)为基础、政府推动与社会支持相结合的高技能人才培养体系,要求加大急需紧缺高技能人才培养力度,围绕国家重大战略、重大工程、重大项目、重点产业对高技能人才的需求,实施高技能领军人才培育计划;发挥职业学校培养高技能人才的基础性作用,优化职业教育类型、院校布局和专业设置。党的二十大报告中更是将高技能人才、大国工匠纳入了国家战略人才力量。2024年,人力资源社会保障部等七部门制定了《高技能领军人才培育计划》,通过企业岗位培训、校企联合培养、关键岗位实践、重点项目参与等方式,培养适应产业发展和国家战略需要的领军人才。其二,强化和突出社会服务能力是高等职业院校立身与发展的必然趋势。高等职业教育是推动区域经济高质量发展、促进地方就业的重要力量,其办学的最终目标在于为区域社会经济服务。以实践技能教育为主要教学内容的高等职业院校既是先进文化传承和发展的主要场所,也是进行技术创新研发与推广的重要阵地。提供社会经济服务功能,是在区域经济社会和高职院校双方发展需求的基础上为实现互利共赢的最终目标而进行的。其三,区域经济的高质量发展要求科技创新体系不断激发产业自身发展的内生动力,不断推进产业结构转型升级。高等职业院校通过与企业共建技术协同创新中心、重点实验室、科研创新平台、高技能人才培训基地、公共实训基地等,破解产业转型升级中的技术难题,推动新产业、新业态和新模式等新经济和战略性新兴产业等新动能加速形成,促进产业结构升级,推动经济高质量发展(马佳宏、廖婷婷,2023)。

从经济发展的规律看,发达省份对整个国家未来发展的趋势有较大的引领作用,其发展经验具有一定的典型性和代表性,职业教育领域也是如此。浙江省经济比较发达,职业教育在全国也走在前列,深入剖析浙江区域的产教融合与经济高质量发展深度匹配案例在全国层面有很大借鉴和推广价值。目前,浙江省高等职业教育学校中有本科层次职业学校 2 所,专科层次职业学校 49 所。其中,从院校类型来看,最多的是综合类院校,有 22 所,其次是理工类 12 所,财经类 7 所,最后是医药类、艺术类以及其他类各有 2 所,政法类、体育类、农林类、师范类各有 1 所;从性质进行分类,公办和民办高等职业学校分别为 40 所、11 所。2021 年,浙江省高职(高专)招生数为 18.96 万人,在校生数为 52.66 万人,毕业人数为 14.29 万人;职业本科招生 1953 人,未有职业本科毕业生。统计平台数据显示,51 所独立设置的高等职业院校覆盖浙江省全部 11 个地(市)。同时,浙江省自改革开放以来,其经济实现快速发展,经济结构调整步伐加快。2016—2021 年浙江省地区生产总值年均增长率为 9.2%,其经济增长的重要动力主要源于产业结构的不断升级,第一产业比重逐渐降低,第二产业和第三产业比重不断上升。截至 2021 年,浙江省完成地区生产总值73515.8 亿元,按户籍人口计算,人均生产总值达到 113032 元。因此,本章研究的浙江省高职教育产教深度融合与经济高质量发展之间的耦合协调关系,指的是高职教育产教深度融合带动区域经济高质量发展,而区域经济高质量发展又会反过来支撑当地高职教育经济投入的一种相互促进、协调发展的状态。一方面,高职教育产教深度融合带来的效益主要体现在高素质人才的培养以及新技术、新产业的产生等方面,通过高职教育内容高度匹配当地产业发展,从而带动区域经济高质量发展。另一方面,经济高质量发展可以促进加大省级高职教育财政投入,完善当地基本公共服务体系,以此来吸引更多更优秀的师资向当地集聚,从而促进地方高职教育的发展。综上所述,经济高质量发展离不开高质量的人力资本,加大省级高职教育经济投入可有助于培养更多高素质技术技能人才。基于这种耦合协调关系,如何促进高职教育产教融合和经济高质量协调发展,使两者形成互进互促的良性匹配格局是推动我国高质量发展、在大国博弈中掌握主动话语权的关键(吕海萍等,2023)。

第二节　文献回顾与耦合理论

(一)文献研究

通过对相关文献和资料的梳理与分析,本部分将围绕高等职业教育产教融合与经济高质量发展的耦合协调发展进行文献回顾,以便在多元的比较视野中加深对相关问题的理解。产教融合主要研究教育与产业的关系,其隶属于教育与经济关系这一问题域。国外类似研究多从教育规模和结构的视角来探究教育对经济或产业的单方面影响。美国经济学家 Schultz(1961)最早提出的人力资本理论涉及教育与经济之间的关系研究。后来国外学者在他的研究基础上广泛探究了教育与经济的关系,研究结果普遍认为,教育可以提高人力资本素质,增强技术创新能力,进而形成教育—技术—产业的技术创新链,促进经济持续稳定增长(Lucas,1988;Romer,1990)。Maneejuk 和 Yamaka(2021)探究了东盟五国的高等教育对经济的非线性影响,结果表明,高等教育规模对经济发展存在显著的正面促进效应,高等教育是未来经济增长和可持续发展的"基石"。细究国内关于高等教育产教融合与经济高质量发展关系的相关研究,研究多侧重于关注两者的相互作用和协调性方面。刘健等(1999)最早对高等教育与区域经济发展的相关性作出了阐述。周江林(2003)随后也总结了高等教育区域化的相关理论,并指出经济发展要求也是与之相匹配的高等教育系统的体现。近20年来,越来越多的学者运用计量分析方法来分析高等教育与经济发展之间的互动,如孙蕾(2006)采用2000—2004年的面板数据测算了教育投入弹性,揭示了东、中、西部区域教育经费投入增长率之间关系的差异,倡议政府应对中西部地区加大教育投入力度与转移支付力度。贾彦东和张红星(2006)发现,在东、中、西部地区教育与经济增长的协调性差别较大,增加教育投入推动经济发展的一系列连续性过程均呈现不协调局势。郑鸣和朱怀镇(2007)研究发现,我国1999—2005年一半以上省份的高等学校对区域经济发展没有起到良好的促进作用,相反对区域经济的发展还有所阻碍。刘青(2012)所持观点与其不同,他认为我国的教育投入与经济增长是相互促进又相互制约的。然而,付明和祁晓(2015)分析发现,黑龙江省高等教育与区域经济的相关性很高。随着我国市场经济和高职教育体制改革的推进,高职院校对地方经济社会发展发挥着日益重大的作用。McGrath 和 Powell(2016)指出,职业教育对于促进经济可持续发展是不可或缺的,其不仅促进了社会正义和减少贫困,还在根除贫穷、不平等和不公正方面,作出极大的贡献。高职教育将可能成为社会关注的焦点和高等教育研究的热点。Vu 等(2012)通过实证分析比较了职业教育与普通大学教育对经济增长的作用,认为职业教育的经济增长效应更强。Mouzakitis(2010)指出,出现这个结果的原因可能是普通教育通常偏重理论,不能充分满足年轻人的工作需求,而职业教育直接与经济和职业发展紧密相关,更有助于经济增长。Koudahl(2010)研究发现,职业教育可为劳动力市场提供能适应新变化和带来新技术的高素质劳动力,增强了教育系统与企业之间的紧密联系。Cedefop(2011)通过荟萃分析,得出大力投入职业教育有利于公司生产力和其他绩效提升。朱德全(2021)认为,在跨界融合发展中,高职教育要自觉围绕产业人才需求而转、随着经济增长方式转变而动、适应社会和市场需求而变、跟着产业结构调整升级而走。李照清(2019)认为,知识和专业化的人力资本积累可以产生递增收益使其他投入要素的收益发生变化,实现总体规模收益递增,是经济持续增长的重要动力;而经济增长也会对扩大高职教育规模产生显著的促进效应。随着社会的发展，高等教育与产业协调发展已然成为世界各国经济发展的战略制高点、关系国际竞争兴衰成败的重大战略问题。高职教育产教深度融合打破了以往产教"各自为政"的发展模式。在产教融合研究方面，教育产业化、教育集团、校校模式、项目成果转化、孵化器是国外高等教育对应用型人才培养的主要方式。国内研究主要集中在产教融合下人才培养模式的意义，例如，从国家创新体系建设、应用型大学的"共享"理念等方面加以分析（陈锋，2018）；产教融合模式的选择，如产融共建、项目牵引、产融研发、校所合作等方面；产教融合的个例分析；职业教育产教融合培养模式的研究，产教融合人才培养模式的不足等（罗春婵、孙红月，2021）。罗瑶（2023）认为，产教双主体通过技术、市场行为建立跨界行为机制来应对环境变化，并激活自身发展动力推动经济发展效能的形成（张培贵，2012；Fleming & Waguespack，2007）。

近年来，一些学者从物理学概念中衍生出了"耦合关系"。"耦合"指的是两个或两个以上系统之间存在紧密配合与相互影响的关系，一个子系统可以通过两系统间的相互作用来影响另一个子系统的现象。比如李静和谢树青（2015）运用网络数据包络分析（DEA）方法对新疆高等教育系统全要素生产率变动和区域经济系统全要素生产率变动进行了耦合分析，发现新疆高等教育系统与区域经济系统之间存在相互作用，且高等教育子系统对新疆高等教育—区域经济复合系统的稳定性影响作用还是比较突出的。周晓刚（2019）提出，加强职业教育与县域产业发展的良性互动已然成为地方经济提质增效、产业升级的必然选择。其中，耦合协调模型是研究两个系统关系的主要模型（王俊霞等，2015；张帅等，2021）。肖荣辉和田瑾（2020）认为，高职教育与区域产业的有效融合，是实现高职教育人才供给与区域经济和产业发展对人才需求可持续协调发展的重要保障。吕海萍等（2023）基于中国和德国的样本数据，综合运用熵值法、耦合协调模型进行实证分析，研究发现相较于德国，中国在高等教育与产业发展耦合度方面长期处于高水平耦合阶段，显著优于德国，但近年来，两国在这方面的差距逐渐减小。

以上文献为本章研究奠定了坚实的基础，但现有研究缺乏对高职教育产教融合与经济高质量发展两系统内部之间耦合协调度的具体研究。基于此，本章以浙江省为研究对象,研究高职教育产教融合与经济高质量发展相互促进的耦合机制,不仅丰富了浙江省高职教育产教融合和经济高质量发展的理论框架,还为浙江省地方政府制定相应的教育政策和经济政策提供理论依据,从而能够带动浙江省经济又快又好地发展。同时,本章研究还可对其他省份或地区的类似研究起到一定的示范性指导作用。

(二)耦合理论分析

"耦"的本意是指二人并肩耕地,"耦合"则是取其合力加乘的含义。"耦合"描述了两个或多个要素间联系(connection)、连接(link)或相互依赖的关系(Weick,1976)。耦合概念体现了要素之间多维契合和彼此作用的特征(Rasche,2012)。一般而言,耦合包括以下几个特性:一是要素间的关联性。耦合系统之间的各个耦合元素是相互关联的,封闭的无要素流动的系统是无法形成耦合的。二是系统的整体性。参与耦合的各个系统的耦合元素按照一定的需要进行重新组合,形成一个新的系统。三是要素的多样性。参与耦合的各个系统的耦合元素具有自组织能力,耦合要素以自然关联和信息自由流动为原则,形成多种组合方式。四是要素间的协调性。参与耦合的各个系统的耦合元素能够突破原来的系统组合,形成一个新的各要素协同合作、优势互补的良性系统。耦合就需要打破原有系统的界限,摆脱原系统的束缚,以构成要素的自然关联和信息的自由流动为原则,对关联要素进行重新组合,形成具有自组织结构的、系统内各要素具有能动性的"活"的主体的系统(曹惠民,2015)。根据要素之间联系和互动的程度,可以将耦合分为松散耦合与紧密耦合(Glassman,1973)。复杂的松散耦合系统内,耦合要素具有一定的独立性和自主性,并通过耦合机制形成一种灵活的耦合整体(Bahemia et al.,2018;Lom,2016),即某一要素的变化并不会伴随其他要素的必然改变,因此系统内拥有局部的稳定性,能够应对突变和变革(Weick,1976)。Weick(1976)在研究教育组织时,发展了松散耦合系统,他发现在教育机构这类组织中,由于技术的不确定性以及任务的分散性,部门之间形成了松散的耦合系统。与松散耦合不同,紧密耦合系统的子系统缺乏一定的自主性,某一部分改变会"牵一发而动全身",影响整个耦合整体(Lom,2016)。

　　耦合理论分析的一般框架是"构建指标体系—综合水平分析—耦合协调评价"。耦合涉及的是系统间或系统要素之间的相互作用、相互渗透、相互促进和相互制约的关系,运用耦合理论不仅能够形象、鲜明地表现系统间的关系,还为系统间或系统要素之间的动态关系提供了科学化、定量化的测度方式。研究初期,耦合理论主要应用于物理学、电力技术、地质学等自然科学领域中,随着研究的进一步深入,开始逐步应用于城市发展、产业集群、生态环境、经济管理等社会科学领域,并取得一系列研究成果,如测度生态环境与区域发展之间的交互耦合关系;测度产业间及产业与城市、人口、资源的协调发展程度;测度技术创新与金融创新、知识管理、企业合作、产业转移等的关系。由于教育和发展可以看作一定区域中彼此独立又密切关联的两个系统,研究教育系统与发展系统相互关联的度量,同样可以引入耦合理论,以教育系统与发展系统的耦合协调状态来衡量产教融合的实施效果。目前耦合研究的一个普遍现象是"重结果轻过程",即过分关注耦合结果而忽略系统耦合机理、指标体系构建等重要分析过程。本书认为,恰恰是对系统耦合作用机理的探究,以及评价指标体系的构建,才能够从理论上明确和规范研究逻辑和分析框架,保证研究的科学性与可靠性。因此,本书在探究系统构成和耦合机理的基础上,再深入进行实证分析与结果评价(祝影、王飞,2016)。值得注意的是,"耦合"与"协调"是不同的。"耦合"指的是两个或两个以上系统之间存在紧密配合与相互影响的关系,一个子系统可以通过两系统间的相互作用来影响另一个子系统的现象。"协调"指的是两个或两个以上实体所构成的系统之间的各个要素相互配合、相互促进,强调的是现象或者系统内的相互促进的良好互动关系(杨士弘,1994)。在耦合系统内,各个子系统之间既可能是相互促进,也可能是相互阻碍的。从系统之间耦合关系类型的角度,可分为耦合非协调关系和耦合协调关系。当两系统之间的发展水平存在显著差异,各子系统之间又相互阻碍时,两者之间的关系表现为耦合非协调;当两系统之间的发展水平相当或差异不显著,且两系统的综合发展水平均较低的情况下,系统的耦合协调度较低,两者之间的关系表现为低层次的耦合协调。此时,各个子系统之间可能存在相互制约,系统间是耦合的但并不够协调,也有可能出现更多的问题。当两系统之间的发展水平相当或差异不显著,且两系统的综合发展水平均较高的情况下,系统的耦合协调度较高,两者之间的关系表现为高层次的耦合协调,各个子系统之间相互促进,系统间彼此协调发展(尹德伟、秦小云,2015)。"耦合"和"协调"概念内涵的辨析将为耦合评价分析提供理论依据。

第三节　研究设计与耦合评价

一、研究设计

(一)指标体系构建

经济高质量发展的丰富内涵与战略意义得到各领域学者的广泛关注。高质量发展强调以民生为导向,以降低成本、提高效率为主旨,在保持经济中高速增长的同时,注重民生福祉、资源配置效率、生态文明建设的耦合协调,统筹区域发展实现同频共振,不断实现人民对美好生活的向往(刘继声、董会忠,2023)。目前对经济高质量发展水平的评价指标,已有学者开展了较为丰富的研究。如魏敏和李书昊(2018)基于经济高质量发展水平的测度逻辑,同时兼顾测度指标层次性与数据可得性,构建了包括经济结构优化、创新驱动发展、资源配置高效、市场机制完善、经济增长稳定、区域协调共享、产品服务优质、基础设施完善、生态文明建设和经济成果惠民 10 个子系统 53 个测度指标的经济高质量发展水平测度体系;李金昌等(2019)构建了由经济活力、创新效率、绿色发展、人民生活、社会和谐五个部分共 27 项指标构成的我国高质量发展评价指标体系;杨耀武和张平(2021)从经济成果分配、人力资本及其分布、经济效率与稳定性、自然资源与环境以及与经济发展密切相关的社会状况几个方面构建了经济高质量发展的测度指标体系;基于新发展理念内涵,方大春和马为彪(2019)从创新、协调、绿色、开放、共享的新发展理念角度构建高质量发展评价体系。经济高质量发展水平的测度不仅是定量识别区域间经济高质量发展的联动效应、厘清区域经济发展利益关系格局的重要前提,还是把握区域经济发展交互影响关系的空间分布特征以及转化机制的必要条件。通过对相关文献进行梳理和解读,综合考虑经济高质量发展水平相关数据的可得性,并借鉴以往的研究成果,本节的经济高质量发展评价指标体系主要从创新发展、协调发展、绿色发展、开放发展和共享发展五个方面构建,选取 R&D(研究与试验发展)投入占比等 21 个指标衡量。综合指标体系如表 6-1 所示,各个指标权重采用熵值法赋权。需要说明的是,高等职业教育产教融合指标体系遵从前文的构建内容,因前文对该指标体系构建的内涵已予阐述,本节在此只将该指标体系进行展示,具体内涵就不再过多赘述。

表 6-1　高等职业教育产教深度融合与经济高质量发展综合指标体系

一级指标	二级指标	三级指标	指标含义	类型
高职院校产教深度融合	产教融合投入	经济投入	地方政府财政拨款占办学经费收入比(%)	+
			企业捐赠资金价值(万元)	+
			企业捐赠设备和设施占学校实训设备价值比(%)	+
			学校教学实训设备生均值(元)	+
			学校产教融合专项经费占教学经费比(%)	+
			学校教学实践经费占教学经费比(%)	+
		人力资源	学校"双师型"专任教师比例(%)	+
			企业兼职教师占比(%)	+
			教师到企业挂职锻炼比例(%)	+
			教学名师(技能大师)工作室数(个)	+
			校企共建教师教学创新团队数(个)	+
		基地建设	地方政府建立产教融合实习实训基地数(个)	+
			地方省级以上产教融合实习示范基地(个)	+
			校企共建实习实训基地数(个)	+
			校企共建创新创业基地数(个)	+
			技术技能创新平台数(个)	+

续表

一级指标	二级指标	三级指标	指标含义	类型
高职院校产教深度融合	产教融合过程	协同育人	校企合作专业建设（专业设置、专业标准）占比（%）	＋
			专业设置与区域重点产业匹配度（%）	＋
			每三年动态调整专业数量占比（%）	＋
			校企共同制定人才培养方案占比（%）	＋
			校企共同开发的课程数量占比（%）	＋
			校企共同开发的教材数（个）	＋
			企业为学生实习提供的岗位数（个）	＋
			参与校企合作学生占比（%）	＋
			企业兼职教师年课时总量占比（%）	＋
			1＋X证书试点/项目数（个）	＋
			多元化办学（订单班、现代学徒制、产业学院、集团化办学、混合所有制）专业占比（%）	＋
		合作创新	技术创新成果数（个）	＋
			合作研发项目的数量（个）	＋
			合作研发的专利数量（个）	＋
		员工互培	学校为企业培训员工数（人天）	＋
			企业为教师实践提供岗位数（个）	＋
	产教融合效益	人才培养质量	毕业生就业率（%）	＋
			毕业生就业专业对口率（%）	＋
			毕业生创业率（%）	＋
			学生获得省级以上技能竞赛项目占比（%）	＋
			学生取得技能等级证书（含1＋X证书）比例（%）	＋
			每千人学生获得专利数量（个）	＋
		产教融合反馈	用人单位对毕业生满意度（%）	＋
			毕业生对学校满意度（%）	＋
		经济效益	技术交易到款额（万元）	＋
			非学历培训到款额（万元）	＋

续表

一级指标	二级指标	三级指标	指标含义	类型
经济高质量发展	创新发展	科技投入	地方财政科技支出/地区生产总值(%)	+
		创新投入	地方一般公共预算科技支出/地方一般公共预算支出总额(%)	+
		技术投入	R&D投入占比(%)	+
		创新产出	国内专利申请授权量(个)	+
	协调发展	城乡收入结构	城镇居民可自由支配收入/农村居民可自由支配收入(%)	—
		城乡消费结构	城镇居民消费/农村居民消费(%)	—
		产业结构	第三产业增加值/生产总值(吨/万元)	+
		城镇化率	城镇人口数/常住人口数(%)	+
		老年抚养比	65岁人口数/15-64岁人口数	—
		经济强度	人均实际生产总值(人/元)	+
	绿色发展	单位生产总值二氧化硫排放量	工业二氧化硫排放量/生产总值(吨/万元)	—
		单位生产总值废水排放量	工业废水排放量/生产总值(吨/万元)	—
		城市绿化覆盖率	绿化面积/城市总面积(%)	+
		生活垃圾无害化处理率	垃圾无害化处理量/垃圾总量(%)	+
	开放发展	外贸依存度	进出口总额/生产总值(%)	+
		人均社会消费品零售额	社会消费品零售额/总人口(元/人)	+
		外资利用能力	实际利用外资额/生产总值(%)	+
	共享发展	教育水平	人均受教育年限(人/年)	+
		每万人拥有医疗机构床位数	(医疗机构床位数/总人数)×10000(张/万人)	+
		每百人公共图书馆藏书量	(公共图书馆藏书/总人口)×100(册/百人)	+
		基本养老保险参保率	养老保险参保人数/总人口(%)	+

注:+表示正向指标,—表示负向指标。

（二）数据来源

遵循指标选取的科学性、系统性、可行性和可比性的原则,剔除相关性较大的指标后,本文构建的高职教育产教深度融合指标体系和经济高质量发展水平评价指标体系如表 6-1 所示,其中指标权重的计算步骤见下文的研究方法。数据来自 2018—2022 年《中国统计年鉴》《中国科技统计年鉴》《中国环境统计年鉴》《中国能源统计年鉴》《浙江省统计年鉴》及其统计公报,数据来源权威,能很好地满足耦合评价分析的需要,确保实证结果的可靠性。

（三）研究方法

1. 熵权法

本节采取熵权法计算确定指标权重,减少赋权过程中主观因素造成的偏差,计算步骤如下。

第一步,无量纲化处理。

正向指标无量纲化计算公式为:

$$Z_{ij} = \frac{x_{ij} - \min j(x_{ij})}{\max j(x_{ij}) - \min j(x_{ij})} \times 0.95 + 0.05 \tag{6.1}$$

逆向指标无量纲化计算公式为:

$$Z_{ij} = \frac{\max j(x_{ij}) - x_{ij}}{\max j(x_{ij}) - \min j(x_{ij})} \times 0.95 + 0.05 \tag{6.2}$$

第二步,指标权重确定。

指标比值 P_{ij}:

$$P_{ij} = \frac{Z_{ij}}{\sum_{i=1}^{n} Z_{ij}} \tag{6.3}$$

指标熵值 e_j:

$$e_j = -k \sum_{i=1}^{n} P_{ij} \ln P_{ij} \tag{6.4}$$

其中, $k = \dfrac{1}{\ln n}$, n 为年数。

指标熵冗余度 D_j：

$$D_j = 1 - e_j \tag{6.5}$$

指标熵权 w_j：

$$w_j = \frac{D_j}{\sum\limits_{j=1}^{m} D_j} \tag{6.6}$$

综合效益指标计算：

$$Ur = \sum\limits_{j=1}^{m} w_j Z_{ij} \tag{6.7}$$

其中，$r=1、2，0 < Ur < 1$，综合贡献度越高，代表系统综合发展水平越高。

2. 耦合协调评价模型

(1) 耦合度模型

为了解释高等职业教育产教融合与经济高质量发展间的相互作用强度，构建耦合度模型，计算公式如下：

$$C = \frac{2\sqrt{U1 \times U2}}{U1 + U2} \tag{6.8}$$

在式(6.8)中，$U1$ 和 $U2$ 分别表示产教融合和经济高质量发展的综合评价指数；$U1/U2$ 表示产教融合能力相对于经济高质量发展的发展程度，若比值小于 1，则表明产教融合能力滞后于经济高质量发展。C 表示系统的耦合度，C 值越大，表明产教融合与经济高质量发展之间相互影响程度越强。根据耦合度值的大小，可以对耦合程度进行评价，借鉴相关学者的研究成果（赵书虹、孔营营，2023），耦合度评价标准如表 2-1 所示。

(2) 耦合协调度模型

考虑到耦合度只反映系统间相互作用强度，无法反映系统间互动发展的整体功效和协同效应，可能两个系统发展水平都很低，却能计算出耦合度很高的假象，即耦合度不能表征高等职业教育产教融合与经济高质量发展间是在高水平上相互促进还是在低水平上相互制约，因此需要建立耦合协调度模型来衡量两系统间耦合协调度的大小。耦合协调度综合了耦合度 C 与发展度 T，具有较强的稳定性。

根据耦合协调度值的大小，可以对产教融合与经济高质量发展耦合协调度程度进行评价,通过借鉴相关学者的研究成果(王战军等,2021),协调度评价标准如表 2-2 所示。

二、耦合评价分析

(一)浙江省各市耦合度分析

样本期内,浙江省各市的耦合度大致呈均衡上升状态,其结果如表 6-2 所示,这说明高职教育产教深度融合与经济高质量发展之间相互影响、相互作用的关联性在增强。值得注意的是,除杭州市、宁波市、温州市、台州市外,其余各市的耦合度在 2020 年均出现了细微的向下波动,这可能是因为新冠疫情致使经济下行,影响了经济高质量发展进程。2017—2021 年,杭州市、宁波市、绍兴市、金华市四市的耦合度始终保持高水平耦合,尤以杭州市耦合程度最佳,宁波市次之;温州市、台州市在 2017 年的耦合度水平处于磨合阶段,自 2018 年起进入高水平耦合阶段;嘉兴市 2017 年和 2018 年的耦合度水平处于磨合阶段,从 2019 年起其耦合度水平进入了高水平耦合阶段;湖州市的耦合度水平由 0.652 上升至 0.828,2017—2020 年都处于磨合阶段,2021 年起才进入高水平耦合阶段,其耦合度水平发展最快;而衢州市、舟山市、丽水市的耦合度水平虽稳步增长,但始终处于磨合阶段,尤以丽水市耦合度水平发展最慢。整体来说,2017 年,仅有杭州市等四地的两系统耦合度处于高水平耦合阶段,其余各市处于磨合阶段;而到了2021 年,仅衢州市、舟山市和丽水市仍处于磨合阶段,其余各市均已进入高水平耦合阶段。可以发现,无论是 2017 年还是 2021 年,这两系统的关联程度不仅没有减弱,还日益紧密,表明两系统在协同发展中相互作用,相互影响。

表 6-2 　浙江省各市高职教育产教深度融合与经济高质量发展耦合度测度结果

年份	杭州	宁波	温州	嘉兴	湖州	绍兴	金华	衢州	舟山	台州	丽水
2017	0.823	0.805	0.788	0.754	0.652	0.801	0.804	0.675	0.723	0.763	0.665
2018	0.854	0.837	0.815	0.776	0.745	0.811	0.825	0.684	0.715	0.805	0.679
2019	0.915	0.889	0.848	0.832	0.763	0.831	0.846	0.763	0.748	0.834	0.738
2020	0.934	0.892	0.879	0.827	0.737	0.822	0.811	0.711	0.724	0.841	0.729
2021	0.951	0.924	0.897	0.836	0.828	0.839	0.842	0.759	0.767	0.886	0.746

(二)耦合协调度分析

为进一步分析浙江省各市高职院校产教深度融合与经济高质量发展的相互耦合和协调程度,本书引入耦合协调度模型,来实证分析两者之间的耦合协调程度,将 2017—2021 年浙江省各年份各市综合指数结果代入耦合协调度模型,其结果如表 6-3 所示。样本期内,浙江省各市的耦合协调度水平大致呈稳步上升趋势,但除杭州市、宁波市、温州市外,其余各市的协调度皆在 2020 年出现了小幅度的下降。具体而言,杭州市和宁波市的协调度水平在 2017 年、2018 年虽处于中级协调,但两市还是位于较高水平上的中级协调,这也是两市很快在 2019 年进入了良性协调状态的原因;相对而言,温州市和台州市的两系统耦合协调发展较为缓慢,在经历了一段时间的发展后,分别于 2020 年和 2021 年相继进入良性协调。其中,杭州市的高职教育产教深度融合与经济高质量发展的耦合协调度最高,这也显示了杭州市作为浙江省经济发展中心的稳固地位。其余各市的两系统耦合协调度大致处于中级协调,丽水市甚至在 2017 年处于初级协调。整体来看,2017 年,各市的两系统耦合协调度均未进入良好协调,丽水市甚至还处于初级协调;2021 年,以杭州市为首的四市的耦合协调度已经进入了良好协调,其余依然处于中级协调。表明各市的两系统耦合协调度还是得到了一定的发展,但相对各市耦合度来讲,耦合协调度的进步较小。不难发现,整体上还是处于协同发展状态,这也说明高职教育产教融合与经济高质量发展的关联性逐渐增强。

表 6-3　浙江省各市高职教育产教深度融合与经济高质量发展耦合协调度测度结果

年份	杭州	宁波	温州	嘉兴	湖州	绍兴	金华	衢州	舟山	台州	丽水
2017	0.769	0.753	0.749	0.733	0.709	0.711	0.721	0.708	0.733	0.734	0.698
2018	0.788	0.769	0.758	0.738	0.717	0.728	0.735	0.717	0.742	0.752	0.725
2019	0.835	0.826	0.798	0.745	0.736	0.746	0.752	0.732	0.755	0.765	0.732
2020	0.857	0.835	0.828	0.736	0.725	0.738	0.749	0.728	0.746	0.759	0.719
2021	0.873	0.864	0.847	0.758	0.738	0.759	0.762	0.736	0.769	0.823	0.739

(三)整体性分析

本书通过将 2017—2021 年浙江省高职教育产教深度融合与经济高质量发展的系列数据代入式(2.3),其结果如表 6-4 所示。从耦合度来看,浙江省高职教育产教深度融合与经济高质量发展协调度由 2017 年的 0.675 逐年上升到 2021 年的 0.894,说明浙江省这两系统的关联性日益加强;从耦合协调度来看,浙江省高职教育产教深度融合与经济高质量发展水平的耦合协调度的值整体稳步上升,由 0.630 增长至 0.813,耦合协调度也从初级协调跃升至良性协调。整体而言,浙江省两系统耦合协调度于 2018 年进入了磨合阶段、中级协调阶段,于 2021 年进入高水平耦合阶段、良性协调发展阶段,表明两个系统在这个时期的关系逐渐趋于协调,并协同发展。

表 6-4　浙江省高职教育产教深度融合与经济高质量发展耦合协调度(2017—2021 年)

年份	耦合度	耦合协调度	状态
2017	0.675	0.630	磨合阶段、初级协调
2018	0.719	0.718	磨合阶段、中级协调
2019	0.806	0.725	高水平耦合阶段、中级协调
2020	0.837	0.786	高水平耦合阶段、中级协调
2021	0.894	0.813	高水平耦合阶段、良性协调

第四节　基本结论和政策建议

一、基本结论

改革开放以来,中国经济飞速发展,社会各方面发生了翻天覆地的变化,高等教育更是从精英化迈入普及化,高等职业教育作为与普通教育同等重要的高等教育类型,直接面向经济社会发展和生产、建设、管理、服务的第一线,承担着为社会培养大批技术技能人才的重任(李礼等,2021)。为进一步分析高职教育产教深度融合与经济高质量发展在自身发展进程中的相互耦合和协调程度,本书引入耦合协调度模型,运用 2017—2021 年浙江省各市数据,来实证分析浙江省高职教育产教深度融合与经济高质量发展的协调程度。结果显示,从耦合度数据来看,样本期内浙江省高职教育产教深度融合与经济高质量发展之间的耦合度数据变化趋势大致呈均衡上升态势,其中,2020 年浙江省两系统耦合度指数出现了小幅度的下降(除杭州市、宁波市、绍兴市、金华市四市的耦合度始终保持高水平耦合),考虑原因主要是受新冠疫情影响,各地停工停产致使当年经济下行,经济高质量发展受阻。整体来说,2017 年,仅有杭州市等四市域的两系统耦合度处于高水平耦合阶段,其余各市处于磨合阶段;而到了 2021 年,仅衢州市、舟山市和丽水市仍处于磨合阶段,其余各市均已进入高水平耦合阶段。足以说明随着社会经济发展水平的提升,教育发展紧跟时代潮流,奋步向前,两个系统相互作用、相互影响,联系越发紧密。从耦合协调度来看,样本期内,浙江省各市的耦合协调度水平大致呈稳步上升趋势,但除杭州市、宁波市、温州市外,其余各市的协调度皆在 2020 年出现了小幅度的下降。整体而言,2017 年,浙江省各市两系统耦合协调度基本处于中级协调,丽水市的耦合协调度处于初级协调;2021 年,杭州市、宁波市、温州市以及台州市的耦合协调度均已进入良性协调,其余各市的耦合协调度处于中级协调。由此可见,随着经济高速发展,浙江省高职教育产教深度融合与经济高质量发展联系紧密,协同发展。结合浙江省各市两系统的耦合度和耦合协调度的结果来看,两者发展趋势趋同。将浙江省各市的两系统耦合度和耦合协调度加总至浙江省的耦合度和耦合协调度,本书发现浙江省两系统耦合协调度于 2018 年进入了磨合阶段、中级协调阶段,于 2021 年进入高水平耦合阶段、良性协调发展阶段,表明两个系统在这个时期的关系逐渐趋于协调。

二、政策建议

浙江省市域产教融合相关数据证明,高等职业教育在推动区域经济转型升级与技术创新方面发挥了重要的人力资本与技术服务功能。从浙江省产业系统与高等职业教育系统的耦合协调度的发展趋势看,深化产教融合的供需结构协调政策改革需要关注以下方面。

一是不能过度关注数量的增长,更要注重质量的提升。从耦合协调度发展趋势来看,高职教育深度融合和经济高质量发展均实现了量的提升,但两者间的区域耦合协调度还有待进一步的提升。因此,浙江省必须处理好两系统的相互影响和相互作用的关系,以高职教育产教深度融合促进经济高质量发展,以经济进行反哺,相辅相成,实现两系统的协调、高质量发展。

二是持续加大对高等职业教育的财政支持。研究发现,高等职业教育产教深度融合与经济高质量发展间的耦合协调程度还未达到优质协调,也表明了经济高质量发展未能很好地作用于高等职业教育产教深度融合,教育事业的蓬勃发展依赖教育经费的持续输出,高等职业教育也不例外。高等职业教育经费虽已取得了长足的发展,但仍存在投入总量不足等问题,尤其是民办高等职业教育的财政投入或补贴有待增加,最好能出台与公办职业教育同等待遇的政策。因此构建当下常态化财政支持制度十分重要,政府需要一以贯之地扮演教育投资主体的角色,充分盘活社会资源对高等职业教育产教融合的投资。同时,也需将高职教育产教深度融合产生的效益反哺于经济高质量发展,为社会、国家发展培养和输送高素质、高技能人才(李礼等,2021)。

三是实现内在要素有效衔接,深化高职教育产教融合。产教融合作为产教关系发展到高级和深层次阶段的产物,其关键点在于如何实现融合,不仅包括主体之间的衔接,还包括多主体内部结构性的衔接。具体而言,浙江省应从城市"节点"入手,按照各市产业发展需求调整培养目标、专业设置、课程内容、教学过程,加快推进资源优质供给、有效供给,对接当地产业结构,形成对各链条资源要素的吸收、整合、交流与溢出等效应(门超、周旺,2023)。

四是兼顾区域协调发展,优化产教融合与经济高质量发展的空间格局。按照效益优先原则,充分发挥不同区域的职业教育产教融合发展优势,形成各具特色的空间格局。对于产教融合和经济高质量发展耦合协调度较好的杭州市、宁波市等地,以重点资金扶持、重点项目、试点工程等措施为引导,继续大力强化职业教育与产业的深度融合,并充分发挥辐射作用,以点带面促进区域整体融合深化,促进区域经济的高质量发展;对于两系统耦合协调度较低的丽水市等地,应注重"利用好一方水土",结合区域资源禀赋、区位条件等发展基础,加强城市群的带动与协同合作,挖掘职业教育与产业融合发展的新增长点和新动能,推进特色化和差异化开发,避免出现同质化现象,造成资源浪费(李祥等,2021)。

第七章　高等职业教育产教深度融合的实现路径

截至 2022 年底,全国共有本科层次职业学校 32 所;高职(专科)学校 1489 所,当年招生量达到了 538.98 万人,超出同期本科招生数,已成为高等教育的"半壁江山",推进产教深度融合将成为未来高等职业教育从数量规模转向结构质量的重要途径。本章将依据产教融合环境、产教融合投入、产教融合过程、产教融合效益四维度优化组合实施,遵循多元主体价值共创、利益共享理念,在分析产教主体合作动力机制的基础上,为高职院校深化产教融合提供可能的路径选择,推动产教融合机制创新、产教融合人才培养模式创新与产教融合师资及管理保障创新,从而促进高职院校完善工学结合、协同育人方式,提高学生的综合素质和就业竞争力,同时促进企业高质量发展和产业升级。

第一节　产教深度融合动力机制

产教融合系统要保持良好的运行状态,进而进行有效的目标规划和路径设计,系统运行的动力机制分析必不可少。产教融合的动力机制形成可以分为供需系统和保障系统,供需系统是显性的,由可见的变量,如人力、资源、技术、土地、财政等多元要素构成,核心主体分别是教育和企业双方,以技能人才(或技能型人力资本)为媒介进行资源交换,在此过程中,企业是技术、岗位、设备、土地等资源的供应主体,用于交换职业院校的技能人才资源,围绕有效吸纳人才的供给形成技能实训基地、技术研发实验室等一系列组织生态;职业院校是技能人才的供应主体,通过学生实习实训、企业学徒制、工作过程导向的任务学习等方式源源不断向企业供应技能人才,以满足不同企业主体的技能需求,形成多元化属性的技能生成环境和训练载体。保障系统是隐性的,由一系列具有约束性的体制机制和开放性的创新驱动要素构成,政府是典型的制度设计者,通过发布政策法规、制定程序条例有效激发市场活力,完善技能有效治理的生态环境,营造积极的社会文化氛围以激励和包容个体的创造力。企业和教育主体在完善的制度框架下进行创新驱动研发活动,通过共同开发新产品、研制新方案有效促进人才的创新发展,提升技能要素的转化效率,依托创新驱动助推劳动生产率内涵式增长。通过保障系统的制度激励创新来推动供需系统的结构性调整匹配,实现教育链、人才链与产业链、创新链的有效衔接(见图 7-1)。

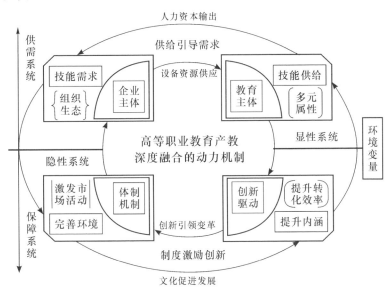

图 7-1　产教深度融合的动力机制

产教融合动力机制的有效实现需要考虑利益平衡机制、价值共创机制和开放合作机制三方面的基本要素,从不同视角论证不同影响要素的博弈关系,力求产教融合系统运行得合理高效。利益平衡方面,除了校企双主体,还要考虑政府、行业、社会、学生等其他多元主体的利益诉求,重塑多元利益主体的定位和价值链,要从不同视角权衡整体与个体、全局与局部的责权利制约关系;

价值共创方面,要深入过程互动、合作体验、风险评估和协作透明度等维度,充分运用价值共创的基本原则,协调多元主体关系,在创新驱动的基础上实现价值最大化;开放合作方面,要坚持协同创新理论的指导原则,强化高职教育的对外合作意识,充分发挥政府主导作用、建立内外部数字化平台、健全学校协同育人机制并引导企业反哺教育事业,建立多方参与、可持续发展的校企命运共同体。

一、利益平衡机制

利益平衡机制是解决产教融合问题的有力杠杆。所谓利益平衡,其实质就是从整体利益出发,协调各利益主体的行为,平衡其相互之间的利益关系,使个体目标与整体发展秩序相一致。完善利益平衡机制,就是在实践中使利益平衡这一原则成为一种有效的管理方式。各利益主体获取利益的前提条件是不伤害其他主体的利益,这样才具有合理性与可行性。技能输出主体与需求主体之间也存在利益平衡问题,如果不考虑相互之间的利益平衡,只在乎自身利益的得失,那么占信息优势地位的供给系统必然会力求以最小的付出获取最大的利益回报,甚至可能不择手段地损害需求方利益。而处于信息弱势地位的需求方难以与之抗衡,当其自身利益受损后,很难通过合理合法的途径维护自身权益。因此,政府作为举办职业教育的主体,应推动相关部门或行业协会建立数据共享机制,消除双方的信息盲区,补救其弱势和不足,以实现不同主体之间的利益平衡,从而维护有序、健康的技能供给市场秩序。

产教融合的根本动力是各方主体互利共赢,利益平衡机制是推动政府、学校、企业、行业组织从各自的利益诉求出发,运用自身资源优势而形成的动力机制。政府具有整体统筹的优势地位,学校具备人才和知识储备的优势资源,企业在资金、技术、设备和经营管理等方面具备优势,而行业组织则能传递最新的专业化信息。在产教深度融合探索实践过程中,学校关注的是企业能否为实践教学、科学研究提供便利条件,并为学生实习、就业提供机会;企业则更关心合作能否提升人力资本优势和经济效益(陈胜花、龙玉忠,2017)。因此,学校和企业作为产教融合的关键主体,一方面,学校要根据企业实际需求调整专业设置和人才培养方案;另一方面,企业要加大设备和资金投入,参与学生培养全过程。

在利益平衡这一动力机制的建立过程中,政府和行业组织可利用自身优势进行统一规划,建立互利共赢机制下必要的政策引导和支持,政府通过完善产教融合相关政策法规,从资金支持、税收优惠等政策工具入手,激励企业积极参与职业教育并达成有效合作。对积极参与产教融合的企业,可以提高其信用等级,并纳入企业信用评估积分评价体系,作为企业履行社会责任的有效激励手段,同时予以企业贷款利率优惠和信贷额度支持。企业接收学生实习过程中产生的费用以及其他相关支出,应全部计入营运成本,抵减整体收入,从而降低企业所得税等。长此以往,企业就可以充分享受到参与产教融合的政策红利,提高自身的经济效益,进而提高企业参与积极性。政府方面,在提供资金支持的基础上,还要建立适应产教深度融合的人才评价指标/标准体系,如校企双聘员工的认定机制、技术技能人才的职称评审机制、(高级)技师资格与教师职称的双向晋升机制等,并将产教深度融合的成效作为评估高职院校办学水平的重要指标,主要涵盖参与企业的数量、毕业生专业对口就业率、企业对毕业生工作满意度和毕业生就业薪资水平等。评价标准应确保高职教育人才培养目标、企业需求与行业技能评价标准统一,确保专业教育与职业岗位一致、教学过程与生产过程一致、学历证书与职业资格证书一致。此外,还应强化职业资格证书与毕业证书的同等效力,积极推行国家职业资格证书制度,确保产教融合在证书获取过程中的权重。同时,还应建立适应产教深度融合的人才培养指标评价标准。鼓励有条件的地区探索建立适应产教深度融合发展需求的人才培养指标评价标准;加大对建设项目的资金投入力度;按照"谁建设谁负责"的原则落实产教深度融合各项资金保障责任(宋向东等,2017)。明确各主体权利义务,平衡各方利益,建立一系列便于实施和监督、切实可行的制度。

二、价值共创机制

价值共创是20世纪90年代由普拉哈拉德和哈默尔共同创造的一项重要的管理理论,他们提出企业未来竞争将依赖一种新的价值创造方法——以个体为中心,由生产者和消费者共同创造价值的理论。传统的价值创造观点认为,价值是由生产者创造,通过交换传递给消费者,消费者不是价值的创造者,而是价值的使用者。随着环境的变化,消费者的角色发生了很大转变,消费者不再是被动的接受者,而已经转变为积极的参与者。消费者积极参与生产者的研发、设计和生产,并在消费领域贡献自己的知识技能,创造更好的消费体验。这些都说明价值不仅源自生产者,而是建立在消费者参与的基础上,即源自消费者与生产者或其他相关利益者的共同创造,且价值最终是由消费者来决定的。

价值共创机制可以有效应用于产教融合领域,从校企双方的供需关系来看,企业是职业院校技能型人力资本的"消费"方,学校则是企业设备资源的"消费"方,两者互为供应主体,却最终由消费方决定合作双方的价值向度,进而形成深度绑定的利益共同体。随着时代的发展、技术不断迭代升级,企业这一"技能"型人力资本的消费方预期也在迅速增长,同时呈现出多样化的态势。而技能人才输出所带来的满足感逐渐不能完全满足企业的期望,由此产生的缺口需要职业院校通过内部创新来填补,这也是未来教育变革的重要契机。最理想的状态是技能人才能极大地满足企业的期望,并且人才提供的价值能带来超值收益,校企双方不断迭代,促进技能人才培养水平和创新内涵的稳步发展,就需要建立 IERT 价值共创机制,即涵盖互动(interaction)、体验(experience)、风险评估(risk assessment)和透明度(transparency)四要素。

(一)产教融合 IERT 价值共创机制

1. 互动

通过合作双方互动不仅可以了解企业的人才需求,还可以让技能主体——实习生或毕业生——深度参与企业的全工作流程,和企业、设计团队做到共情、共景、共识。通过互动,企业的运营团队可以充分了解实习生或毕业生的需求,站在技能供应主体的角度来审视问题。有了情感和心理上的统一,企业就可以和职业院校共同进入人才培养场景,识别技能形成的关键环节和影响要素,体会在不同场景下技能人才对岗位要求的预期,还可以判断新手对岗位的适应性和低阶工作环境的容忍度。在完成这些工作的基础上,需要校企双方就人才的培养定位和技能预期达成共识。保留符合职业院校运行成本、师资水平、教育理念和培养特色的内容,搁置有争议的部分,摒弃有损校企双方利益、有可能产生观点分歧的内容,在企业预期和技能人才培养质量达成度之间取得平衡,更主要的是技能人才的满意度和获得感,这样的校企互动才是良性的,才能获得彼此的充分信任、学生的认可和社会的尊重。

2.体验

如果说互动偏重于形式的表现,体验则更加注重实际感受的过程。鉴于技能型人才入职后的职业生涯发展和可持续性是校企合作的基础,企业一定要让实习生在入职前就得到充分体验的机会,同时为其提供必要的支持,如提供相关的岗位技能辅导、工作流程指引、使其参与必要的企业发展规划研讨等。通过资源的投入保证充分体验的必备条件,让实习生毫无障碍地按照自己的方式去实践,随心所欲地进入企业技术研发场景,从而激发内心从事该项事业的热情。这个过程既可以验证实习生技能水平的可靠性与可应用性,也是检验校企合作团队的方案设计能力、沟通协调能力以及企业技术水平和资源保障能力的过程。若实习生的体验环节设计得好,不仅可以激发形成企业内部员工互帮互助的企业文化,提升合作团队凝聚力,还可以树立企业良好的社会形象、赢得合作院校持续不断输出人才的信心。从实习阶段就培养企业的"生力军",对企业的长久发展尤为重要,同时也有益于改善职业院校的培养流程和对外合作机制,通过不断地打造优质体验感缔造校企双方的品牌影响力。

3.风险评估

除了通过完善工作过程不断改进技能人才工作体验,收集、整理相关数据优化评价机制,还有一项重要的工作就是评估风险。企业的风险主要涵盖三个方面:一是新手将来不能入职,企业需要担负的额外生产成本、培训成本和技术投入成本;二是短暂入职后的离职,涉及企业间"挖墙脚"竞争博弈和技术专利流失等风险;三是企业战略转型过程中技能人才适应度不足的可能性,包括技术追随能力、岗位匹配能力和开拓创新能力等。学校的风险主要包括危险工况防范、用工违约、就业满意度等,任何风险的发生都会给校企双方带来不利影响。化解风险的基本前提是在过程中的充分沟通而非结果协商,对于风险管控的最佳办法就是坦诚"披露",毫无掩盖地将已发生的不良后果公开,通过制定防范性制度规则,摒弃人为因素的影响,防止类似的事件再次发生。在校企双方充分认可技能人才输出质量或产品设备的使用可靠性、大规模签订人才订单或设备订单的时候,双方主体需要保持冷静的头脑,充分评估大批量人才/设备定制可能带来的长期风险,防止个体质量的参差不齐对整体合作成效造成的影响。在充分评估合作风险的同时,将企业自身的运营情况、生产效益等以及职业院校的人才质量报告等过程性质量监控结果向彼此披露,不仅能保证合作双方的知情权,还大大降低了可能出现"危机公关"的概率和处置成本。

4.透明度

一直以来损害校企合作双方利益的最大因素是信息的不对称。比如,部分企业往往在学生实习环节就利用廉价的用工成本优势攫取大量的隐性利润或非法所得,"打工式"实习陷阱频发。但是随着网络化、信息化技术的不断发展,基于职业岗位工作过程系统化的专业化水平不断提升,劳动生产环节的"黑箱"和"信息孤岛"正在逐渐消失。随着信息获取的成本越来越低,校企双方可通过建立数字化技能监测平台,将企业的生产成本、产品周期、利润率、岗位需求、工作流程、生产效益等涉及技能要素流通的变量列入透明范畴,职业院校也要向用工主体公布所有的待就业人员信息,供企业主动选择,任何主体、个体都很难通过不良手段刻意隐瞒任何信息,这会在很大程度上增加双方的信任,减少猜忌、摩擦、谈判等损耗性意志成本。充分的信任不仅有助于提升价值共创的实施效果,还有利于维护价值共创机制的长远发展。

(二)价值共创需要遵循的原则

在职业教育迈向高质量发展阶段,不断探索高等职业教育产教深度融合路径,逐步深化不同利益主体间的关系,完善产教融合价值共创机制,进一步保障各相关合作主体权益,应秉承以下原则。

1.目标导向,优势互补,互利共赢原则

产教融合除了学校与企业处于核心位置,还包括政府、行业等其他相关利益主体,不同主体应有不同的身份定位,并且最终目标要保持一致,围绕共同目标发挥各自优势。政府作为信息集成和政策制定者拥有宏观调节者身份;

高职院校主要拥有教育教学组织者和高技能人才输出者身份;企业作为参与教育过程的另一主体,更多的是为学校和其他教育主体提供匹配的资源,具有资源协同者和技能衡量者身份;行业则可以帮助学校和企业建立沟通桥梁,同时传递最新的专业化信息,保障产教融合项目的时效性、准确性和专业性,因此具有信息传递引导者的身份属性。因此在以高职教育为主体的产教融合过程中,政、校、企、行之间的利益互动和资源整合,并不是简单的互动叠加,而是具有不同身份的利益主体在利益驱动下的密切协同。

2.统筹协调,权限清晰,高效合作原则

基于供需匹配的发展目标,在产教融合过程中,协同机制的构建应立足全局视角,顾全各主体利益诉求,同时要涵盖产教融合的全过程,将产教融合的主体关系拓展到关联主体的教育关系及关联产业的发展网络,使教育和关联产业真正协同并融合(朱成晨、闫广芬,2020)。构建机制上遵循统筹设计全面规划原则,明确规定不同主体在参与、推进产教融合项目中的责权利机制,促进各主体角色明确定位,各主体间围绕共同发展目标进行良性互动,明晰各主体权责可以避免多主体间的秩序混乱、互相推诿、行为纠纷等现象,从而有序高效地开展协同共建工作,激发各主体参与的积极性和潜能,保障协同的质量。

3.全局平等,横纵结合,协同贯通原则

在产教融合协同机制的构建过程中,要始终关注并时刻维护各协同主体间的平等关系,积极调动各主体积极性,从而形成工作合力。建立多元主体合作机制需要政府、企业、行业、学校等主体依据自身的定位参与其中,各自发挥主体资源优势,合理表达自身的利益诉求,确保不同主体间角色关系平等,从而促进彼此关系的平衡。首先,适当弱化政府的主导地位,政府在参与产教融合过程中应发挥基本的规则制定作用,减少权威化、权力化倾向;其次,提高行业组织地位,行业组织应充分发挥自身职能,促进政府、企业、学校等主体间的沟通;最后,进一步满足企业需求,企业应在产教融合相关政策制定过程中,主动表达自身利益诉求,提出合理的政策建议(周益斌、肖纲领,2023)。

(三)价值共创机制下的产教融合发展

1.明确高等职业教育定位

在现代职业教育体系建设的总体框架下,高等职业教育具有重要的高层次主体地位。高等职业学校在参与产教融合过程中,要充分意识到高水平引领地位的重要性,为产教融合建设主动生"力"。这种"力"主要体现在职业教育政策导向的理解力、优质生源供应的支撑力、市场需求及发展态势的感知力、学习变革的适应力、优质课程资源的开发力、数字化转型背景下各类基地建设整体架构力、深度融入式的社会服务力、优秀产教融合品牌建设的塑造力、职业教育国际合作项目建设的影响力、教育与产业发展的双向反哺力等方面,把主动生"力"变为推进产教融合不可或缺的重要动"力"。高等职业教育既要整合中等职业教育的基础力量,发挥中高职一体化的衔接拉动作用,建立"中—高—企"联动的创新产教融合体系,破除产教融合中的条块分割效应,又要积极与普通高等教育联动,联合建立科技研发中心、技术创新联合基地等组织,发挥"高"水平院校的"火车头"拉动作用。也就是说,高等职业教育处于基础技能应用向创新驱动研发层次转化的中间阶段,明确这一教育阶段的定位对推动职业教育产教融合走深走实至关重要,避免出现产教融合同质化造成千篇一律的局面。

2.协调多元主体关系

高等职业教育领域的产教融合涉及多元利益主体的动态博弈,既要有全局视角,从国家的谋篇布局审视不同主体的合作动机,又要立足个体,深入把握每个合作对象的利益诉求,协同多方资源保障彼此间的共融共生关系。首先,要处理好整体目标规划与个体发展需求融合统一的关系。任何组织的建立都有一定的约束性,这是由组织发展目标的单一性决定的,产教融合这一松散型组织也要遵循这一原则,在合作初期就要建立明确的合作定位,并且要始终如一地贯彻执行。否则众口难调,任何个体的自由意志都会导致组织行为的松散化甚至"决堤"。其次,要处理好灵活决策与顶层设计融合统一的关系。从整体来看,高等职业教育领域产教融合构筑了"政府＋学校＋企业＋科研院所"多元主体的资源协同平台,是一种具有全过程性、跨界性和共生性特性的高阶产教融合形式。然而,主体的多元化会导致平台间为了获得短期利益出现掣肘,也会因个别平台的角色定位变化影响全局,就需要建立多主体参与的理事会(董事会)等制度,加大顶层设计的统筹力度。最后,要处理好守正与创新融合统一的关系。随着产业的不断转型升级,新旧动能转换,变化是唯一不变的主题,要持续关注国家政策调整和创新技术变革,在保持原有方向战略的基础上不断优化合作路径,变革协作模式,实现创新与守正的融合统一。

3.坚持本土特色创新

中国特色产教融合通过政府、行业的协调,实现多部门、多平台间的有效协同,这种多元协作模式的形成与本土政策、文化、制度息息相关,如职业教育多元混合办学、现代产业学院、中国特色学徒制等形式,都是国际经验与本土资源相结合的产物,其内涵本质都在强调"多主体"协同办学,通过有效整合政府、行业、企业、院校、科研机构和其他社会组织的力量,将优质资源引入职业教育,实现产教资源的高度交融耦合,从物理渗透走向化学"聚变"。中国特色产教融合强调多元利益相关主体协作下的资源共生,多元利益相关方包括能够影响产教融合组织目标实现的所有个体和群体。不同主体的管理者承担着平衡不同利益相关者间利益需求的职责,秉承利益最大化原则,持续不断动态平衡各方利益,进而推动产教融合整体的协同发展。我国职业教育产教融合是产教系统中各主体基于自身发展需求的深度互动,涉及政府、行业组织、企业、职业院校、学生、第三方机构等多元主体。基于共生理论,职业教育产教融合系统中不同主体组成的共生单元,虽然都以各自利益为导向相互协作,但不同主体间的利益存在交集,彼此能够通过产教融合实现共同利益,最大化产教融合价值,达成培养"人"的目的。此外,各利益相关主体都承担着彼此协同的职责,形成相互合作的交流机制和共生环境,在产教融合体系中进行深度协同并衍生共生能量。

三、开放合作机制

产教融合的动力机制在推动高职院校人才培养及深化产教融合等方面发挥着关键作用。为促进高等教育与产业的紧密协作,有效的开放合作机制是重要的前提保障。开放合作机制是多方利益主体深度协同的结果,不仅涵盖各方主体的内部人员,还涉及资源的共享、信息的传递和知识的转化,在优化人才培养、提升产业竞争力以及促进社会进步方面发挥着重要作用。

(一)协同理论

"协同理论"源自希腊语,其内涵是关于"合作的科学"。德国理论物理学家哈肯于 1969 年在斯图加特大学讲课时最早使用了协同理论这一概念,并在 1971 年发表文章初步阐述了协同理论的基本思想。1972 年第一届有关协同理论的国际协同学学术会议在联邦德国埃尔姆召开,随后几年协同理论得到了迅速进展。1977 年哈肯发表《协同学导论》,建立了协同理论的基本框架(见图 7-2),标志着这门学科的诞生。协同理论研究的是各种完全不同的系统在远离平衡时通过子系统之间的协同合作,从无序态转变为有序态的共同规律。在这种转变中,时间结构或空间结构在宏观尺度上以自组织的形式呈现。它抓住了不同系统在临界状态下的共同特征,深化了人们对系统演化内部机制的认识。

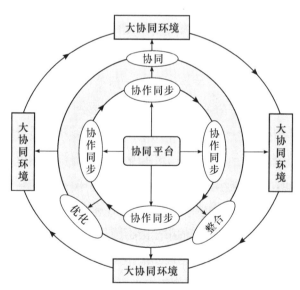

图 7-2　协同理论的基本框架

协同理论认为,尽管不同的系统千差万别,属性各不相同,但在整个环境中,每个系统之间都存在互相影响又彼此合作的关系。常见的社会现象也是如此,如不同单位之间的彼此协作、部门间的关系协调、企业间的相互竞争、系统中的相互制约或干扰等。协同理论指出,大量子系统所组成的系统,在一定条件下,由于子系统间的相互协作,这种系统会影响整体的运行(曲峰庚、董宇鸿,2016)。应用协同论方法可以把已经取得的研究成果,以类比的方式迁移到产教融合领域,为探索创新融合的未知领域提供有效手段,还可以用于找出影响产教融合系统动态变化的控制变量,进而发挥产教融合系统内子系统和利益主体间的协同作用。

(二)协同创新理论

协同理论的自组织原理表明,任何系统一旦缺乏与外界环境之间的物质、能量和信息交流,就会处于封闭或孤立状态。处于封闭状态下的系统,无论初始状态如何,最终任何有序的内部结构都将被破坏,归于一片死寂。因此,只有和外界不断进行物质、能量和信息交流,系统才能维持生命,进而向有序化方向发展。任何协同管理系统,包括产教融合系统都是一个复杂的开放系统,因为它一般由人、组织和环境三大要素组成,而每个要素又嵌套多个次级要素,其内部呈现非线性特征。它同时又是一个开放系统,通过不断接收、整理和加工各种内外部信息,将管理对象所需的信息输出。管理系统在不断接收和输出信息的过程中向有序化方向发展,并逐步趋于完善。

美国协同创新研究始于 20 世纪 70 年代,我国协同创新研究始于 20 世纪 90 年代的"产学研",所以协同创新和产教融合具备相似的基因。协同创新具有三个典型特征:第一,系统性。一是生成结构的系统性。一方面,无论是协同创新的主体构成、要素集合,还是相互作用,都是协同创新系统结构性分解下的下级子系统,而这些子系统又可再分解为更小的子系统,即纵向系统;另一方面,这些子系统横向之间不可或缺,即横向系统。二是运行的系统性。从运行主体来看,协同创新不是以单元素运行为基础,而是以所有子系统的全面参与为条件,这构成了协同创新运行的宏观系统性;从运行过程来看,各子系统以有序参与为条件,逐步实现协同创新效应,构成了协同创新运行的微观系统性。三是协同效应的系统性。协同创新产生了多种协同效应,更重要的是这些效应之间具有内在逻辑,构成了协同创新效应的系统性。第二,复杂性。一是构成要素的多元性。无论是协同创新主体、创新要素,还是实现手段都具有多元性、多样性,这从结构构成上决定了协同创新具有复杂性。二是相互作用的非线性。协同创新的某一结果并不是简单地由某个或某些因素基于某一固定法则对应一下即可产生,而是在诸多要素之间及多种发生机制的复杂作用下产生,一方面,这一结果会进入另外的作用机制成为其他效应的产生来源;另一方面,也会反作用于其本身的发生环境,改变发生环境的构成与状态。三是协同效应的集合性。协同创新的结果并非单一,而是形成了协同创新效应集合,这集合既包括协同创新的技术性成果,也包括非技术性成果。第三,动态性。一是协同创新模式的多样性。从横向上看根据不同的创新属性及不同的创新使命可以构建不同的协同创新模型;从纵向上看,在不同的创新时期,协同创新的模式也具有差异性。二是创新要素的流动性。协同创新需要创新要素在创新的不同层次、不同领域内实现整合,而整合的实现需要创新要素在所有创新网络中实现顺畅转移或流动。协同创新还有集约性、学习性、有机性、自组织性等特征。

(三)协同理论与产教融合

1.协同理论视域下产教融合的特性

(1)高职教育产教融合具有系统性

系统的整体性功能是指子系统通过相互影响、相互作用和制约在竞争中有序变化,从而形成一个完整的整体,实现协同效应。高等职业教育产教融合涉及多主体参与、多要素合作,具有明显的整体性特征。作为一个整体,高等职业教育的产教融合不是各主体、各要素功能的简单叠加,也不是孤立地运作,不与外界互动,而是形成一个完整的体系。当高职教育产教融合各主体相互配合、进行合作时,会推动产教融合的整体发展。

(2)高职教育产教融合具有复杂性

协同理论认为系统具有复杂性。高职教育产教融合的实现可以看作一个极其庞大、具有长期效应的复杂工程,涉及教育、经济、社会等不同领域,是高度复杂的系统。特别是在经济高质量发展阶段,高职教育的产教融合涉及区域经济力量的参与范围更加广泛。高职教育产教融合的复杂性主要表现在:产教融合过程中,包括有一定思维能力的人参与其中,而人的复杂性决定了其介入系统的复杂性;产教融合还牵涉多主体,主体的多样性以及不同主体所代表利益的复杂性,意味着其价值、目标、理念并不完全一致;产教融合各要素间相互作用、相互影响,造成的关系复杂性。

（3）高职教育产教融合具有动态性

高职教育产教融合过程中,各要素相互影响、相互作用,是一个动态变化过程。一方面,高职教育产教融合时刻面临着打破平衡的外部发展环境变化,如政策、区域经济发展等,都会对产教融合体系产生一定的影响。另一方面,高职教育产教融合系统也面临内部失衡的风险,例如,政府根据实际情况不断调整产教融合相关政策,支持企业、高职院校、行业协会组织的参与度;通过持续地与产教融合各主体进行交流与互动,寻求实现产教深度融合的最佳路径,努力朝着产教融合效益的最大化和推进公众利益的最大化方向前进。

2. 协同理论视域下产教融合动力机制的内涵

协同理论就是把整个社会看成一个完整的体系,这个体系中的各种要素交互作用,会对整个环境产生影响(关宏、马亚林,2022)。从产业发展的视角进行分析,产业协同发展依赖产业环境的优化,这是促进地区经济发展的关键。产业发展需要专业技术人员的支持,而产业的转型也给职业院校提供了专业化的目标导向。职业教育的培养目标是将技能体系的演化应用于产业发展之中,因此,职业教育与产业发展深度协同,可以充分发挥各自的优势,寻求更大的利益。高职院校和企业作为产教融合的两大主体,处于协同网络的核心地位,通过建立一系列校企合作共同体等协同平台,与外界环境协作同步。一是技术协同,通过内部研发、外部引进一系列前沿科技,激发平台内部的创新体系;二是资源整合,有效利用政府、土地、财政、金融等外部资源优势,探索新型育人模式,实现内外部资源的最大价值;三是机制优化,用以"制度"为中心的平台运作模式取代以人为中心的模式,探索新型公开化、规范化、透明化制度体系。如此一来,以协同平台的自我演化为核心的协同网络会逐步拓展,形成以协同平台为主体、市场需求为导向、产学研相结合的产业创新体系。

（四）基于协同理论构建产教融合开放合作机制

建立健全全面开放的合作机制。要扩大产教融合系统对外开放的范围,突破地域限制,积极与国内乃至国际企业开展合作,探索集团化办学、混合所有制办学等产教融合新模式。通过与国内外合作主体广泛交流互动,使产教融合系统与国内外环境形成良性协作关系,提高产教融合与经济社会发展的适应性。坚持"引进来"和"走出去"并举,深化产教融合和对外开放的内涵建设。继续深化现代学徒制、订单式培养等人才培养模式。专业设置与岗位需求、课程设置与职业标准、教学过程与生产过程"三对接";实现生产过程与教学过程深度融合;在职业教育质量评价体系中实现学生职业能力评价结果互认。充分发挥行业企业参与主体作用,提升校企协同育人水平。

1. 强化高等职业教育系统对外开放意识

近年来,随着我国对外开放程度的不断深入,高等职业教育迅速发展。目前,我国已经建立起全世界规模最大的职业教育体系。一方面,高等职业院校具备了走向国际的实力;另一方面,通过对外开放也可以进一步吸纳国际先进经验,优化自身建设,为产教深度融合提供动力。

首先,应树立国际化人才培养的系统观念。创建全面开放的高等职业教育体系是促进教育系统实施"走出去"战略、加强国际交流合作、实现高水平可持续发展、满足经济社会发展需求、促进国际科技成果转化和推进人力资源强国建设目标的必然要求。加强高等职业教育的国际交流合作,与国内外进行广泛的人力资源、管理经验、资金技术等方面的互动交流;加强人才、物资、资金、设备、产品等与外部环境间的互通,有利于高等职业教育与外部形成良性互动关系。

其次,应积极从外部环境中汲取改革动力。面向人工智能、工业 4.0、云计算、物联网等前沿技术,引进全球化先进技术,借鉴发达国家教育理念,可以快速推动科技成果向现实生产力转化;拓宽高等教育系统的职能和服务范围,有利于获取稳定的生源和多样化办学资源渠道。同时,随着共建"一带一路"的深入推进,高职院校也有了更加多元化的教育选择,通过引进外教资源、建设国际化课程体系、推进学生国际化素养提升行动等举措,国际化视野与跨文化交流能力迅速提升,多语种教学、国际交流项目开设和国际化项目实践持续进行,有利于提升高职教师师资队伍的国际化水平和创新能力。

最后,应进一步拓展人才培养目标和培养过程。培养目标方面,应聚焦全球化视野、跨文化沟通能力和国际竞争力定位,培养人才的社会责任感和社会公益意识,关注可持续发展等全球性问题;培养方式方面,应将国际领先的产品标准、技术标准、服务标准、工艺流程和管理方法融入人才培养方案,进而促进中国标准国际化;培养过程方面,应引入优质的国际教学资源,拓展国际化访学项目,建立跨文化沟通合作平台,鼓励师生在实践中提升专业技能水平;培养成效方面,应培养通晓国际规则、具有国际视野的应用型技术技能人才,使其能适应世界技能大赛等国际化舞台的竞争博弈,具备深厚的技术内涵。

2. 构建良好的合作运行机制,保障产教融合效果

校企双方行动逻辑的差异性注定了产教融合过程中容易产生利益冲突,构建良好的合作运行机制是弥合冲突、保障深度融合的前提。首先,建立有效的质量评价机制。产教融合效果是衡量合作是否成功的重要标准。为此,通过建立第三方评价标准,对产教融合成效进行定期或不定期督导评价、考核,将考核结果与政府财政投入、职称晋升、学校评优评先和年度绩效考评挂钩,防止主观利益冲突对产教融合的客观运行产生影响。其次,设立专门的主管部门分支机构。政府相关部门应明确主体责任和工作职责,制定校企协同管理办法、专兼职科研团队管理制度、经费保障办法等制度体系,以此为抓手明确产教融合的目标、内容、主体和合作方式等,确保产教融合过程中各环节的正常运行。最后,建立完善校企内部绩效评价体系。通过标准化评价体系对企业参与产教融合效能进行全面考察评估,作为校企双方奖励分配的重要依据。高职院校应将产教融合中的技术咨询、社会服务、成果转化等工作纳入科研考评体系,并与职称评定、年终绩效考核挂钩(刘耀东,2019)。企业也应将员工参与产教融合工作作为年度绩效奖励、评先评优与职位提升的重要依据。引导企业重视员工参与产教融合工作,真正将产教融合作为企业的发展战略,成为企业转型升级的新引擎。

3. 基于协同发展理念,深化校企合作

为更好地促进产教融合多元主体的协同发展,通过整合政府、学校和企业三方优势资源,发挥行业组织的协调作用,进一步明确不同主体在人才培养过程中的定位,推动协同组织综合治理模式和学校人才培养模式的不断完善。

（1）搭建学校内外部数字化互动平台

信息数据的共享对产教融合具有重要意义。随着数字化时代的到来,数据共享已成为产教融合发展的必然要求。在数字化转型的时代背景下,通过搭建产教融合数字化互动平台,学校可以及时了解最新的资讯动态,及时调整育人模式和与企业的合作方式。企业可以从学校获取毕业生的实习、就业信息,继而按照自身需求寻求与学校的合作。行业组织可以通过数据共享平台及时发布行业最新成果资讯,为学校和企业的精准合作提供指导。政府可以借助平台实时了解产教融合的发展状况,制定切实有效的政策措施,为优化协同育人体系提供基础保障。随着多媒体平台种类的多元化发展,学生、学校、企业、行业组织、政府、社会机构等多主体间的信息即时沟通已成为可能。借助微信公众号、抖音、微博等交流方式实现多主体之间的信息互动,推动校企之间的优势互补,减少协同育人过程中出现的问题,提高校企合作生产教育的整体水平(关宏、刘嘉琪,2022)。

（2）充分发挥政府主导作用

目前,我国产教融合领域的相关政策措施并不完善,缺乏标准化、体系化的约束和指导。在这种情况下,政府作为国家治理体系的重要组成部分,在协同育人中应发挥其主导和调控作用。首先,地方政府应不断优化当地产教融合的政策制度。地方政府在政策实施过程中应充分发挥宏观调控的主导职能,通过实地考察等方式切实了解学校和企业的难处,明确双方的责任边界,确保在责权利明确的前提下制定必要的量化指标,优化和完善相关法律法规体系,从人力、物力、财力上予以必要的支持,推动地方产教融合的深度、层次和水平跃升。其次,政府要根据实际需求予以必要的财政支持。一方面,政府要为企业拓宽融资渠道,深入实施民企债券融资专项支持计划和支持工具;另一方面,政府要增加对学校的专项财政拨款,以保证产教融合体系的正常运转。目前由于资金问题导致校企合作受阻的现象比比皆是,政府要通过减免企业税收、给予合作补贴等方式提升企业的参与积极性。最后,政府还要发挥宏观调控作用,通过创建地方试点等方式发挥先试先行推广成效,切实履行政府参与协同育人的职责和义务。

（3）学校健全协同育人机制

高职院校作为协同育人机制的主体之一，应从提升科研能力、提高教学实力、承担企业培训等方面入手，进一步完善协同育人机制。首先，要不断提升自身的科研能力。目前高职院校的创新研发能力不足，导致其在协同育人过程中处于被动地位。扎实的科研能力是吸引企业参与产教融合的基础，也是为学生争取更好实践平台的关键要素。因此，高职院校应通过引进高端人才、创建专业化高水平教师队伍等方式提高科研成果的转化效率。其次，要提升教学实力。高职院校要确保培养人才的多元化，通过高水准人才输出吸引企业参与产教融合，形成良性循环，要夯实教学基础，引进数字技术推动课堂创新，拓展优质教学边界。最后，要承担企业培训任务。高职院校拥有先天的公共设施和教学培训环境优势，可以整合闲置多媒体教学场地、设备甚至师资等资源，承担企业人力资本培训的任务。通过技能人才输出和企业人力资本提升，采用"走出去"和"引进来"相结合的举措，与企业建立长期合作关系，加强校企间的资源互用互通，提高企业和在校师生的获得感，进而完善产教融合协同育人机制。

（4）引导企业反哺教育事业

当下部分地域产教融合依然呈现明显的"校热企冷"状态，一些高校与企业间的交流相对较少，缺乏有效的沟通互动，企业的参与积极性较低，因此引导企业参与协同育人，激发企业的积极性成为摆脱这一困境的关键。从企业利益最大化角度出发，提高企业参与产教融合的主动性，要从根本上改变传统的以学校为主的倾斜现象。政府可以通过减少企业税收、增加财政补贴等形式吸引企业参与合作，赋予企业一定的主动权，形成校企合作协同育人的动力机制。学校可以将科研成果与企业共享，科研成果的推广有利于提升企业反哺学校的意愿，以此形成良性互动循环。此外，还要从荣誉机制方面赋予企业参与产教融合的价值感，如遴选产业导师、建立产教融合示范区等，以有利于自身发展的意识激励企业的参与热情。更加良性的局面是，激励企业将参与协同育人视为可持续发展的基础，是承担社会责任和对企业长远发展的益事。因此，为了更好地保障企业的利益，地方政府要基于互利共赢原则，在金融、土地、财政、信用等各方面制定满足企业需求的利益分配方案，同时在合作过程中基于产教融合水平评价指标体系予以动态调整,确保企业在合作中能够获得合理公平的收益。

（5）发挥行业组织协调作用

行业组织是沟通学校和企业的重要桥梁,也是促进协同育人的推动者。在整个产教融合过程中,行业组织发挥着重要的指导和评价作用,是实现多方协同发展的基本保障。然而目前国内的行业组织并未真正参与协同育人的过程,也没有充分发挥其协调沟通、行业教育和指导的功能。因此,未来充分发挥行业组织在产教融合中的作用是一个亟须解决的问题。一方面,行业组织应充分利用其桥梁作用,协调校企双方权益,通过举办洽谈会、合作论坛等方式,为政府、企业和学校提供交流沟通的机会,确保各方能及时发现并解决问题。另一方面,行业组织应进一步加强对产教融合的评价功能。除了双方的内部评价,还应重视行业组织作为第三方对校企合作成果的客观评价,以确保协同育人的质量,提高产教融合的整体水平。此外,行业组织还应利用自身优势,定期发布企业规模、人才需求、职业院校毕业人数及就业方向等信息,同时,收集行业最新动态资讯和相关成果,实现企业和学校间动态信息的实时共享。在未来的发展中,行业组织还应加强与政府的沟通交流,通过了解产教融合现状,向政府提出产业发展趋势研判、技术平台优化路径以及技能人才内涵提升等领域的具体政策建议,发挥第三方组织的协调、沟通、监督、保障作用,为协同育人创造更好的内外部环境。

4. 构建产教融合命运共同体

（1）建立协同发展和利益共享机制

产教融合协同发展机制的形成需要政府、行业、企业、院校间资源共享、优势互补,实现不同主体协同发展的新局面。协同发展是可持续发展的前提,主要通过构建平台规则机制、沟通协调机制、资源对接机制、利益共享机制,形成不同组织在同等环境下的公平竞争和良性发展局面。首先,建立平台规则机制,可以在政府主导下联合建立实训实习基地或产学研平台,如创新实验室、地方研究院等,签订合作协议,明确权、责、利边界,通过合作平台探索规范化的协同规则。其次,建立沟通协调机制,定期召开座谈会、定期考察调研、定期举办合作论坛,还可以更进一步建立专家指导委员会,实施专业化指导、评估、搭建畅通的信息交流渠道。再次,建立资源对接机制,挖掘和利用各方优势资源,如企业可以提供研发平台和资金支持,高职院校可以提供技术研发和人力资源培训,政府可以提供保险、就业等公共服务平台。除此之外,还可以继续挖掘各自的隐性资源,如员工互聘、职称互通、平台互用等,达到"1+1>2"的效果。最后,建立利益共享机制,合作组织通过共同建立的教育实训基地、研发平台、科技成果转化平台获得相应的利益,参与方按照参与或入股比例获得公平的收益。通过四个维度的协调发展,形成多方合作协同共赢的局面。

(2)建立可持续发展和生态流通机制

产教融合系统需要树立可持续发展观、建立诚信机制。首先,完善产教融合生态系统。产教融合的自组织尚处于混沌无序状态,需要完善生态结构,即加大力度吸引高校(含科研机构)、职业院校、中小(微)企业、职业培训机构等进入产教融合生态系统,增强生态结构的多样性和层次性。加快产教融合型城市建设布局,寻找共性发展规律并推广有效经验,早日建立产教融合的产业节点、院校节点和区域节点。其次,树立产教融合可持续发展观,宣传产教融合典型案例,打造诚信、开放、共赢、共享、创新的产教融合文化,树立产教融合合作共赢的发展理念,在合作方式、合作内容、合作效益等方面达成共识。最后,建立有效的诚信机制。参照个人和企业征信机制,建立完善的组织征信系统,构建全国产教融合组织征信联网系统,实施黑名单机制,通过加强内部自律和外部约束保障产教融合生态系统的可持续发展。

(3)建立多方参与和共商共建机制

职业教育产教融合的协同性要求多元参与主体要在人才培养的各阶段进行共商共建。一是共商专业规划。在行政主管部门的指导下,学校、企业专家、行业组织共同成立专家委员会,根据实际需求和产业特点开发专业教学标准,制定教学计划和课程体系,鼓励教师深入企业开展岗位实践。二是共建师资队伍,建立良好的福利和奖励制度,完善职业院校教师聘任的条件,聘请工程实践能力较强的企业工程师任教,建立校企人员岗位互聘机制。同时,高职院校教师投身企业人力资源提升服务,为企业制订专门的职工成长计划。三是共创工学一体基地,通过共同建立实训基地、共同制定工作任务,构建学生工学一体的实践模式。四是多元主体共评学生技能,通过社会组织、行业企业、职业院校多元化评价考核机制,实现知识评价与技能评价相结合、过程评价与结果评价相结合、课程考核与职业鉴定相结合的多元评价模式。五是共促学生就业,企业与学校共同制定学生就业计划,完善实习实训制度,企业利用同行等资源帮助学生就业,为企业缓解用人问题。产教融合命运共同体的构建离不开各类要素的协同发展、持续发展、多方参与和共商共建。此外,完善的现代职业教育治理体系也是产教融合的重要环节,在国家治理体系改革的大背景下,职业教育治理体系与治理能力现代化是我国职业教育现代化的基本要求,构建产教融合动力机制需要从职业教育治理体系方面的制度改革、行业企业的主体作用和监控体系着手,加强制度供给侧和资源供给侧的改革和优化,以供给侧的改革为主线推动产教融合制度变革。

第二节　产教深度融合实现路径

产教深度融合是职业学校和行业企业各方基于互利共赢的发展需求,多元主体方利用自身的优势资源开展技术、人才、资源、管理等合作的共同体新模式。它对接国家、区域战略性新兴产业与传统产业转型升级发展需求,以学校—企业横向融通为枢纽,集教学、生产、技能训练、技术创新、社会服务于一体,提高专业人才培养供给与产业需求动态匹配程度,能够让学生较快适应岗位需求,培养的技术技能人才具有快速适应工业技术升级的能力,体现高职院校综合服务经济社会发展能力。高等职业教育产教深度融合核心在于构建一个政府主导、行业参与、校企合作的产教融合命运共同体,建立专业链对接产业链的“三共”“三互”“三创”长效机制(见图7-3)。通过搭建共标准、共师资、共基地的校企一体化“三共”育人平台,强化创模式、创课程、创制度的“三创”育人过程,促进技能互培、文化互融和资源互补的“三互”功能实现,形成支撑产教共生共长共融的协同育人机制,为企业培养和输送一大批高素质技术技能人才,进一步提升职业院校服务产业、服务职业需求的契合度和贡献度。

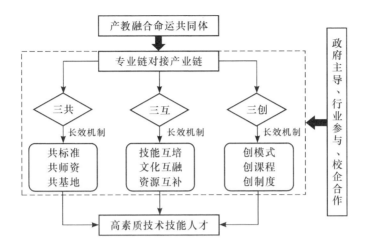

图 7-3　高等职业教育产教深度融合实现路径

一、建立产教深度融合的校企命运共同体

学校作为公益性组织,办学目的是培养人才。学校的合作行为决策都是以人的全面发展为本,从人才培养质量出发考虑学校的办学成效。企业作为营利性组织,基本诉求是利益最大化。企业作为市场经济体,对合作行为的所有决策都是优先考虑其行为决策带来的可能利益与成本,从经济角度计算自身盈亏。古典观认为,企业存在的目的就是追求利益最大化,尽管社会经济观认为,企业需担负对社会负责的任务,但是企业参与中高职一体化的主要目的还是利益最大化。

这就不可避免会出现两种人才培养需求价值导向,一种为企业主导的利益需求导向,另一种是学校为主体的就业导向。以企业利益为导向的校企合作模式是指企业和学校共同参与学校管理,重点关注企业需求,为了捍卫自身利益,在校企合作中企业占据主导地位。该模式的主要特点是发展学生的专业技能,并将企业的发展战略与行业要求体现到职业培训当中,通过校企合作的方式对学生进行培训,提高学生的专业水平和专业素养。以学校为导向的合作模式是指在校企合作中以学校为基础开展人才培训,并依照市场需求及教育教学工作需求对专业课程进行调整,以此来满足市场对人才的需求,主要是培养学生的专业理论知识、基本文化素质和基本专业技能。这种合作模式更加强调学校的教育功能,提供理论指导、优质基础教育和一些专业技能。但正是由于利益价值主体的不统一,学校在培养技术技能人才时,才会站在行业企业角度去思考它们的需求,使人才培养模式尽可能为企业行业实现利益最大化,预期培养出来的人才能更符合行业企业所需。校企双元主体只有折中人才培养需求和价值导向,深化产教融合,形成校企命运共同体,才能真正在专业、课程、教材、教师、基地、培训等层面形成协同育人的长效机制,培养出更多的适应现代农业、先进制造业、现代服务业与战略性新兴产业需求的高素质技术技能人才、能工巧匠、大国工匠。

(一)企业转变发展理念,增强企业参与人才培养的主体意识

在我国区域技术水平普遍不高、廉价劳动力资源供给充足的社会大背景下,许多企业更多依靠廉价密集通用型劳动力而非技术升级的理念谋求发展。这种急功近利的经营理念不利于企业的长远发展,企业需要通过技术升级和人力资源开发等措施增强优势。企业参与产教融合的根本利益是获得可持续的人力资源和技术资源,另外,许多行业都将企业是否拥有职业培训或研发机构作为能否升级的硬性标准,企业如果没有开展与高职院校的合作,就会在一定程度上影响自身的可持续发展。因此,企业应将关注用人转变为关注培养人,积极寻求与专业对口或专业相近的职业院校实现长期稳定的合作,并通过实质性参与人才培养和共建人才培养实训基地,以保障企业长期稳定的用工来源,并借助院校资源来提升发展能力与科技创新能力。

(二)院校提高综合实力,增强职业教育的认可吸引力

首先,职业院校应在分析企业发展战略、寻求企业利益切入点的基础上,加强改革,建立满足企业需求的职业教育教学体系。其次,学生是校企合作共同培养的成果,学校要根据企业的需求情况,以企业与学校双赢为目标,积极创造各种课内外条件,特别是实践教学场所,让学生体验企业的文化管理模式,掌握企业人员必须具备的实践技能、经验以及职业素养,让优质的毕业生成为学校的品牌,吸引更多的优质生源、提升企业与学校合作的信心。其次,师资队伍是校企合作的纽带。师资队伍建设要突出职业教育的特色,除了提高教师的学历层次,还要将行业企业的工作经验作为重点衡量标准,要积极创

造条件,为教师提供到企业学习的机会,以便其不断更新行业知识和技能。最后,除了通过提高教育质量吸引企业,学校更要了解校企合作的阻力,采取行之有效的措施消除企业的后顾之忧。例如,职业院校相关技术创新平台可成为企业的员工再培训场地,充分利用实验设备和专业教师资源,为企业新产品、新技术的研制和开发提供信息与技术等服务,真正在协调平衡利益的基础上,消除校企合作的后顾之忧。

二、统筹专业链与产业链有效对接

(一)专业与产业对接的基本原则

1. 真实性原则

"产教融合"下的专业与产业对接不是传统意义上的仿真训练,也不是某种单项技能的刻意练习,而是在真实工作情境下的综合性实操,是实践教学的重要组成部分。它以最终的产品质量和成本效益作为考核学业水平的主要依据,并将学习与工作、专业能力训练与综合职业能力学习融合在一起,达到"既学做人,又学做事"的教育目标,真正落实全面发展的素质教育(任爱珍、冷雪锋,2018)。

2. 双主体原则

"产教融合"专业与产业对接要体现学校与企业的双主体地位,在一定程度上,企业的主体性地位应该更为明显。第一,要拓宽企业参与途径、深化"引企入教"改革,引导企业主动推进协同创新和成果转化,拓宽企业参与职业教育的途径;第二,要发挥骨干企业的引领作用,保证企业的创新支撑,保证学校教育紧密对接产业链、创新链;第三,企业要参与学校的专业设置、课程结构编制、教材开发和学生实践实训等环节,将企业的实际需求融入人才培养的全过程。

3. 统筹协调原则

政府要通过法律、法规及行政手段引导学校的办学方向和人才培养模式改革,政府需通过市场机制调整学校的资源配置,通过税收政策及经费投入支持行业企业参与产教融合。在产教融合过程中，应遵循统筹协调共同推进原则，政府统筹资源投入，学校统筹资源分配，企业统筹技能开发，围绕产业布局开展以知识、经验、技能三要素为核心的专业能力提升。

（二）专业与产业对接的路径

1.依托产业布局精准设置专业课程

职业教育专业建设是地方经济产业转型升级的重要支撑，也在一定程度上影响着职业教育的发展方向。职业教育的办学定位决定了"专业对接产业、课程对接岗位"的专业设置原则，要求专业及课程体系必须与服务产业的职业岗位内容相衔接（李兵、范人伟，2019）。专业与产业的对接逻辑是基于产业发展，定位专业设置；基于产业结构布局，定位人才培养目标；基于职业岗位，构建专业课程体系。随着人工智能、大数据、物联网等新兴产业领域的兴起，衍生出了一系列新职业，如信息安全测试员、区块链工程技术人员等，导致职业教育专业结构与区域产业结构之间存在错配。某些专业设置未能充分考虑新技术带来的岗位调整和区域间的专业内涵差异，相同专业的内涵、水平和层次差别很大，提高专业课程设置的精准性势在必行。一是要处理好传统专业、新兴专业和紧缺专业的关系，及时根据教育部定期发布的新专业目录对专业进行优化调整，淘汰落后专业，培养与区域优势相关的急需专业人才；二是同步开展专业规划与产业规划论证，依据相关政府部门发布的宏观数据，定期开展区域性产业结构与专业结构适配性研讨，力求专业设置的精准性；三是优化专业课程结构体系，基于成果导向教育理念的核心职业能力分析，反向设计优化模块化课程内容和教学设计流程，把专业和课程真正建在产业链上。

2.整合教育资源合理规划专业结构

职业院校要精准把握当前的经济发展现状、产业结构以及未来的发展趋势，在此基础上进行科学的专业设置，不断更新专业结构。目前，我国已经进入经济社会转型的关键期，也是产业结构调整和优化的重要节点。职业院校在进行专业结构布局时，必须了解现阶段经济发展的宏观政策、未来科技发展方向、人力资源的技能水平以及重点产业的发展趋势等要素。此外，要给予朝阳产业和特色产业特别关注。朝阳产业主要是指新兴产业或高新技术产业，特色产业则是指一些特色鲜明、规模较小但具有很强市场竞争力、社会效益明显的产业。职业院校必须对朝阳产业和特色产业进行深入全面的调研分析,进而为自身专业设置和优化调整提供充分可靠的依据。职业院校在进行专业设置前,要充分了解不同产业的发展水平,对现有的教师资源、教学设施、实训基地、互联网平台资源以及与产业相关的高新技术等教学资源进行合理审视,认真分析产业结构与教学资源的匹配程度。同时,在设置专业前要充分了解地方政府及主管部门对区域特色产业的发展需求,了解当地产业的经济结构、重点发展方向、主要产品及产业链、关键技术环节等;在设置专业前要充分了解学生的就业方向、行业的主要岗位及其人才需求状况。对同时满足产业发展和教育资源相关要求的专业,职业院校可以优先设置;对于产业发展需求高但教育资源不足的专业,职业院校可以审慎决策;对于产业需求不足并且教育资源也不够的专业,职业院校应该果断放弃(王会波,2021)。

3.面向国际合作积极开展专业对接

积极开展中外合作办学,旨在促进我国高职院校教育教学改革,同时也可以推广国外优秀教育资源与先进教学理念。通过借鉴职业教育发达国家的先进经验,可以了解国外的教育教学理念、管理模式、专业标准、课程体系、教学方法、资格证书体系、科研项目激励等,并与中国特色相结合,从而确定符合国际标准的人才培养目标。此外,要参照国际先进标准,制定高职院校的专业标准,建立相关课程体系,健全人才培养综合质量评价体系,从而把国外优秀的教育资源与中国特色相结合,为我国高职院校的专业建设提供参考。落实教育部"扩大规模、优化结构、规范管理、保证质量"的工作方针,建立政府主导、社会参与、主体多元、形式多样的奖学金体系,完善高职院校留学生教育的相关制度。开拓创新境外办学,以学校专业特色为基础,全面深化高职院校国际校企合作。与优质外向型企业合作,在"一带一路"共建国家设立"鲁班工坊",开展境外办学,为企业培训当地员工,参与国际产能合作,提升企业在海外的核心竞争力。同时,与社会机构、国外大学和企业开展学历职业教育,进行人才培养、技术服务和中国文化教育传播等。通过这些举措,不仅能为更多优质外向型企业提供境外技术服务和技能培训,还能提升核心竞争力。将综合素养和创新能力培养纳入高职院校专业建设标准,实现人才培养与产业发展同步推进。

4. 立足区域优势不断完善组群逻辑

从产业发展的地域视角来看,不同区域的产教融合具有明显的区位优势和特色。不同区域的技术发展阶段和产业形态各不相同,市场需求也存在差异。因此,为促进产教融合深度发展,需要面向不同产业领域的岗位群提升高水平专业群水平,以组群对接方式最大限度地适应区域产业发展需求,实现区域人力资本积累。实现上述目标,必须坚持以下原则:专业基础相通、技术领域相近、职业岗位相关以及教学资源共享。同时,还需要按照专业群与区域特色产业的契合度以及群内各专业间的协同互补、群结构的稳定性和灵活性相统一的要求组建高水平专业群。一是需要对接区域产业发展需求。一方面,职业院校要精准施策,依托岗位设置人才培养标准,由传统的单一岗位能力培养向复合型岗位能力培养转变。另一方面,专业群建设要以夯实人才培养内涵为基础,以产业需求为导向,以校企共同(联合)体为纽带,以"技能群落"为载体,推进专业群结构化和资源有机整合,最大限度实现专业群共建共享效益,有效发挥集聚效应。二是需要建立以岗位需求为导向的专业群动态调整机制。打破传统的项目建设固化思维,合理调整基础课、专业课、实训课等授课方式,对接产业链发展动态调整专业群发展内涵、专业构成和教学资源,面向企业岗位的管理、技术升级、生产调整等各方面设计有针对性的专业群组网络,形成对接产业精准、结构优化清晰的专业布局(黄世涛,2023)。

5. 基于职业标准深化改革专业内容

以工作任务为导向、以职业能力为核心是职业技能等级标准的通用规则,要求在分解和细化岗位职责的基础上,从知识和技能两个维度对完成各项工作任务所需的职业能力进行具体描述。在知识方面,要求掌握一定的理论知识和实践技能;在技能方面,则强调学习、应用和解决问题的相关能力。因此,面向深度产教融合领域的课程体系和教学内容应根据职业技能等级标准进行"厚基础、强专业、模块化、任务式"改革(陈苗苗、杨佳鑫,2021)。产教深度融合办学模式的重要目标之一是实现专业课程内容与职业标准之间的对接。为实现这一目标,需要建立校企双元合作的教材开发机制。根据产业技术水平和职业资格标准设计课程结构和内容,建立推动课程与产业技术同步的机制是产教深度融合办学模式的充分条件,要求专业具有稳定的社会需求和良好的发展前景,课程设置要符合专业人才培养的目标和职业属性,并对市场需求变化能快速反应。要实现专业课程内容与职业标准对接,首先要求高职院校在制定人才培养方案时不能闭门造车,而要充分利用企业资源优势。或者说,企业是人才培养方案制定的主要承担者,行业调查数据是人才培养方案的数据支撑。高职院校则要根据职业能力完成教学计划,最终形成一套完整的专业课程授课体系。此外,为了更好地实现专业课程内容与职业标准的对接,校企应共同开发双元合作的教材,以帮助学生更好地掌握职业能力。

三、创新校企一体化人才培养内容

(一)夯实校企一体化"三共"合作基础

高职院校应依据专业发展规划,制定建设方案,加强组织领导,优化建设团队,统筹全校力量,落实好建设责任人,建立起一套从上而下的建设体制,有力推进实施产教融合。签署校企合作协议、成立校企联合办公室、共同制定人才培养机制和人才培养标准、共建实习实训基地、共同实施"双师型"教师培养与实践等。要推动人才培养标准循序渐进,建立符合行业企业人才需求的标准,同时聚焦学校和企业实习实训基地和师资共享建设,落实相关管理政策、创造师资共享的理想环境,建立合作各方常态化沟通机制。

1. 共商人才培养标准

高职院校和企业共同制定人才培养标准建设是一体化人才培养的核心环节,具体涉及多个方面:共商专业规划、联合论证课程体系、共创工学一体学习模式、共同建设学习环境、共同打造管理平台、共享教学资源、共同评价学习绩效、共同建立保障机制等。重点在于企业、高职院校根据自身的能力和需求,做好人才培养的规划,积极参与一体化人才培养方案的制定实施、专业建设、教材开发与设计、教学资源的建设、师资队伍的培养、课程的设置与开发、实习实训基地的建设与使用等。在制定人才培养方案的过程中,校企双方需要不断更新、迭代新技术、新需求和新规范等,将行业新要求、职业新发展纳入教学内容。总之,在人才培养方案的制定和实施全过程中,要注重人才培养与行业企业需求对接、课程标准与职业资格标准对接、教学标准与产业标准对接、教学课程内容与职业岗位生产劳动对接等,推进人才培养标准全面落地。

2.共培"双师型"教师

2018 年出台的《中共中央、国务院关于全面深化新时代教师队伍建设改革的意见》提出,支持高水平学校和大中型企业共建双师型教师培养培训基地,建立高等学校、行业企业联合培养双师型教师的机制。校企协同培养"双师型"教师,要开拓一条专属于"双师型"教师技能技巧的长效进修之路,实现高职和企业之间的教学生产资源一体化,为教师队伍的培养创造良好的校企深度合作的氛围。校企一体化建设中,要坚持教师身份的互认,构建内容丰富、知识技能循序渐进、层次合理的"双师型"教师培养体系。在这样的模式下,对于学生的培养也可以实现由高职—企业层层递进,实现知识与技能的纵向贯通,减少知识技能的重叠,提高人才培养的质量和效益。

3.共建实习实训基地

共建共享模式是目前较为主流的合作模式,面对产业经济对高技能人才的需求,共建共享合作共赢是职业教育校企合作的共同选择,因此,校企共建共享的实习实训基地不仅要突出共建的特点,还要展现共享的模式。校企一体化的实习实训基地建设是围绕校企一体化人才培养标准的需求进行的,在实习实训基地的建设过程中要将企业文化、企业产品制造流程融入其中,与企业达成校企深度合作的模式。为便于实习实训基地的共享,可以实行严格的管理使用制度,定期开展使用培训交流会,企业、中职和高职互派人员进行参观和学习,提高实习实训基地的使用率;借助学校的人才、科技和数据信息等资源,结合企业的技术研发平台和产品运营从"消耗性"的实习实训转换为"盈利创收"的实习实训。同时,以校企合作共建共享的产教融合型实训基地为依托,打造集技术技能开发、社会培训服务、创新创业教育、国际交流合作等多功能于一体的综合性实训基地,以多种形式赋能实训基地建设。

(二)促进中高职企一体化"三互"功能实现

基于共生视角,校企一体化实质上是一项跨领域、多主体参与的系统工作,提高资源整合主体的内部协作能力从关注单一主体的发展转向关注多主体参与的功能实现,这是推进校企一体化建设协同治理的重要内容。借由政府部门发挥统筹作用,助推学校与企业技能的有效互培、文化的有效互融和资源的有效互补。"三互"目标的实现可依据校企一体化建设实践过程中展现出的特点进行探讨,形成全员全方位合力发展职业教育的良好环境,让企业自觉承担社会责任、加强责任意识形成,摒弃碎片化合作的弊端,明晰各参与主体的需求以达成资源整合的整体效益和优势最大化。

1. 推进技能互培

技能作为贯穿职业教育的主线,不仅是职校人才培养的重点,也是企业招聘职工的核心要求。校企一体化建设可按照岗位需求实现"技能递增,校企互培",从企业视角出发协商理顺技能养成逻辑、确定技能培养目标,根据不同阶段的技能要求,对学生进行分阶段校企共同培养,如由企业选派高技术技能员工到学校进行教学与实训,按照技能由简到难的教学规律,使学生逐步形成由基础到高级的技能。在此期间,学生的技术技能培养由校企双方组建的教学团队共同进行教学,采取产学结合、工学交替的模式实行校企共育。还可充分发挥高职院校在学科专业、人才、技术与高技能培训基地等方面的优势,对企业新员工、在职职员与转岗员工进行技能培训,提高企业技术与产品服务的人力资源支撑度。

2. 实现文化互融

文化是指导产教融合行为和日常交流互动的价值标准,是所有共同行为的出发点和归宿,也是维系产教融合可持续发展的灵魂。好的理念文化涵盖产教融合的发展使命、建设愿景以及核心价值观,包括目标的达成、团队的管理、技能的塑造、危机的处理以及创新的内核等,都植根于厚重的文化基石。从校企双方的视角审视,工匠精神和企业文化是两个最重要的维度,一方面有利于塑造内在的意志品质,另一方面有利于适应外部生存环境的变化。校企深度合作,文化是重要源泉,是助推产教融合、校企合作的重要因素。职业院校文化与企业文化是两种不同性质的文化,主要差异体现在价值取向,职业院校以人才培养为主要目的,关注以人为本;企业则以盈利创收为主要目的,关注经济价值。尽管存在差异,但技术文化和地域特色文化是两者的契合点,校企文化融合是展现特色学徒制的重要落脚点,也是培养现代企业文化的自觉需要。通过校企在文化层面上的深度融合,提升学生对于企业文化的认同感,提升职教的文化自信,为企业的经济价值本位带来人文情怀,为职业院校的"以人为本"注入经济考量。借用技术文化以技术为本体的特征,通过文化的融合,在一定范围内形成统一认识、规范和固定行为方式,通过技术文化引领学生感受企业文化,打通学校文化与企业文化之间的隔阂,结合地域文化营造良好的校园环境与合作氛围。同时通过校企之间的长期交流合作,以文化为融合手段,还能将彼此之间的差异有效整合一体,形成教育品牌创新的独特性和适应性。

首先,将工匠精神融入高职教育"立德树人"根本目标,培养学生的爱国情怀。"立德树人"这一根本目标就是要培养学生拥有远大的职业理想和高尚的职业品格,使学生意识到自己的职业未来与国家前途命运紧密相连,从而培养德智体美劳全面发展的高素质技能型人才。而工匠精神与"立德树人"的教育目标不谋而合:工匠精神就是要塑造学生精益求精追求完美的职业素养和为建设国家奉献的爱国情怀,直接体现"立德"的题中应有之义;工匠或匠人就是高职教育服务制造强国"三步走"战略的人才培养目标,是德智体美劳全面发展的社会主义建设者和接班人在高职教育视域下的直观体现(王旭等,2021)。与此同时,要加强企业参与,把企业的实际需求作为高职院校培育学生工匠精神的重要基础,结合高职院校人才培养计划与企业达成合作,企业为学校提供生产实训基地和专业技术人才支持,深度参与高职院校学生工匠精神培养,不断锻造学生的匠心、匠德、匠才,使培养出的人才更符合企业发展需求。

其次,将企业文化融入高职教育全过程,重塑学生严谨求实的价值观念。大部分高职院校学生在走上真正工作岗位之前都存在动手实践能力不足和理论实践脱节的状况,主要原因在于习惯了被动接受、知识体系陈旧、缺乏对外界变化的应对能力,在真实的工作情境中难以胜任工作。主动工作学习的意识在企业文化中占据重要地位,基于真实工作过程培养学生变被动为主动的学习意识尤为重要。企业文化基本要素主要包括敬业精神、团队精神、质量意识、服务态度、合作能力、风险承受能力等,让职业精神和企业文化相融,并渗透于教学环节中,实现校园、课堂企业化,让学生提前了解并适应工作环境,使其更具就业竞争力。在此基础上,逐步强化高职教育与企业文化的融合,阶段性带领学生深入参与企业工作任务,有利于培养工作能力强、职业素质高的技能型人才。

3.深化资源互补

学校与行业企业开展深度合作,实现资源上的互补,是校企一体化人才培养的有效扩充。职业院校寻求企业资源的支持与补充,有助于弥补校内资源的不足;企业通过推进产教深度融合,提高校企人才培养与地方产业发展的契合度,可减少两者不相衔接所造成的资源损耗,节省人才培养成本。人力资源的互补体现在学校教师和企业高技能技工的合作相长,两者在师资培训、员工全生命周期培训等方面实现交流共享,从而解决职业教育培训经费不足、职业员工深造持续发展的问题。物质资源的互补体现在先进设备、生产环境和创新机制等方面的共建共享,以解决学校实习实训设备设施经费投入不足的问题。深化合作能有效解决学生—学徒—员工之间身份转换过程中的资源浪费问题,通过提供现实的技能培训场所,提前让学生接触真实工作环境,接触工作设备,减少员工在正式参与工作时人力培训和资源训练方面的浪费。

(三)强化校企一体化"三创"育人过程

1.创新一体化培养模式

校企一体化作为一种教育类型,有着不同于普通教育的优势,它强调人才的实用技能,是一种融合技术性和学术性的创新型人才培养模式,有效地弥补了传统高等教育重理论轻实践、重学术轻实用的缺点,符合当代技术经济发展的需要。技术技能人才培养的过程具有整体连贯性,从个体发展的角度看,人的发展贯穿生命的整个周期,教育应围绕人的连续发展而进行,服务个体终身发展的需要;从技能形成的角度看,专业技能的形成离不开长期的反复实践与练习,是一个从浅到深、由低到高、由简入繁的螺旋式上升过程。校企一体化人才培养不仅是为了实现岗位标准与课程标准对接、教学过程与生产过程对接,还在于从技术技能人才培养的整体性出发实现工学结合、贯通培养,立足于技能人才成长的全生命周期,实现课程、教学、管理、师资的无缝衔接。转变实体化运行的校企衔接观,需要在校企一体化人才培养实践中进一步明确一体化人才培养的内涵,以强化内涵式衔接为根本行为准则,不断完善校企一体化人才培养的顶层设计,切实推进现代学徒制、订单班、现场工程师等模式一体化招生、一体化课程与教学及一体化管理等工作的开展。

2.创建一体化课程体系

扎根于行业企业发展和职业教育体系育人的双重需求,在课程体系构建上适应社会经济发展和学生可持续全面发展需要,开发体现中国特色学徒制等特征的校企一体化课程体系。在创新原则上,一体化课程的开发与设计要遵循人才培养和技能掌握循序渐进的原则,课程的开发要结合教研体系展开,将课程分为螺旋式上升的三个层级,避免在课程内容上出现脱节,要在课程(功能)上实现无缝衔接。按照工学结合、理实一体进阶的模式,帮助学习者按照"无意识无技能—有意识无技能—有意识有技能—无意识有技能"阶段成长,界定技能学段的定位和标准,促进学习者成为高素质技能人才。

在设计目标上,按照不同层次培养定位和目标,整体设计开发校企一体化课程。在课程目标的制定上既要有总目标也要有阶段性的目标,在课程目标中要有对阶段性课程内容的具体描述,各阶段的课程目标既要做到相对独立也要体现阶段性目标的相互联系。在课程类型上分为理论知识课程、专业技能操作课程、实习实训实践课程;在课程难度上按照难易程度,由浅至深逐渐递增;在技能教授培训上,由单一到复合,由教师教授到自主实操。

在服务面向上,校企一体化课程应突出学校专业特色优势,结合企业的产业需求,形成产业链需求和学校特色优势紧密对接,突出创新性、实用性、实践性和可持续发展性的特点。在创新性上,校企一体化课程需要将科学研究和项目开发的新进展、新成果、企业行业的新需求纳入课程体系,最大限度地适应经济社会的发展和行业企业的进步需要。在实用性上,应具备能使学生运用所学知识解决实际问题的实用价值,将知识能力、技术技能进行整体融合,学有所用,培养既有坚实知识基础,又有熟练技术技能的人才。在实践性上,突出实践教学,展现职业教育特色,强化实践教学在行业企业的真实应用场景或利用 VR、AR 授课,让学生提前适应岗位环境。在可持续发展性上,课程内容、模式和体系不应是一成不变的,要反映当前社会的前沿性和时代性,适应产业升级、技术变革的进步,符合环境的需要。

3.创立一体化管理制度

校企一体化制度的建设必须以科学发展观为指导,结合自身特点和规律,坚持外延发展与内涵发展相统一,发展规模和发展效益相同步的原则,对办学理念、规模、师资水平、管理方式等方面的制度进行全面建设和提升,实现校企一体化办学全面、协调、合理和可持续发展。校企深度融合是校企一体化办学的首要条件和基本表现,创建校企一体化制度的核心目标是深化校企融合。校企一体化涉及政府、学校、企业的权利、责任和义务,因此关键要转变相互分割的职业教育办学观,打破职业教育管理体制中的部门壁垒,协调学校与企业之间的利益诉求。

一是管理组织层面,整合企业与院校相关管理部门的职权,成立一个具有权威性与统筹协调能力的校企一体化人才培养管理部门,组建专门工作小组,制定、执行、完善校企一体化人才培养改革相关制度,在人才培养方案制定、课程开展、教材选用、学生管理及师资队伍管理等方面,根据培养目标、实施情况和参与各方的实际需求进行制度设计和调整。二是办学实施层面,要建立标准制度,加快研发省级校企一体化人才培养相关标准,为各校企一体化课程设置、教学开展以及评价考核提供基准线;建立动态监督与评估制度,成立专门工作小组定期跟进校企一体化人才培养工作落实情况,重点评估院校在课程、教学、管理、考核、师资等方面的衔接情况,并根据实际情况制定后续的指导与支持方案,不断推进校企人才培养全过程的衔接。

四、构建产教深度融合体制机制

职业教育产教融合机制尚面临困难,主要表现在一部分职业院校盲目追求热点,脱离自身资源和办学条件,缺乏对行业企业实际所需人才的深入调研,以至于校企合作层次不高,多数还处在纸上谈兵层面,或者流于形式(洪娟、黄亚宇,2020)。目前主要面临职业教育管理体制不够通畅、产教融合育人机制不够健全、产教融合保障机制有待完善、产教融合动力机制不够清晰等问题,针对上述四个方面问题,本书提出以下相关破解体制机制瓶颈的实现路径。

首先,理顺职业教育统一协调管理体制。明确政府、行业、企业、院校各方主体的责任边界,是保证各主体行之有效、行之有力的基础。为了统一协调管理,需要进一步明确教育部门与人力资源社会保障部门的职权范围,适时统筹/兼并部门间相关职能,尽早出台国家职业教育资历框架体系,加快学历证书与职业技能等级证书的互通衔接,基于标准化制度体系激励企业切实参与合作课程开发、实践流程指导和工作过程系统化实施过程,在此基础上强化行业组织的监督指导作用,保障职业教育校企命运共同体的健康发展。

其次,建立职业教育产教融合育人机制。一是完善利益分配制度,充分考虑校企双方的资源投入、风险承担和利润分配情况,建立指导性实施细则,建立利益分配动态化调整机制;二是完善协同育人培养机制,根据企业岗位技能需求优化教学内容、改革教学模式、改进教学方法并完善教学评估流程等,结合企业生产过程中的新理念、新技术、新方法,不断修订完善联合培养方案;三是创新校企合作育人模式,探索企业学区、企业办学、产业园区科教城集团等办学模式,实现从学校到园区、从车间到校园、从专业到产业的厂校合一、人员同训、设备共享的深度合作模式。还可以通过校企合作创建产学研一体化二级学院或地方研究院,促进多学科交叉融合。

再次,完善高职院校产教融合的保障体系。一是加强政府宏观政策统筹,加大金融、投资、财税、土地、信用等政策支持力度,健全组合式激励政策体系,通过制度保障提高各主体参与产教融合积极性。二是建立产教融合协调监督部门,建立权利保障制度,实行职责权利的问责制,还可通过将产教融合纳入法律法规等方式,保障职业教育产教融合的顺利开展(洪娟、黄亚宇,2020)。三是建立科学合理的督导评价体系,以项目为载体开展校企合作顶层规划,从合作项目的成效、推广,到学生综合素质的提升等方面,制定全面、合理、科学的评估指标体系和评价标准,确保校企合作效果可量化、可测量,进而形成闭环反馈机制。

最后,健全职业教育产教融合的动力机制。在职业教育产教融合的系统工程实施过程中,各种动力因素以及主客体相互作用,共同形成驱动系统运行的动力机制。一是校企主体关系方面,要充分发挥技能人才供需这一关键变量,激发企业组织生态活力,采用订单班、学徒制等培养方式,使学生深入企业车间和工作场所,盘活土地、人力、资金等各项资源要素;二是创新驱动发展方面,有效整合先进的数字化技术手段,建设一批仿真实训基地和共享技术服务平台,将虚拟仿真教学有效融入理实一体化实践流程,注重数字孪生等新兴技术的创新研发,发挥数字化技术的放大和倍增作用。

第三节　行业产教融合共同体的建设路径

2019 年,国务院印发的《国家职业教育改革实施方案》明确提出要"推动职业院校和行业企业形成命运共同体"。2022 年底,中共中央办公厅和国务院办公厅联合印发了《关于深化现代职业教育体系建设改革的意见》,将"打造行业产教融合共同体"明确列为三大战略任务之一,行业产教融合共同体将成为在更多大学、职业院校,全国更广层面推进产教深度融合的主要模式。行业产教融合共同体建设既是教育政策,也是产业发展举措,其核心在于推进教育资源与重大产业布局战略的匹配,本节将基于价值共识、责任共担、利益共享、人才共育的理念思路,基于产教融合的动力机制与实现路径方法,提出政、行、企、校多元主体基于一定的价值认同与战略共识,以协同育人和互利共赢为纽带的产教融合共同体建设路径。

一、行业产教融合共同体建设原则

针对行业产教融合共同体实际建设中遇到的体制困局、利益诉求困境和运行堵点,提出四大原则:统筹部署、协调推动,问题导向、整体联动,双向沟通、多元互动和项目承载、利益驱动。这些原则共同构成了共同体建设的基石和核心动力。通过政府指导、行业和学校主导作用相结合,协调各方合作,解决实际问题,整合资源,搭建信息平台,促进多元主体间的双向沟通,以项目为载体实现共同利益,共同体建设能够稳健推进,实现产业与教育深度融合。

(一)统筹部署、协调推动

坚持政府主导,发挥市场作用,形成各方协同共进的工作格局。在一项运用熵值法、耦合协调度模型和空间自相关分析对省级单位进行产教融合发展水平测度的研究中,浙江省居于领先地位,在产教融合共同体建设中具有独特的政策引领和协调优势。首先,政府发挥主导作用,为共同体建设提供全程式协调推动,并制定相应的支持政策。同时,产教融合的重要原则是"以城市试点为基础,突出城企校联动",浙江更能发挥城市综合承载改革功能,推动城企校联动,统筹开展行业、企业试点,形成全省统筹、跨界整合、跨区域联合的产教融合发展格局。其次,要压实行业主管部门和行业组织参与职业教育的责任。《建设产教融合型企业实施办法(试行)》提出,省级发展改革、教育行政部门组织行业主管部门和行业组织等有关方面,对辖区内申报产教融合型企业进行复核,为行业主管部门指导制定产教融合共同体建设方案,并全程式协调推动其实施提供契机。作为行业的主管和领导者,行业主管部门应发挥协调推动和公共服务职能,研究制定支持政策,设计引导项目,并搭建信息平台,协调解决产教对接中的堵点和难点问题。其使命在于确保产教融合共同体建设与行业发展密切衔接,为共同体提供行业发展的方向性指导和政策支持。最后,产教融合共同体建设需要多元参与。对学校而言,产教融合的需求在于加强区域统筹,必须吸引政府、行业、企业等多主体参与构建产教融合共同体,探索混合所有制,在资源整合、资金分配、政策导向等层面鼓励大胆尝试、小心求证,摆脱职业教育体制的束缚,形成多元办学的格局,增强职业教育的办学活力。由政府、行业主管部门、高水平大学、职业院校以及领军企业、骨干企业共同牵头,吸纳产业行业领域职业院校、研究院所、重点企业和社会组织等各方参与其中,既体现共同体的开放性和包容性,也促进各方的资源共享和协同创新,形成产教融合共同体的建设合力。

(二)问题导向、整体联动

问题是事物矛盾的表现形式,坚持问题导向则是化解矛盾的关键突破口。产教融合共同体建设要紧紧围绕解决问题,推动教育体制和产业机制的改革。通过集中力量破除体制障碍、领域界限、政策壁垒,成为推动改革先行的实践先锋。建设重点关注行业企业改革落地的"最后一公里",切实将改革思路与行动相结合,确保相关政策制度和机制的有效贯彻。在推动教育体制和产业机制深度融合的同时,也要全面整合产教资源,围绕行业产业链的关键环节,联合开展产教布局优化、急需人才培养和短板技术攻关等一系列关键任务,降低制度性交易成本,推动实现产教全要素深度融合。当区域试点成功后,主动与其他地区开展合作,从试验项目转向大规模推广与跨界链接,强化职业教育产教融合的实体运行,扩大规模效应和示范效应,形成"主体牵引、连片发展"的共建共享共进的全生态合作模式。整体联动,不仅能够加强产业和教育的互补性,而且能够形成全链条的支持,推动行业的创新发展和高质量增长。

(三)双向沟通、多元互动

各省在深化产教融合的实践中,建立了各类双向交流协作共同体,一方面是职业教育内部实现多层次的纵向贯通交流阶梯;另一方面是加强多元参与主体的信息交流,产教双方可以实现获取信息、技术、资源和反馈意见的横向融通交流桥梁。因此,为了加强产教融合共同体的运作和沟通,搭建产教融合综合性信息平台,通过整合产业信息、教育信息以及共同体内各主体的供给和需求信息,实现多元主体之间的实时互动,促进各主体之间的沟通和合作,提高资源利用效率;通过制定信息共享政策,鼓励各主体主动分享相关信息,同时确保信息的安全和保密。共同体成员将受益于获得更全面、及时的信息,有利于及时调整产教融合计划,适应行业发展变化。双向交流协作共同体的建设不仅有助于提高信息的透明度和共享度,促进共同体内外各主体之间的合作和协同作战,而且能吸纳高水平大学、职业院校以及领军企业和骨干企业等参与共同体建设,形成产教融合的良好合作局面和协同共进的工作格局,从而更好地支持产教融合共同体的运行和发展。

(四)项目承载、利益驱动

经济效益或利益共享是影响产教深度融合的关键变量,教育链能否与产业链有效衔接,形成协同育人合力,关键就在于能不能形成有利于经济效益提升的利益共同体。有了现实利益的驱动,多方合作才能形成长效机制。因此,行业产教融合共同体的有效运行以及持续发展需要相应的利益驱动体系支持。围绕专业建设、人才培养、职业培训、技术创新等方面,开发设计一系列产教对接项目,并为校企合作项目提供多元支持与服务,促进校企利益共同体平台建设。通过项目实施,使行业产教融合共同体成员得到实质性的回报和成果,进一步推动共同体的发展和壮大。同时,建立项目评估机制,对项目的实施效果定期进行绩效评估,确保项目开展的有效性和可持续性。鼓励政府和行业企业为产教融合项目提供资金支持和技术支持,使优质的项目得到更多支持和资源,确保其顺利推进。2023 年,国家发展改革委等八部门印发的《职业教育产教融合赋能提升行动实施方案(2023—2025 年)》提出,到 2025 年,国家产教融合试点城市达到 50 个左右,试点城市的突破和引领带动作用充分发挥,在全国建设培育 1 万家以上产教融合型企业,产教融合型企业制度和组合式激励政策体系健全完善,各类资金渠道对职业教育投入稳步提升,产业需求更好融入人才培养全过程,逐步形成教育和产业统筹融合、良性互动的发展格局。在项目牵引的同时,加大产学研合作项目推进力度,鼓励学生参与实践项目,提高学生的实践能力和创新意识,促进学校与企业之间的深度合作。在以项目为驱动的行业产教融合共同体建设中,坚持有序推进、力求实效,根据项目成熟程度,分期开展建设试点,不搞平衡照顾,防止形成政策洼地,确保各主体在共同体中的实质性参与,为共同体的可持续发展提供坚实的基础。

二、行业产教融合共同体建设路径

高职院校培养的技术技能人才直接服务产业一线,与经济社会的联系最为紧密,是支撑产业转型升级的关键,在产业链上实际发挥着"稳定器"与"推进器"的作用。因此,行业产教融合共同体建设必须精准定位,根据行业布局和特点,坚持市场化、社会化导向,深度适应社会转型,深度匹配产业升级,健全产教深度融合的政策制定、制度供给。

(一)校企同行,构建多元共建、协同发力的共同体

在行业产教融合共同体建设中,确定发展方向与重点领域是至关重要的一环。综合分析行业发展和职业学校的优势专业,可以更好地确定产教融合共同体的发展方向,并结合跨区域合作网络的构建,进一步完善共同体的规划和战略布局。瞄准战略性新兴产业与先进制造业发展战略,以培养造就一支素质优良的知识型、技能型、创新型劳动者大军为目标,依托科技创新团队和

应用技术协同创新中心，充分发挥优势专业作用，加快目标导向的核心技术突破。要实现这样的目标，高职院校在建立行业产教融合共同体时，应联合高水平大学、其他中职和高职院校等教育机构参与共同体建设。高水平大学拥有丰富的师资力量和先进的科研设施，这对产学研用的深度融合起到了至关重要的作用，同时也为共同体的创新能力提升提供了坚实的支撑。在科研方面，高水平大学聚集了众多优秀的科研人才，涵盖了各个领域的专业知识。它们在科学研究中积累了丰富的经验和知识，并取得了许多具有重要影响的科研成果。与这些高水平大学的合作，使行业产教融合共同体能够深度融合科学研究成果，将先进的科学技术运用于实际产业中，推动产业的升级和发展。在人才培养方面，高水平大学注重培养学生的创新思维和实践能力，强调理论与实践相结合，注重学生的实践锻炼和职业素养培养。通过与高水平大学的合作，共同体的学生能够接受更加全面和深入的教育，能够获得更高质量的人才培养，这有助于提高整个共同体的人才素质。相较于高水平大学，其他职业院校在职业技能教育方面有着独特的优势。这些院校注重学生的实际操作能力和职业技能培养，培养了大量的高素质技能型人才。中职学校和高职学校应紧密合作，建立资源共享的合作机制。中职学校作为学生的初级教育阶段，与高职学校建立联动机制，确保学生学业的顺利过渡。高职学校可以为中职学校提供教师培训、课程资源等支持，促进中职教育水平的提高。与其他职业院校的合作使行业产教融合共同体能够实现资源共享和优势互补。在教育教学资源方面，职业院校注重教育教学的实际操作，为学生提供更多实践锻炼的机会。共同体的学生可以通过与这些职业院校的合作，获得更加丰富的实践经验，提高职业技能水平。在地方企业方面，职业院校与他们有着紧密的联系，对地方产业的需求和发展有着深入了解。合作共同体可以更好地了解行业的需求，调整教学内容和方向，培养更加适应行业发展的人才。

产业企业是行业产教融合共同体建设的关键要素，仅有几家代表性企业的参与是微不足道的，需要大量产业链上下游企业的共同参与才能卓有成效。在技术研发方面，龙头企业有着丰富经验，掌握许多核心技术。通过与这些企业的合作，共同体可以获取最新的科技成果，应用于产业发展中，将科研成果转化为实际产品，实现产学研用的深度融合。在市场运作方面，各类中小微型企业随时响应市场动态,对产品的推广和销售有着丰富的经验。与这些企业的合作,共同体可以更好地将产品推向市场,提高产教融合的企业参与度。

科研机构在技术研发和创新方面具有独特优势,他们通常致力于前沿科学问题的研究和解决。与科研机构的合作,可以推动科技成果转化,助力行业的科技创新。在科学研究方面,科研机构不仅拥有一流的科研设施和优秀的科研人才,还有着丰富的经验和资源。通过与这些机构的合作,共同体可以更好地获取最新的科研成果,应用于产业发展中。在技术转化和产业化方面,科研机构了解科研成果的转化路径,了解技术产业化的过程。与这些机构的合作,更能系统提升行业产教融合共同体的科技创新能力及开展技术、产品研发的基础能力。

(二)完善机制,营造多方共赢、共促创新的建设环境

协同学认为,环境激励是系统有序发展的外部条件。行业产教融合共同体要系统、可持续发展,就要优化建设环境,要推动政府、行业企业、职业院校等多元主体真正参与管理和重大决策部署。这需要从管理模式、信息沟通、利益共享等方面进行系统谋划,通过完善机制破除产教融合"两张皮"痼疾,建立多方共赢、共促创新的协作生态。

要建立组织结构科学合理、运作行之有效的理事会,完善行业产教融合共同体理事会章程,有助于集聚社会资源,促进共同体为政府、行业企业、学校服务。在整个共同体建设过程中,专业层面的组建也是不可或缺的。可以成立专业群建设理事会,由二级学院业务主管负责人、行业专家、合作企业代表、专业带头人以及骨干教师组成。理事会的设立为共同体的多元主体提供了参与和发声的机会,使各方在共同体管理和人才培养中能够实现更高程度的共谋共建。行业专家和合作企业代表的参与,将为专业教育提供实践导向和行业需求,使专业培养与产业需求更加紧密结合,增强学生就业竞争力。同时,理事会也能够为学校提供更多的资源支持,促进资源的共享与整合。通过共同参与决策,各主体能够更加了解学校的需求和发展方向,积极为学校提供支持和帮助,推动学校的科学管理和健康发展。在实际运作中,理事会可以制定章程,明确各方的权责,规范理事会的运作,确保其高效地发挥作用。理事会的

成员由各方共同推选产生,确保代表性和公平性,实现多元主体的共同参与。

《国务院办公厅关于深化产教融合的若干意见》指出,要"充分调动企业参与产教融合的积极性和主动性,强化政策引导,鼓励先行先试,促进供需对接和流程再造,构建校企合作长效机制"。从利益共同体的角度来看,行业产教融合共同体要建立常态化、稳定互惠的合作机制。首先,需要明确各成员的角色定位和职责分工。在行业产教融合共同体中,不同成员承担着不同的职责和任务,包括高水平大学的科研和人才培养、职业院校的职业技能培训、行业龙头企业的产业创新等。明确各成员的职责和权限,有利于确保各项工作有序进行,避免冲突和重复投入。其次,建立合作机制需要强化沟通和协调机制。行业产教融合共同体由多个成员组成,各成员之间有可能因为利益差异、资源分配等问题产生摩擦。因此,建立有效的沟通和协调机制,是解决问题、促进共同体良性发展的关键。可以通过定期召开联席会议、成立专门的工作组等方式,促进成员之间的交流与沟通,及时解决问题和难题。合作机制的建立可以有效协调各成员的利益诉求,明确各自的职责与权限,形成紧密配合、高效运转的共同体运行模式。

新时代职业教育产教融合制度化需要转变互动合作机制,建立由政府部门主导的校企合作供需双向对接服务平台,从层级传递转向平行传递与网式合作,提升产教融合的有效性。通过该平台可以及时了解各成员的工作进展、项目情况、人才需求等信息,为决策提供科学依据,推动共同体的合作与创新。信息共享平台可以采用现代信息技术手段,如建立在线信息平台、数据共享平台等,实现实时信息传递和共享,还可以引导行业产教融合共同体通过定期发布信息通报、组织交流研讨会等方式在建设培育各阶段总结经验,促进各主体研讨交流和借鉴,优势互补,不断完善管理模式与合作机制。通过这些沟通平台,不同成员可以深入交流,分享经验和技术,相互学习,促进合作共赢。

此外,无论何种类型的企业参与合作,多以获取技术进步、商业收益为主要目标,这是成长期企业参与产教融合尤为强烈的利益需求。因此,各建设主体可以在共建平台上开展科技创新与应用转化等研发合作,构建研发导向、协同攻关、开放共享的科研合作运行机制,打造行业产教融合研发共同体。通过协同创新,将创新要素融入产业链,把高职院校科研人才的创新能力、创新成果以及培养人才的技术应用能力、产品开发能力转化为行业企业发展的现实推动力，形成促进产业转型升级和创新发展的驱动力。与之相对，行业、企业与高职教育协同创新，将创新要素和需求要素融入教育链，把产业最新发展趋势、动态信息、技术进步、工艺流程改造、产品研发、人才需求等转化为高职教育的创新资源和动力。这种协同创新机制双向整合、互相激励、协同推进，形成以创新为核心的价值链，使职业院校、行业和企业都能够有效解决各自发展中的难题，并增强行业产教融合共同体建设的内生动力。

（三）服务发展，发挥联合培养、协同育人的支撑作用

行业产教融合共同体作为"政府—产业—学校—社会组织"相融合的创新共同体，通过产教融合促进产业与教育资源跨界整合优化，实现生产要素跨界交换交易，满足产业和教育发展的双重需要。其重要作用就是提高教育供给侧和产业需求侧的要素整合能力和协同育人能力。通过促进校企共同制定人才培养方案，共同开展人才培养实践，切实培养一批高素质技术技能人才，形成人才供应链。

首先，技术技能人才供给侧结构性失衡与技术技能的错配制约着产业结构的优化升级和行业企业参与市场竞争的能力，影响着职业学校的社会吸引力与声誉。因此，设计人才培养方案需要全面"引企入校""引研入校"，提升教学研产一体化程度，为企业深度定制人才培养方案，通过与行业龙头企业、科研机构、政府相关部门等进行广泛的沟通与交流，收集行业需求的实时信息，了解行业的发展趋势、技术创新、人才需求等方面的信息，帮助共同体对人才培养目标有更清晰的认识。同时，也要关注国家政策和法规的发展，课程是行业产教融合共同体进行人才培养的载体。在确定专业人才培养目标定位和人才培养模式后，要以1＋X证书制度为抓手、以职业能力为导向，按照"岗位导向、课程融通、赛教一体"的教学思路，遵循"以生为本、以德为先，能力为重"的设计理念构建专业课程体系。教学组织过程中聚焦"德能并育"，从"课前探—课中做—课后拓"三个环节出发，课中做学采用引案例—析原理—重演练—评技能四步渐进式教学策略，借助教学平台和实训平台进行在线测试，即时反馈、作业巩固、考试检验等信息化技术能够激发学生学习潜能，实现教学深度

互动。

其次,为更好地发挥行业产教融合共同体的育人作用,要充实师资队伍,提升整体实力。高职院校要积极创造条件,助力教师专业化成长,促进"双师型"教师高质量发展。实施教师学历提升计划,引导和支持一批优秀教师重返校园持续深造,系统培养教师职业素养;实施"双师双能"培养计划,完善教师企业实践机制,加强对教师职业能力的培养培训,引导和支持教师定期轮训。同时,教师还可以与企业技术人员、专家学者等进行深入交流,借鉴先进的教学理念和实践经验,提高自身的教学水平。实施培养培训研修计划,支持共同体成员积极参加行业相关培养培训项目,选派一定比例成员前往高水平共同体、高水平高职院校、高水平大学或研究机构进行访学。培养计划可以包括行业知识和专业技术更新、教学方法改进、教学理念培养等内容。举办教师培训和交流活动是加强师资培养与交流的重要举措。共同体可以定期组织教师培训和学术交流活动,邀请行业专家、学者和企业代表等进行专题讲座和研讨会,让教师了解行业的最新发展动态和前沿技术,拓宽视野,激发教学创新。除此之外,行业产教融合共同体建设是一个长期、动态的过程。从教师规范管理和长远发展的角度,有必要建立健全行业产教融合共同体教师遴选培养制度,明确职业发展路径,规划专业发展方向,建立人才发展梯队,对优秀教师加大培养力度,动态调整共同体成员。基于教师教学创新团队成员类型多元、来源多样、梯队发展的情况,高职院校必须进行分类评价改革,弹性设置不同梯队的专业技术职务评审条件,结合教师专业成长和团队建设发展,在科研立项、职称评审、评奖评优等方面给予适当倾斜,激励团队成员将团队建设任务与教师个人职业发展目标有机结合起来,激发教师教学创新团队成员的最大潜能。当高职院校教师教学创新团队运行到一定阶段时,其共同体特征逐渐显露。产业、行业、企业与高职院校进行全方位合作,共同进行教育教学、校企合作、社会服务,实现共建、共享、共用。

最后,实训实习基地是职业院校培养企业所需专业技术人才的主要空间阵地。针对产教融合协同育人存在的实践教学与工程实践融合不足问题,行业产教融合共同体本着资源共享、优势互补、共同发展的原则,建设和完善"理实一体、产训合一、虚实互补、开放共享"的实训平台和专业实习实训基地。一方面,高职院校要通过提升自身造血功能,多渠道筹措办学经费,建设和改造先进便捷的设施设备、实训基地等硬件资源,为学生的实验、生产性实训等实践教学提供真实环境,开展工学结合、顶岗实习等教育活动,培养高层次技术技能人才;另一方面,企业拥有先进的设备、工具和技术,可以为产教融合型实训基地提供必要的资源设施,也可以借助行业产教融合共同体资源,协同开发智能化、数字化的先进技术标准课程资源库、培训资源库和职业标准体系,组织开展在职人员培训,形成校企互相支撑、共同发展的利益共同体。对政府而言,可以积极调动各种社会资源,多方筹集建设资金,拨入实训基地专项建设经费;也可以出台相关政策鼓励企业提供与产业转型升级相适应的生产设备,保证实训基地设备的及时更新。

在实训基地中,学生可以进行模拟操作、实际应用等实践活动,从而增强他们的实践能力和专业素养;也可以在真实的工作环境中参与实际项目和工作任务,了解行业运作,锻炼解决问题的能力,培养团队合作精神。实习期间,学生还可以与企业的专业人员进行互动交流,学习他们的工作经验和专业知识,拓宽自己的视野。实习基地的建设不仅为学生提供了实践机会,还为企业输送了优秀人才,形成了互利共赢的合作关系。通过建立实训基地,行业产教融合共同体可以实现理论与实践的有机结合,使学生能够在实践中巩固和应用所学的理论知识。为了保证实训基地和实习基地的质量和效果,行业产教融合共同体需要建立有效的合作机制和管理体系。合作方应明确各自的职责和义务,制定详细的合作方案,明确资源投入、管理和使用等方面的规定。共同体可以设立专门的管理机构或工作组,负责实训基地和实习基地的规划、建设和运营管理,确保其能够为学生提供良好的实践环境和机会。

(四)多元评价,形成成果导向、多维立体的评价体系

建立成果导向、多维立体的多元评价体系能够推动行业产教融合共同体的良性运转,及时发现与解决共同体问题,有效提升建设成效。首先,要围绕共同体建设多层次的立体质量跟踪评价体系。既要关注共同体整体运行现状与建设成果,又要分类、分层次进行具体的过程性评价。其次,要根据共同体实际情况建设个性化评价指标体系。共同体的建设和运行不仅依赖资源、政

策、平台等外部环境的支持,还离不开课程开发、实习实训、技术研发、成果转化、师资培养、社会服务等内部基本要素的支撑。因此,设计评价体系既要根据共同体的组织保障设计科学指标体系框架,又要细化各类指标,将定量评价和定性评价相结合,增强评价体系的准确性和针对性。最后,目前,针对行业产教融合共同体,应成立政府与第三方行业组织的监管机制,发挥好校内理事会的监管作用。可以引入以行业组织为代表的第三方评价机构,充分发挥校内理事会的监督功能,并根据理事会的目标、责任,适度参与对行业产教融合共同体产教对接项目的全过程监管。第三方行业组织独立于共同体之外,可以提供优质的资源,可将外部资源和外部信息与共同体各主体共享,使其精准对接行业需求,加速信息资源在系统内部的循环。同时,共同体各主体间的信息不对称能通过第三方行业组织进行有效的沟通和协调,减少因为信息不对称造成的误差,使共同体各主体融合作用发挥更加充分。通过定期进行数据收集和分析,可以掌握共同体成员的参与情况、项目进展、人才培养成果等信息,有助于及时发现问题、优化决策、提高效率,从而保障共同体的持续发展和高效运行。通过对共同体建设进展的定期监管和评价,可以及时发现并弥补存在的短板和不足,推动共同体不断优化其运作模式,从而提高整体绩效和效率。同时,评估结果还可以为各成员提供指导意见,促进其在产教融合过程中发挥更大的作用,实现优势互补,推动共同体向着更高水平发展。科学的评价体系要考虑到对建设过程整体运行情况、建设全流程的监督指导。

　　本书通过对国内关于行业产教融合共同体政策文件的梳理分析,认为行业产教融合共同体评价应着眼于以下几个方面:一是共同体建设规划与机制方面,关注建设理念与目标、规划与计划、实体化运行机制、产教供需对接机制、保障机制等指标;二是共同体建设做法与创新方面,关注共同体结构、联合开展人才培养、共建"一平台三基地"、协同开展技术攻关、有组织开发教学资源、技术技能人员培训等指标;三是共同体建设成果与推广方面,关注产教资源整合成效、产教供需对接成果质量、人才培养成效、技术协同攻关成效、有组织开发教学资源、共同体建设成果凝练与宣传推广等指标。基于上述指标选取与建构原则,构建了 3 个一级指标、17 个二级指标、54 个观测点的行业产教融合共同体评价指标体系(见表 7-1)。

表 7-1　行业产教融合共同体评价指标体系

一级指标	二级指标	观测点	内涵要求
A1.共同体建设规划与机制	B1理念与目标	C1.建设理念	按照共同体建设要求,坚持政行企校协同,坚持开放、共享、协同、共赢的建设理念
		C2.建设定位与目标	共同体建设定位于整合行业优质资源,匹配行业需求与教育供给,提供充分高效的技术、人才支撑;共同体建设目标明确合理、任务分解清晰,能够做到有效促进产教布局高度匹配、服务高效对接、支撑全行业发展,为其他行业共同体建设提供成熟的经验和示范
	B2.规划与计划	C3.规划发展	共同体建设有规划、有目标、有计划、有措施、有总结。规划体现《行业产教融合共同体建设指南》要求,体现示范引领要求
		C4.共同体建设方案	制定了共同体章程和分阶段推进实施方案,方案具体可行,贯穿共同体建设全过程,有效促进了共同体发展
		C5.共同体建设质量提升方案	制定了共同体建设质量提升方案,广泛发展国内外产业链相关重点企业、国内外高水平大学、全国相关专业职业院校,集聚一批行业高端人才,产出一批产学研用协同创新成果,全面打造共同体标杆、示范
	B3.实体化运行机制	C6.领导小组	共同体要建立领导小组(理事会或董事会),商定建设方案,召开成立大会,审议通过共同体章程
		C7.规范组织架构	明确共同体组织架构和职责分工,坚持顶层设计、高效运作,实现灵活高效运转
		C8.共同体人员优质化	要配备数量充足、结构合理的专兼职人员,负责日常工作

一级指标	二级指标	观测点	内涵要求
A1.共同体建设规划与机制	B4.产教供需对接机制	C9.组织工作专班	共同体每年要组织工作专班,通过政策研究、调查问卷、走访调研、大数据分析等多种形式,开展对行业发展趋势、人才需求情况等的调研,指导相关学校和职业培训机构开展工作,促进产教供需高效对接
		C10.行业发展分析报告	每年第一季度完成行业发展分析报告
		C11.行业人才需求预测报告	每年第一季度完成行业人才需求预测报告
		C12.人才供需清单	每年第一季度完成人才供需清单
		C13.技术供需清单	每年第一季度完成技术供需清单
	B5.保障机制	C14.制度保障	要建立规范合理的行业共同体管理制度体系,团队分工明确、制度健全、协作有序
		C15.经费保障	各地各建设单位要给予共同体一定的配套经费,教育部指导地方教育行政部门加大对共同体成员学校的教育经费支持,参照同级同类公办学校生均经费等相关经费标准和支持政策给予适当补助。支持共同体成员按照有关规定和渠道,用好政策性金融工具、制造业中长期贷款等政策工具。共同体企业确保提取的职工教育经费60%以上用于一线职工职业教育,可探索职工教育经费一定比例统筹使用机制。共同体内部探索设立职业教育奖学金、助学金,奖励优秀学生,资助经济困难的学生。鼓励共同体通过校企合作、科研项目、社会服务等途径积极筹措发展资金

续表

一级指标	二级指标	观测点	内涵要求
A1.共同体建设规划与机制	B5.保障机制	C16.支持保障	教育部加强对共同体建设的指导,积极协调其他部门共同加强对共同体工作的指导和支持,支持产教融合型企业组合式激励在共同体内率先试点。共同体内企业要发挥技术优势和平台优势,把共同体工作纳入企业发展规划和年度考核。支持行业院校教学资源建设;支持子公司建设产教融合型企业,职工带薪接受职业教育和培训并保障相关待遇,积极招录共同体院校毕业生;支持子公司按照不低于岗位总量的2%设立实习岗位。共同体内学校要促进科技创新与产业深度融合,为共同体提供有力的人才和技术支撑
A2.共同体建设做法与创新	B6.共同体结构	C17.共同体结构稳定及优化	共同体由一家行业龙头企业联合一所高水平高等学校、一所职业学校牵头建设,并配备数量充足、结构合理的专兼职人员,负责日常工作。根据产业链上下游分布和教育资源布局,跨区域广泛吸纳相关行业组织、学校(含职业学校和普通高等学校)、科研机构、上下游企业等单位参与建设
	B7.联合开展人才培养	C18.校企双元育人	依据产业链分工对人才的要求,校企联合招生,开展委托培养、订单培养和中国特色现代学徒制等培养模式,实施现场工程师专项培养计划,推动人才培养模式创新
		C19.共同体师资库建设	共同体内实行校企师资互兼互聘,共建共享由院士、国家科学技术三大奖获得者、大国工匠、中华技能大奖获得者、全国技术能手、院校学者、企业专家等组成的高水平"双师型"共同体师资库

续表

一级指标	二级指标	观测点	内涵要求
A2.共同体建设做法与创新	B7.联合开展人才培养	C20.双师能力提升	围绕行业企业新知识、新技术、新工艺、新材料、新设备、新标准开发教师学习实践项目,组织职业院校教师到企业开展实践实习。开展赛项研发,举办行业技能大赛
		C21.培养高层次技术技能人才	共同体内高水平高等学校招收具有工作经历的共同体内职业学校毕业生和企业一线优秀职工,攻读本科、专业学位研究生,提升学历层次
		C22.扩大实习就业规模	共同体内企业招工向共同体内学校倾斜,加大实习和就业岗位供给
	B8.共建共享"一平台三基地"	C23.行业实习实训平台建设	共同体内高水平大学发挥学科、师资、科研、平台等方面优势,联合共同体成员企业、院校,构建行业实习实训场景,打造"校企一体、产学研一体"的行业实习实训平台
		C24.企业员工高端培训进修基地建设	共同体内高水平大学发挥学科、师资、科研、平台等方面优势,联合共同体成员企业、院校,开发实习实训课程,建设企业员工高端培训进修基地
		C25.职业院校师生高端培养研修基地建设	共同体内高水平大学发挥学科、师资、科研、平台等方面优势,联合共同体成员企业、院校,根据职业院校实际情况,建设职业院校师生高端培养研修基地
		C26.中小学生研学旅行实践基地	共同体内高水平大学发挥学科、师资、科研、平台等方面优势,联合共同体成员企业、院校,面向中小学校,建设中小学生研学旅行实践基地

续表

一级指标	二级指标	观测点	内涵要求
A2.共同体建设做法与创新	B9.协同开展技术攻关	C27.建立健全技术协同创新机制	共同体要建立健全技术协同创新机制,校企联合打造科研攻关团队,深入生产一线,瞄准产业需求,调研征集企业实际面临的生产性和技术性难题,校企系统解决问题
		C28.构建关键共性技术攻关体系	搭建企业技术中心、创新中心,发挥行业企业的创新引领作用;职业学校发挥在关键共性技术攻关中"中试车间"的作用,以应用需求带动基础研究;共同体内企业、科研院所与院校开展跨学科、跨领域、跨专业协同攻关,通过联合攻关、项目立项、横向课题等方式,服务企业项目研发、技术革新、流程再造、工艺改进、成果转移
		C29.构建科研反哺教学长效机制	考察教师参与一线科研实践和技术创新情况并将产业和技术发展的最新动态融入教学情况
	B10.有组织开发教学资源	C30.建立资源动态更新机制	对标产业实际和发展需要,将产业应用的工艺、技术融入教学实践,及时更新资源内容,增强时代性、针对性和实效性
		C31.重点课程项目开发	结合人才培养、专业建设和技术攻关实际,联合开发专业核心课程、教材和实践实训项目
		C32.数字化教学资源开发	建设一批精品在线课程、专业教学资源库并接入国家职业教育智慧教育平台共享
		C33.研制优质教学装备	发挥学校专业优势和企业的技术优势,跟踪行业新技术、新工艺、新方法、新标准,研制优质教学装备并推广应用
	B11.技术技能人员培训	C34.开发培训课程	根据产业和技术发展趋势,统筹共同体内培训资源和要求,系统设计开发培训课程,并将培训内容有机嵌入专业教学计划
		C35.开展社会培训	依据企业员工知识更新、技术提升、综合素质提高需要,面向行业企业员工开展岗前培训、岗位培训和继续教育,有一定规模,有特色

一级指标	二级指标	观测点	内涵要求
A3.共同体建设成果与推广	B12.产教资源整合成效	C36.共同体建设单位优质多元	牵头企业在所属行业有重要影响力和话语权,能够统筹行业产业资源,并在共同体内切实起到统筹、牵头作用;高水平高等学校的优势学科与共同体行业领域相符,有明确的科技攻关方向和团队,有硕士学位、博士学位授予权;牵头职业学校的特色专业(群)与共同体行业领域相符,人才培养质量高,设有独立的社会培训机构或继续教育机构,广泛开展各类培训
		C37.跨省域分布	根据产业链上下游分布和教育资源布局,跨区域广泛吸纳相关行业组织、学校(含职业学校和普通高等学校)、科研机构、上下游企业等单位参与建设。共同体参与单位主动开放资源、对接需求,积极承担建设任务,实质性参与共同体建设
	B13.产教供需对接成果质量	C38.行业发展分析报告质量	每年第一季度完成行业发展分析报告编制,并发布及时,内容客观、全面
		C39.行业人才需求预测报告质量	每年第一季度完成行业人才需求预测报告编制,并发布及时,内容客观、全面
		C40.人才供需清单质量	每年第一季度完成人才供需清单编制,并发布及时,内容客观、全面,能指导相关学校和职业培训机构开展工作
		C41.技术供需清单质量	每年第一季度完成技术供需清单编制,并发布及时,内容客观、全面,能指导相关学校和职业培训机构开展工作

续表

一级指标	二级指标	观测点	内涵要求
A3.共同体建设成果与推广	B14.人才培养成效	C42.学生发展成效	共同体内普通高校录取共同体内职业学校毕业生就读本科或专业学位研究生人数;共同体教师指导的学生,获取职业资格或技能等级证书等;在国家级省级职业院校技能大赛、双创大赛、"互联网＋"等获奖;参与技术服务、技术创新等;毕业生在本行业内、共同体内企业、龙头企业等就业情况;毕业生就业满意度;毕业生在管理、科研、生产等岗位作出突出成绩
		C43.教师发展成效	共同体成立以来,成员获得国家级、省级教学名师等;获得国家级、省级教研教改项目;国家级、省级教学成果奖、高水平教学研究论文等;国家级、省级教师教学能力或技能大赛等获奖;获得国家级、省级科研项目;国家级、省级科研奖项、高水平科研论文等;参与行业企业技术服务,授权专利及专利转化等
		C44.行业企业员工发展成效	行业企业员工开展岗前培训、岗位培训和继续教育规模;共同体内普通高校录取企业一线在职员工就读本科或专业学位研究生人数等
	B15.技术协同攻关成效	C45.基础保障情况	共同体内资金投入和技术创新中心建设情况;企业技术中心、创新中心和共同体平台发挥作用情况
		C46.技术攻关情况	共同体建设单位加强学术交流、进修深造、高端培训,通过联合攻关、项目立项、横向课题等方式,服务企业项目研发、技术革新、流程再造、工艺改进、成果转移,造就一批领军人才、建设一批创新团队
		C47.技术创新成果	共同体内企业、科研院所与院校面向行业基础性、紧迫性、前沿性和颠覆性技术,开展跨学科、跨领域、跨专业协同攻关,推出一批创新成果

一级指标	二级指标	观测点	内涵要求
A3.共同体建设成果与推广	B16.有组织开发教学资源成效	C48.专业建设成效	共同体成立以来,积极推动国家级、省级高水平专业(群)、重点建设(骨干)专业(群)或特色专业(群)建设,并取得专业建设成果;积极开展在线精品课程建设,立项国家级省级在线精品课程等
		C49.实践能力项目开发	实践能力项目对标产业实际和发展需要,结合人才培养、专业建设和技术攻关实际,锻炼产业应用的工艺、技术
		C50.配套教材建设成果	积极开发国家级、省级规划教材及优秀教材,国家级、省级课程思政示范课、教育教学创新优秀案例等,并取得建设成果
		C51.教学装备研制及推广	发挥学校专业优势和企业的技术优势,跟踪行业新技术、新工艺、新方法、新标准,研制优质教学装备并推广应用
	B17.共同体建设成果凝练与宣传推广	C52.共同体建设成果凝练	重视共同体建设改革创新经验的总结凝练,示范效果显著,向全国同行业、跨领域推广应用,富有成效
		C53.广泛宣传	共同体将建设过程、资源、成果及时在"国家职业教育智慧教育平台"展示,并借助网络、报纸和自媒体等多形式多渠道广泛宣传,效果显著
		C54.国际交流与合作	共同体要服务共建"一带一路"的需求,落实"走出去"战略,彰显中国职教模式;积极探索国际合作新路径(如"鲁班工坊""中文＋技能"等),加强技术技能人才培养的国际合作

三、行业产教融合共同体建设保障

行业产教融合共同体作为一个整体,是建立在共赢基础上的,既能培养一大批高质量技术技能人才,又能促进各主体在各自领域实现跨越式增长,必须满足多元主体的利益诉求。因此,行业产教融合共同体建设保障要统筹资源要素,推动深度融合;营造良好氛围,优化发展空间;提升服务能力,促进持续发展。这些方面相互交织,形成一个有机整体,为共同体的健康可持续发展提供坚实保障。

(一)统筹资源要素,推动深度融合

行业产教融合共同体作为产教关系发展到高级和深层次阶段的产物,其关键点在于如何实现深度融合,不仅包括主体间的融合,还包括多主体内部结构性的融合。要按照产业发展需求调整培养目标、专业设置、课程内容、教学过程,加快推进资源优质供给、有效供给,对接产业结构,形成对各链条资源要素的吸收、整合、交流与溢出等效应。

首先,要建立多元化的经费投入与筹措机制。行业产教融合共同体的建设涉及基础设施投入、实训设备采购、师资培养、人才培养、合作交流活动组织等各方面,这些都需要资金的支持。政府是资金支持的主要来源之一,可以通过设立专项基金、项目拨款、税收优惠等方式,为共同体提供经费保障。同时,通过产教融合、校企合作,加大行业企业对工程技术人员、生产技术、先进设备、实训场地等领域的投入,既是实现产业企业人力资本投资的直接方式,也是实现自身多元化投资发展的重要渠道。经费筹措计划应根据共同体建设的实际需求进行合理规划,需要对共同体的发展目标、阶段性任务和重点项目进行科学评估和分析,确保经费投入的合理性和有效性。一是要明确经费的用途和分配比例,将经费投入重点放在实训基地的建设、师资培训、人才培养等实际需求上,确保经费用在刀刃上,取得实实在在的效果。二是要建立完善的经费管理机制,加强对经费使用情况的监督和评估。共同体的建设涉及长远发展目标和短期阶段性任务,要综合考虑共同体的整体发展需求,通过建立资金使用台账,对资金的使用情况进行记录和归档,加强对经费的监督和使用情况的跟踪,确保经费使用得透明和高效。对于初期阶段的共同体建设,可以适度增加资金投入,以快速推动共同体的启动和初步形成;而对于成熟阶段的共同体,可以适度减少资金投入,更加注重运行管理和效益提升。三是要建立绩效评估机制,对经费投入的效果和成果进行定期评估,以实际效果为导向,及时发现问题和不足,进行调整和改进。

　　其次,要完善利益分配与激励制度,建立行业产教融合共同体外部和内部的激励机制。中共中央办公厅、国务院办公厅印发的《关于深化现代职业教育体系建设改革的意见》要求"制定支持职业教育的金融、财政、土地、信用、就业和收入分配等激励政策的具体举措"。完善激励机制,还要在激励机制的结构上去完善,不仅是政府的外部激励,还要有企业的内部激励。通过建设高层次技术技能人才的保障制度体系,增强学生提升技能的驱动力。一方面,提升高层次技术技能人才的工资福利待遇水平。通过市场运行和宏观调控等方法提高高层次技术技能人才的工资和福利待遇,提高行业产教融合共同体建设的吸引力,形成良性循环。另一方面,建设相应的规章制度督促工资待遇的落实。理事会通过发挥监管职能,规范监管程序,建立反馈渠道,对未能提供合理待遇的企业给予相应的处罚,以维护高层次技术技能人才的合理权益,促进人才队伍建设。

　　最后,要打通资源流通壁垒,推动校企在产业链、人才链、创新链上深度融合。产教融合的成效与融合水平呈正相关。融合水平越高,彼此之间的资源流通越频繁,交易成本越低。在行业产教融合共同体的发展阶段,学校、行业企业乃至地方政府应当实现资源共享、理念互通、主体共建、风险共担,由人财物等各类资源凝聚成基本资源池,并在此基础上进行市场要素、教育要素、科研要素的融合发展。在教育层面,要主动融入行业产教融合共同体发展链条,扩大教育的覆盖面和影响面。要抓好融合思维的培养,以行业产教融合共同体为平台,引导师生时刻关注市场发展和社会变化,加大对随机性创意思维、探索思维的培养。要抓好实践教学的形式,强化教师的素养和责任担当,打造"双师型"队伍;用好共建实训基地,让学生积极参与岗位实践,在动手操作中了解知识、发现问题、增强本领。在企业层面,要引导其加大对行业产教融合共同体建设的投入力度,多设立一些产教对接项目,主动吸纳高职院校资源参与一些高精尖技术研发;要加大对共建实训基地的投入力度,建立人才、资金、技术传输机制,确保各类项目建设成果第一时间投入产业检验。在资源聚集溢出层面,应由政府牵头,以行业产教融合共同体建设为契机,引导行业龙头企业、"双高计划"院校建立技术人才共享机制,惠及行业中小微企业。通过行业龙头企业主导或参与制定行业标准、产品标准、专业标准、课程标准,以标准化体系建设带动行业产教融合共同体的生态环境建设,推动共同体从松散走向紧密的利益共同体。

(二)营造良好氛围,优化发展空间

营造行业产教融合共同体建设的良好氛围,要在文化维度形成价值观认同,大力弘扬劳动光荣、技能宝贵、创造伟大的社会风尚。高技能人才、大国工匠、技能大师、劳动模范等技能典范的事迹得到社会媒体的广泛宣传与赞誉,这有利于促进处在生活世界的广大人群对技能文化进行语言行为交往,进而达成对技能文化及其精神力量的共同理解和认识。

政府可以制定配套的政策体系,对共同体建设作出突出贡献的优秀单位、人员给予表彰、奖励,不断激发共同体间相互学习、争相创新的主观能动性;完善技能保护、知识产权保护、技能人才权益保护、财产保护等系列法律法规与政策制度,加大资源倾斜,充分保障共同体各主体的权益。及时跟进共同体各主体参与建设情况,定时公布审核结果,并实行周期性滚动机制,确保共同体建设的透明度和公平性,促进共同体健康发展。

行业企业可以利用报纸杂志、网络新媒体、经验交流会、新闻发布会等多种方式,在业内宣传推广共同体产教融合机制创新与典型案例。同时,相关行业组织可以将交流中发现的行业诉求反映给政府部门和职业院校,搭建多方交流合作平台,制定行业准则、标准和伦理规范,强化道德规范,引导从业人员遵守道德原则,推动德技并修的发展,真正发挥纽带作用,促进行业产教融合共同体的共同进步。

学校积极打造开放型校园环境,鼓励行业组织、上下游企业、科研机构等共同体成员进入校园,参与教学、实训、科研等活动,定期开展行业企业交流活动、展示会和合作洽谈会,共同开展技术创新与应用转化等研发合作,将创新要素融入产业链,促进产学研用深度融合。同时,加强与社会各界的对接,将学校的教育资源和科研成果与社会需求相结合,提高共同体的创新能力和竞争力。

(三)提升服务能力,促进持续发展

行业产教融合共同体的重要职责就是提升学校服务行业产业能力,促进产教互补互融,共生共长,发挥行业在职业教育改革发展中的重要引领和指导作用。企业在参与共同体时存在不少顾虑,因此,学校需提升服务行业企业能力,减轻企业参与顾虑,促进共同体持续发展。部分企业希望通过参与合作以获得学校的科研支持,降低自身的研发成本,因此,高职院校需要提升自身的技术研发水平,促进技术研发合作和科研资源利用,吸引企业参与合作。

首先,要完善科研成果转化机制。建设科研成果转化机制的核心问题是厘清产权归属问题,因此,在行业产教融合共同体成立初期,应该据此建立相应制度以缓解因产权问题造成的合作冲突,实现产权分明,如英国研究委员会设计了大量的"模板协议"以解决相应问题,其中,最具代表性的为兰伯特工具包(Lambert toolkit),目前,该工具包已经被英国运用于国际合作的协议商定中,比如与来自中国、印度、韩国等国家的高校或企业的独立协议。学校还可以在行业产教融合共同体的产教对接项目中,精准对接企业实际需求,科研合作以企业需求为重点,紧跟实际业务需要,以此提高企业的参与动力。

其次,学生的质量是影响行业产教融合共同体持续发展的重要影响因素之一。一方面,在建设过程中,要将人才培养深度嵌入行业产业结构体系,不断补充、调整、优化、完善专业集群的建设内容等。另一方面,根据行业产教融合共同体的建设重点,校企共同组建结构化教师团队,把企业产品标准、技术标准、服务标准转化为人才认证标准,把行业企业案例转化为教学资源,共同进行人才培养和技术研发。同时,结合1+X证书制度或岗课赛证融合要求,开展学习成果的认定、积累和转换,弥合"专业"与"职业"的鸿沟。

最后,行业产教融合共同体是以行业需求为导向的。因此,职业院校要主动思考、主动对接、主动谋求行业变革带来的新变化、新要求,主动提高职业教育、高等教育、继续教育的协同性,努力贯通人才培养链。开展高质量职业培训,为行业产教融合共同体的企业员工提供再学习机会,或与企业共同开展项目教学和生产实践,培养企业急需的技术交叉应用的复合型技术技能人才,提高产业技术技能人才整体水平,促进行业产教融合共同体持续发展,助力产业转型升级。

第八章　高等职业教育产教深度融合保障

　　职业教育产教融合作为一种复杂适应系统,从宏观上讲,是产业系统与教育系统的动态耦合;从微观上讲,是政府、行业、企业、职业学校等多元主体的有机融合(潘海生、张玉凤,2023)。实践表明,现阶段产教关系尚未达到理想状态的"融合",仍然受到政府与市场失衡、治理模式落后、体系建设不畅、落地措施不实和学术漂移现象的阻碍(李政,2018)。高等职业教育产教深度融合是实现高质量发展、提高人才培养质量、促进产业升级和创新发展的必然趋势,已经成为当前职业教育改革发展的重要方向和国家战略转型的重要举措。当前,尤其需要以"产教融合"的价值源头为基点,从政府、省域、行业企业、学校等多个主体出发,厘清高职院校深化产教融合所存在的问题与所需的相关要素,并在实践过程中消解相关制约因素,全面提升技术技能人才培养质量,为加快发展现代化产业体系提供有力支撑。

第一节　政府层面:构建产教深度融合新发展格局

　　长期以来,政府在产教融合的推进过程中一直扮演着主导角色,倡导在政府的统筹领导下,产业部门相互联合,统筹协调多元主体并建立持久广泛的合作关系,对产业与职业教育进行科学规划与合理布局(祁占勇、王羽菲,2018)。近年来,党和国家高度重视职业教育,加强对职业教育工作的统筹管理,在政策倡导下逐步形成部门、行业、社会等共同兴办职业教育的格局。2015 年国务院印发《中国制造2025》,提出建设制造强国的战略目标,推动我国产业业态朝着分工更复杂、科技含量更高、结构更合理的方向演进(陈志杰,2018)。产业链的形成与延长、经济结构的调整和产业变革,对教育链、人才链、产业链、创新链有机衔接和现代职业教育改革提出了迫切要求。产教融合已成为国家推动职业教育高质量、适应性发展的一项制度性规定,成为政府部门的激励性与保障性等制度资源供给,有利于激发行业企业举办或参与举办职业教育的自主性与自觉性,有利于发挥行业企业推动并深化产教融合的主体功能(潘海生、张玉凤,2023)。因此,产教深度融合不能简单地把产教关系理解为校企合作关系和产教结合关系。高等职业教育产教深度融合不能简单等同于高等职业教育与产业两大系统融合、互动的产教融合,它更强调政府、行业企业、学校等全方位、多层次、动态性的融合。高质量的高等职业教育产教关系要逐步实现高等职业教育优先于产业发展,并给产业发展提供加速动力,高等职业教育发展由产业拉动向高质量高等职业教育促进和引领产业发展转变(李新生,2023)。全面落实国家法律政策精神,需要行业企业、职业院校等社会各界的共同努力,更需要政府部门充分发挥自身功能,在宏观调控、政策引导、资源整合和监管评估等方面发挥积极作用,为产教深度融合提供坚实的政策保障。

一、完善政策支持,引领产教深度融合

当前,我国经济社会已进入立足新发展阶段、贯彻新发展理念、构建新发展格局时期,虽然职业教育在深化产教融合、推动校企合作过程中取得显著成绩,但就产教融合制度体系而言仍存在一些制约(许艳丽、高会,2019)。李政(2018)认为,政府权力边界模糊与角色定位不清导致产教融合失去原有的价值定位。马树超和郭文富(2018)指出,目前国家和地方在职业教育产教融合方面的法律法规建设上仍显薄弱,相关条款的力度、操作性与约束性存在不足,导致产教融合往往流于表面,不够深入。王坤和魏澜(2023)以八项产教融合专项政策为研究对象,通过构建PMC指数模型对产教融合政策进行量化评价,发现产教融合政策仍存在缺少监管性和建议性、时效设定不合理、激励措施有效性难以保障和科学性有待提高等问题。因此,政府应该采取一系列措施完善政策,引领产教深度融合,从而更好地促进教育和产业的协同发展。

首先,政府可以通过全面细化产教融合政策来明确各利益方的主要职责及要求。国家和省级层面均已出台大量政策推进职业教育产教融合,但这些政策多停留于语言文本层面的鼓励。诸如"可以、鼓励、应当、酌情、适当"等倡导性语言较多(孙霞,2016)。产教融合是由多主体共同参与的办学过程,存在诸多不可预知的问题,而其中一个问题的出现,将直接影响产教深度融合进程,所以必须对相关的政策进行详细的解读和细化。落实到具体工作上,相关部门应明确责任义务,做好责任分工,制定具体的实施政策,比如出台《资金支持规划》《产教融合政策实施细则》等相关政策。天津市人大常委会于2024年1月16日通过的《天津市职业教育产教融合促进条例》,就是一个落实《中华人民共和国职业教育法》等有关法律、行政法规的地方细则,必将加快促进职业教育产教融合,推动教育、人才与产业、创新有机衔接,更好地服务区域产业高质量发展。企业作为重要参与主体,可以提供资金、技术、专家等方面的支持,为产教融合划拨出专项经费,不定期派遣企业技术骨干到高职院校开展实践教学,并接收高职学生到企业实习实践。高职院校作为育人主体,可以提供教育教学方面的支持。通过厘清权责清单及各责任主体间的权责边界,建立长效反馈机制,完善政策细则,构建政策闭环,为支撑高等职业教育产教深度融合高质量发展提供有力保障。

其次,政府应该搭建制度化机制,打破部门之间的壁垒,提升政策执行主体和执行对象的协调性。许多职业教育产教融合政策由多部门联合制定与发布,这些政策的最终落实必须依靠不同部门系统化和制度化的配合。国家层面已于2018年批准建立部委联席会议制度,还需要在省、市层面逐步建立跨部门的协同机制(周芷莹等,2023)。可以建立跨部门、跨行业的产教深度融合联席会议制度和相关协同机制,加强政策制定和协调,确保政策的贯彻落实和效果的持续改进。通过统一的政策指引和考核评估机制,协调各部门之间的行动,形成政府、省域、行业企业、学校各负其责、协同共进的发展格局。需要强调的是,不同层级的职能部门联席制度重在将顶层设计的制度政策落到实处。同时,可以建立产教深度融合的协调机制,建立多元化的产教深度融合服务机构和统一管理平台,整合不同部门的资源和优势,为行业企业和高职院校提供专业化的合作咨询、信息共享、培训交流等服务,推动深度产教融合的政策和管理制度的统一规划和落实。

最后,政府还应该健全产教深度融合水平评价体系,加强监督和管理。可以将产教融合程度纳入教育部教育质量评估的重要考核指标,由行业协会、企业、高校共同组建第三方评价机构,针对产教融合成熟度建立管理台账,进行监督、服务与管理,逐步形成良好的产教融合生态圈(张璋等,2023)。在产教深度融合实践过程中,在管理制度、产权保护和公共技能培训补偿等方面还存在问题。一是需要建立产教深度融合监管机构,加强对产教深度融合实践的评估和监督,对产教深度融合中的重要经验和典型案例进行总结和推广。二是要建立归属清晰、权责明确、保护严格、流转顺畅的产教深度融合产权保护制度。政府可以出台相关的法律法规和政策,明确产教深度融合产权的权利和义务,规范产权的流转和保护。同时,要强化产权保护意识,加强知识产权的宣传和教育,提高行业企业和高职院校的知识产权保护能力。三是要完善行业企业公共技能培训补偿制度。对企业参与职业院校人才培养所产生的成本进行科学核算,并根据企业参与人才培养的程度进行等级评定,给予企业一定的公共技能培训补偿(石伟平,2023),消除行业企业参与人才培养的后顾之忧,促使行业企业更加积极地参与产教融合,从而推动产教深度融合。

二、统筹资源要素,推动产教深度融合

高等职业教育产教关系和谐、协同、引领发展需要加强高等职业教育领域内部资源整合与协调发展,有效避免教育资源的浪费,提高教育资源使用效率(李新生,2023)。经济效益是影响产教深度融合的关键变量,教育链能否与产业链有效衔接,形成协同育人合力,关键就在于能不能形成有利于经济效益提升的利益共同体。有了现实利益的驱动,多方合作才能形成长效机制(杜安国,2022)。

首先,要完善产教深度融合利益分配与激励制度,满足多元主体的利益诉求。中共中央办公厅、国务院办公厅印发的《关于深化现代职业教育体系建设改革的意见》要求"制定支持职业教育的金融、财政、土地、信用、就业和收入分配等激励政策的具体举措"。产教融合的跨界性质、公益性质等属性需要政府政策的有效激励支持。在当前阶段,政府可以出台一系列支持产教深度融合

和发展的政策,采用"金融＋财政＋土地＋信用"的组合式激励政策,如资金扶持、税收优惠、人才支持等,大胆试错,勇于创新。一方面,加强财税金融支持,完善财政生均拨款制度,建立高等职业教育生均财政经费相对稳定增长机制和分类支持机制,引导金融机构开发适合产教深度融合项目特点的多元化融资品种等。另一方面,完善激励机制,要在激励机制的结构上去完善,不单纯是政府的外部激励,还要有企业的内部激励,即找到促进企业发展的人力资源要素(钟祖荣,2023)。通过建设高层次技术技能人才的保障制度体系,提高学生提升技能的驱动力。提升高层次技术技能人才的工资福利待遇水平。通过市场运行和宏观调控等方法提高高层次技术技能人才的工资和福利待遇,提高产教深度融合发展的吸引力,形成良性循环。

其次,要按照产业发展需求调整高等职业教育培养目标、专业设置、课程内容、教学过程,加快推进资源优质供给、有效供给,对接产业结构,形成对各链条资源要素的吸收、整合、交流与溢出等效应(刘奉越、郑林昌,2023)。围绕专业建设、人才培养、职业培训、技术创新等方面,开发设计一系列产教对接项目,并为校企合作项目提供多元支持与服务,使优质的项目得到更多支持和资源,促进产教深度融合。通过项目实施,使参与各方得到实质性的回报和成果,进一步推动共同体的发展和壮大。坚持有序推进、力求实效,根据项目成熟程度,分期开展建设试点,不搞平衡照顾,防止形成政策洼地,确保各主体在共同体中的实质性参与。

最后,要打破资源流通壁垒,推动校企在产业链、创新链、人才链上深度融合。政府应当推动资源共享、理念互通、主体共建、风险共担,促使学校、行业企业乃至地方政府的人财物等各类资源凝聚成基本资源池,在此基础上进行市场要素、教育要素、科研要素的融合发展。降低产教融合型企业准入门槛,扩大产教融合型企业的试点规模,允许企业融入人才培养各个环节,举办混合所有制二级学院,独立或参与举办工作室、实验室、实习实训基地等,参与学校专业规划、教材开发、教学设计等(李鹏,2022)。由政府牵头,引导行业龙头企业、"双高计划"院校参与制定行业标准、产品标准、专业标准、课程标准等,以标准化体系建设带动产教深度融合。同时,政府应搭建产教融合信息共享平台,各主体参与建设并分享专业人才、技术转让、产品市场、优惠政策等信息。

这样的平台将为产教融合要素的螺旋上升提供数字化空间支撑,促进信息的流通和共享,有利于各方更好地进行资源配置和决策。

三、健全监管机制,促进可持续发展

目前职业教育的政策在制定的过程中更多的是重过程实施、轻反馈评价(匡瑛、吴君逸,2023)。要想推动产教深度融合的高质量发展,就必须强化质量意识,构建政府主导与第三方实施的评估体系,塑造可持续能力。政府应起到主导作用,引导各方遵循规章制度实施推进,并及时纠正和整改问题。由行业协会、企业、职业院校共同组建第三方评价机构,对产教融合进行监督、服务与管理,并建立管理台账,确保其融合方向和进程得到有效控制和改进,并减少因为信息不对称造成的误差,使产教各参与主体融合作用发挥更加充分。

构建可持续能力的重要步骤之一就是结合我国国情,积极构建产教融合水平评价考核机制。这既可以帮助职业院校发现产教融合过程中的不足并有针对性地提出改进策略,也可以为产业主体寻求合作院校提供参考(齐旭高等,2023)。产教融合水平评价体系应包括项目立项、运行管理、质量评估、社会效益等方面的评价考核,并应根据实际情况进行不断完善和修订,可以对各类产教深度融合企业、平台、项目进行科学评价,选出真正高质量的产教深度融合项目。在实践中,评价主体按照"确定关键维度—评价指标定义—确定指标权重—明确指标衡量标准—设定能力分级"的步骤进行评价方案规划和设计。

首先,需要制定行业企业和相关领域的产教深度融合标准,明确各项指标和标准。这些标准可以包括项目的目标、实施计划、人员配备、技术水平、培训质量、成果转化等方面。标准的制定要结合省域区域、行业特点和实际情况,综合考虑项目的整体要求和实际操作难度。其次,需要建立一套完整的评价机制和程序,对产教深度融合项目进行科学的评估。评价机制应该由政府、行业协会、企业、学校等多个相关方共同参与制定,根据评价对象和特定内容,综合灵活运用调查问卷、实地调研、个别访谈等多种方法,确保评估的客观性和权威性。评价流程应该包括项目申报、评审、验收等环节,严格按照标准和程序进行,确保评估的科学性和公正性。同时,需要将评价结果进行公示和推

广。政府可以制定配套的政策体系,对产教深度融合作出突出较大贡献的优秀单位、人员给予表彰、奖励,不断激发各主体相互学习、争相创新的主观能动性;完善技能保护、知识产权保护、技能人才权益保护、财产保护等系列法律法规与政策制度,加大资源倾斜,充分保障各主体的权益。最后,随着产教融合不断推进,前期阻碍产教融合的限制因子和主要矛盾也不断消除,在新的社会经济环境下,产教融合又将面临新的现实问题和矛盾,这些需要克服和解决(陈军、张韵君,2023)。因此,要将产教融合水平评价监督和改进相结合,使产教融合水平评价考核机制得到动态化调整和优化,推动产教融合的持续深入开展。

第二节　省域层面:营造产教
深度融合的新建设环境

省域职业教育深化产教融合政策是落实国家产教融合政策的关键(代洪娅,2023)。目前,我国产教融合实践已有了一些基础,但是高等职业教育只有在服务区域经济社会发展中才能获得可持续的发展动力与活力。因此,深化产教融合重在进一步落实在省(市)域层面。推动省域层面的产教深度融合,能够积极促进同区域各级各类院校之间的广泛协同互动,进一步优化同区域各级各类院校的联动协同治理,着力打造以专业为载体的校际交往联动主链条(宋亚峰,2022)。在各级各类院校联动的基础上,精准对接地区产业经济的现实诉求,打造自身的特色优势专业(群),为政府、行业企业等不同主体参与教育教学过程提供实践载体,实现高等职业教育产教的深度融合。

一、加大政策有效供给,提供全面制度保障

国家关于产教融合的政策文件明确提出,地方政府应充分发挥自身统筹规划和协调作用,深入推进产教融合。产教深度融合是一个涉及多个领域、跨越多个区域的系统性工程,其发展需要考虑到多个要素的相互作用,如教育资源、产业结构、人才培养等。高等职业院校产教深度融合水平评价显示,浙江

省高职院校产教融合环境指标的权重占比 14.42％,相较于其他一级指标占比最低,且其中的政策支持指标也是两个二级指标中较低的。仅占 4.75％。通过对比浙江省 11 个地(市)可以发现,各地在政策支持方面存在显著差异。根据刘奉越和郑林昌(2023)针对各地 2010—2020 年职业教育产教融合发展水平的测度研究结果,我国地区间职业教育产教融合水平差异明显,东部地区的产教融合发展水平要优于其他地区。针对以上存在问题,各地政府应依据国家宏观政策因地制宜出台更多支持政策,加大政策的有效供给,从而为全面深化高职院校产教融合提供全面制度保障。

首先,要立足国家宏观政策,根据当前地区的经济发展状况以及各行业的发展趋势,制定详细、具体、可操作的适合高职院校产教融合的制度政策,例如产教融合具体操作层面的制度支持,对校企合作中可能遇到的问题进行预判,增强产教融合政策的地方适应性和有效供给,做好制度层面的保障。政府及相关部门可以根据各区域实际情况,整合各行业协会、教育专业委员会、专家资源库等各类专家资源,组建结构齐全、理实一体的研究团队。针对区域产业结构布局,统筹制定产教融合协同发展规划,构建宏观政策集聚区域资源合力、微观政策推进校企资源耦合、内涵发展的政策框架,对职业院校发展、产教融合型企业认证、就业促进措施等进行一体化设计(霍丽娟,2020)。

其次,产教深度融合不仅需要理论上的支持,还需要实践落地的环境保障。代洪娅(2023)通过对各地教育"十四五"规划产教融合内容的文本分析,发现各省制定的相关配套政策仍存在实用性不高、可操作性不强等问题。因此,省域层面推进产教深度融合,要先从制度层面进一步规范各利益主体的行为和责任,推动政府、行业企业、职业院校等多元主体真正参与管理和重大决策部署,扫清产教融合过程中的障碍,从而确保高职院校产教融合顺利进行。2017 年,《国务院办公厅关于深化产教融合的若干意见》指出,要"充分调动企业参与产教融合的积极性和主动性,强化政策引导,鼓励先行先试,促进供需对接和流程再造,构建校企合作长效机制"。可以由政府牵头,通过定期召开联席会议、成立专门的工作组等方式,促进主体之间的交流与沟通,及时解决问题和难题。通过合作机制的建立,可以有效协调各主体的利益诉求,明确各自的职责与权限,形成紧密配合、高效运转的产教深度融合模式。

最后,要创立具有省域特色的产教深度融合品牌。各地政府可以通过挖掘本区域的特色,全面评估本地区域的优势、劣势、机遇和挑战,结合历史传统和资源优势,牵头制定产教深度融合发展战略规划。战略规划应充分考虑当地产业特点、教育资源和发展需求,以此为基础确立品牌定位。通过打造产教深度融合的合作平台,汇集政府、行业企业、职业院校等各方资源,实现项目对接、信息共享、技术交流等功能,促进各方深度合作,形成产学研一体化的产教深度融合模式。同时,建立符合自身办学特色、符合区域经济发展要求的产教深度融合特色品牌,以此打造当地优势品牌,扩大产教深度融合展示优越性的窗口效应,从而进一步提升省域经济竞争力。

二、拓宽经费融资渠道,兼顾区域协调发展

高等职业教育资源区域配置不平衡导致各地高职院校在发展定位、办学目标、培养模式、内部治理等方面存在差异,明显制约了区域一体化发展进程(庞波等,2023)。根据高等职业院校产教深度融合水平评价结果,浙江省高职院校产教融合投入指标权重占比 32.81%,相较于其他 3 个一级指标,其权重比值最高,因此可以认为资源投入是影响高职产教融合的重要环节。其中经济投入权重在 3 个二级指标中占比最高,为 12.07%,表明浙江省为高职院校产教融合提供了较为充足的经费支持。但通过高职院校数据可发现,政府、企业及高职院校对产教融合经费投入虽呈现逐年递增,但同样存在区域间不平衡、院校间投入差距较大等问题。因此,政府在拓宽经费融资渠道的同时,应该兼顾区域的协调发展。

首先,要建立多元化的经费投入与筹措机制。产教融合是一项长期的系统工程,涉及基础设施建设、实训设备采购、师资培养、人才培养、合作交流活动组织等各方面,需要各方共同努力,尤其是资金上的大力支持。从宏观层面讲,政府是资金支持的主要来源之一,可以通过设立专项基金、项目拨款、税收优惠等方式,提高各地产教融合的经济投入比例。例如,政府部门带头建设省级及以上高水平产教融合实习示范基地,或者支持并鼓励高职院校以自己的优势及办学特色为基础,构建各类校内校外的实训基地,同时提供必要的资金支持实现高职院校间的资源共享。只有在政府机构的财政支持下,高职院校

的产教融合才能顺利推进并发展。经费筹措计划应根据产教融合程度的实际需求进行合理规划。地方政府需要对不同阶段的产教融合发展目标、阶段性任务和重点项目进行科学评估和分析,确保经费投入的合理性和有效性。同时,要明确经费的用途和分配比例,将经费投入重点放在实训基地的建设、师资培训、人才培养等实际需求上,确保经费用在刀刃上,取得实实在在的效果。而高职院校可以充分利用这些资金提高其办学能力并改善办学条件,从而强化政府财政性投入对高职院校产教深度融合的保障作用。与此同时,要建立完善的经费管理机制,加强对经费使用情况的监督和评估。产教深度融合涉及长远发展目标和短期阶段性任务,要综合考虑不同融合深度的产教发展需求,通过建立资金使用台账,对资金的使用情况进行记录和归档,加强对经费的监督和使用情况的跟踪,确保经费使用透明且高效。对于初期融合阶段的产教融合项目,可以适度增加资金投入,以快速推动产教融合项目的启动和初步形成;而对于深度融合阶段的产教融合项目,可以适度减少资金投入,更加注重运行管理和效益提升。还要建立绩效评估机制,对经费投入的效果和成果进行定期评估,以实际效果为导向,及时发现问题和不足,进行调整和改进。

其次,可以设立产教融合发展基金,为产教深度融合提供长期的资金支持。高职院校公益属性与企业营利属性之间的矛盾导致产教融合过程中企业参与的积极性不高,合作浮于表面,合作缺乏可持续性(赵红梅、夏维,2022)。为解决此类问题,2017 年《国务院办公厅关于深化产教融合的若干意见》出台后,各地均提出支持设立省级、市级产教融合发展基金,如《河北省人民政府办公厅关于深化产教融合的实施意见》鼓励地方产业投资基金、风险投资基金支持高等学校创新成果和核心技术产业化;《安徽省人民政府办公厅关于深化产教融合的实施意见》提出支持设立省科技成果转化引导基金,带动社会资本,促进高等学校创新成果和核心技术产业化。产教融合发展基金将充分调动市场的社会资本、企业的产业资本、高职院校的教育资本以及教科研人员的智力资本,共同参与产教融合项目的研发和转化。该基金面向高职院校和产教融合型企业开展项目征集,通过分层分级的投资方式,有针对性地选择投资与国家战略接轨、与地方产业匹配、与市场需求契合的产教融合项目。在项目的成立、研发和转化过程中,深度融入教学科研,更加有助于打通上下游产业链供应链,实现产教深度融合。

最后,政府要充分发挥不同区域的职业教育产教融合发展优势,从而形成独具特色的空间格局。在实现这一目标的过程中,可以采取一系列策略和措施,以确保产教融合在各个区域得到有效推进和发展。对于那些产教融合发展较为成熟的东部地区,可以采取重点资金扶持、重点项目和试点工程等引导性措施,进一步加强职业教育与产业的深度融合。通过将资金、项目和工程聚焦于关键领域和战略重点,可以进一步加大产教融合的力度,推动双方更深层次的合作。此外,这些地区在产教融合方面已经积累了一定的经验和模式,可以充分发挥辐射作用,将成功经验扩散至周边地区,以点带面地促进整体产教融合的深化。然而,在产教融合发展相对滞后的中西部地区,需要采取不同的策略。要善于"利用好一方水土",即充分发挥区域内的资源禀赋和区位条件,挖掘当地特色产业和优势资源,为产教融合提供更多的发展机会。同时,要注重加强城市群的带动作用和协同合作,以促进区域之间的合作与交流。通过城市群之间的资源整合和优势互补,可以实现产教融合发展的跨区域联动效应,从而实现更大范围的融合深化。在中西部地区,还应该注重挖掘新增长点和新动能,以推动职业教育与产业的融合发展。通过发展新兴产业和创新领域,可以为产教融合提供更多的发展机会。此外,为避免同质化现象和资源浪费,需要推动特色化和差异化的开发。通过发展符合本地区特点和需求的产教融合模式,可以实现可持续发展,避免资源浪费和发展停滞。

三、完善各类组织机构,优化融合发展空间

根据高等职业院校产教深度融合水平评价表明,浙江省高职院校产教融合环境指标的权重占比 14.42%,其中机构平台占比 9.67%,相较于政策支持指标,比重较高。产教融合过程具有错综复杂的特点,组织机构在高职院校产教融合开展过程中起到了把握产教融合方向、整合教育资源、规范产教融合开展的作用,是高职院校产教深度融合的基础和保障。因此,为确保产教深度融合取得成效,必须继续加大组织机制方面的保障力度,优化产教融合发展空间。

《建设产教融合型企业实施办法(试行)》提出省级发展改革、教育行政部

门组织行业主管部门和行业组织等有关方面,对辖区内申报产教融合型企业进行复核,为政府相关部门指导产教深度融合并全程协调推动其实施提供契机。首先,可以成立由政府主导的产教融合领导小组,负责对产教融合进行宏观规划、制定政策;可以成立由行业、企业参与的产教融合指导委员会,负责对高职院校产教融合建设进行指导;可以成立由学校主导的产教融合工作领导小组,负责对产教融合项目进行统筹规划。相关组织机构发挥协调推动和提供公共服务的作用,研究制定支持政策,设计引导项目,并搭建信息平台,协调解决产教对接中的堵点和难点问题,提供深度融合的方向性指导和政策支持,确保产教深度融合与行业发展密切衔接。

其次,完善的组织机构是高职院校产教融合的主要载体和抓手。高职院校要充分发挥产教融合主体的作用,可以通过建立产教融合组织机构,形成完善的产教融合管理体系,对高职院校产教融合的开展进行统筹管理。例如,可以成立由学校牵头、行业主管部门及企业参与的产教融合指导委员会,负责对高职院校产教融合进行宏观规划、制定政策;可以成立由学校牵头、企业参与的产教融合工作领导小组,负责对高职院校产教融合建设进行指导;可以成立由学校牵头参与的产教融合工作领导小组,负责对高职院校产教融合建设进行统筹规划。学校作为产教融合的主要载体和主要抓手,应该以学校为主导,充分发挥学校作为高职院校产教融合的主体作用,构建完善的产教融合管理体系。

最后,各地要立足自身经济社会发展水平、历史基础,以产教融合建设试点为抓手,不断创新形式,着力推进产教融合型城市、产教融合型行业和产教融合型企业建设,形成以学校为起点、以城市为节点、以企业为重点、以行业为支点的产教融合发展新格局,推动产业系统主动融入学校人才培养全过程,提升职业教育对产业升级和经济社会发展的服务贡献度(韩连权等,2021)。要实现产教深度融合,促进产业集群化和省域经济可持续发展,一方面,职业教育要与区域产业需求相结合,通过深入研究中高本衔接现状,形成中高本一体化的人才培养模式,培养适应产业发展需要的技术技能人才,为产业集群发展提供人才保障。另一方面,高职院校要结合区域产业特点,建立高层次技术技能人才实训基地,引入行业企业的管理人才、技术人才作为专任教师,加强实践操作技能的教学,为产业集群提供实际操作能力强的人才支持。要充分发挥龙头核心企业在产教深度融合中的引领作用,通过引入产业智能化、数字化、网络化等新技术,实现传统产业向高端智能化转型升级。同时,龙头核心企业需要与高职院校、科研机构等开展深度合作,共同探索新技术的应用,实现产业生态的跨界融合。

第三节 行业企业层面:
强化产教深度融合主体地位

根据教育部发布的数据,2022年全国教育经费总投入为61344亿元,其中高等教育经费总投入为16397亿元,占26.73%;普通高职高专教育经费总投入为3392亿元,仅占5.53%,明显低于同时期非高职教育经费的分配比例。从高等职业教育经费来源分析,教育经费仍以财政投入和学费收入为主,尚未形成多元主体共同支撑和保障的良好局面,职业学校更多采取自身供给的单一模式,如何引导社会力量积极参与和投入职业教育成为亟待解决的问题(匡瑛、吴君逸,2023)。

一、拓展企业参与途径,强化融合意识

根据高等职业院校产教深度融合水平实践评价结果,浙江省高职院校产教融合仍存在企业积极性不高、学校热企业冷的问题。白逸仙等(2022)在对入选中国高等教育博览会2020年度"校企合作双百计划"的103个典型案例进行全景式分析后发现,企业参与产教融合项目的广度和深度不够,目前企业参与联合办学大部分集中在校企共建产业学院、混合所有制二级学院。因此,应进一步拓宽企业参与产教融合途径,推动企业办学,强化企业主体作用发挥,促进产教深度融合。

《国务院办公厅关于深化产教融合的若干意见》指出,要"充分调动企业参与产教融合的积极性和主动性,强化政策引导,鼓励先行先试,促进供需对接和流程再造,构建校企合作长效机制"。各地政府通过"引企入教"改革、实施

"企业真实环境"育人、设立"产业教授"创新性岗位等方式拓宽企业的参与渠道,支持引导企业以多种方式参与学校专业规划、教材开发、课程设置、实习实训,促进企业需求融入人才培养环节,从而更好地发挥企业在产教融合过程中的主导作用。2022年,浙江省以"五个一批"为抓手,推进产教结合,加强了高职院校与企业之间的密切联系,实现了人才培养的供给侧与需求侧的全面融合。对于企业而言,首先,要密切关注政府发展政策,增强共同推进产教深度融合的主体意识。要积极参与高职院校人才培养体系改革,与其教学融合,共建人才培养基地或开设订单班、现代学徒制,对接职业标准,提前培养和选拔合适的专业人才,以获取人才竞争中的先机。其次,积极探索与高职院校技术创新、产品开发的多种合作模式,提升其与科研的融合成熟度,通过高职院校完成企业横向课题获取技术咨询或转让,提升企业的技术水平,使企业获得技术竞争领先优势。最后,进一步提升与高职院校要素融合,通过共建产业学院、产教融合科技园区等经济实体,实现可持续资金要素交流,形成共生单元平等、互利互惠的产教深度融合模式。

针对学校热企业冷的情况,借鉴发达国家的相关政策,政府可以对那些主动开展产教融合的企业实施减税、退税等措施,为企业提供税收和财政方面的优惠。通过设立产教融合专项资金,对产教融合项目进行财政补贴,鼓励企业参与职业教育和培训,提升企业的人力资源管理水平,进而提升企业参与产教融合的积极性。此外,有条件的地方还可以建立产教融合基金,对省级及以上产教融合型企业或参与产教融合、校企合作的企业等提供资助,鼓励职业院校、行业组织、企业等参与建设教育培训基础设施。与此同时,高职院校要主动思考、主动对接、主动谋求行业变革带来的新变化、新要求,主动提高职业教育、高等教育、继续教育的协同性,努力贯通人才培养链。开展高质量职业培训,为行业企业员工提供再学习机会,或与企业共同开展项目教学和生产实践,培养企业急需的技术交叉应用的复合型技术技能人才,提高产业技术技能人才整体水平,推动产教深度融合,助力产业转型升级。

二、搭建产教沟通平台,增强融合动力

强化行业企业在产教深度融合中的主体作用,不仅要增强企业参与产教

深度融合的信心、能力，提高参与效率和质量，更要推动企业主动参与产教深度融合。宋瑾瑜和张元宝(2023)对江苏省249家企业参与产教融合的意愿与行为调查发现，真正促使企业参与产教融合的必备条件是校企之间供需信息对称。新时代职业教育产教融合制度化需要转变互动合作机制，从层级传递转向平行传递与网式合作，提升产教融合的有效性(李鹏,2022)。根据高等职业院校产教深度融合水平评价结果，信息发布平台指标在浙江省高职院校产教融合环境中占比为2.35%，相较于同一层级其他指标，占比偏小。行业协会代表着本行业全体企业的共同利益，在政府、企业和学校间发挥着极其重要的沟通、决策咨询、组织协调、监督评价等作用。因此，需要尽快搭建以行业协会组织为网络节点的产教融合沟通平台，加强行业对企业参与产教深度融合的协调指导作用，引导职业院校产教融合走向规范化、科学化。

在产教融合过程中，校企双方需要收集和交换大量的需求信息，而产教融合信息沟通交流平台在其中起到了关键的作用，能够为产教融合的各方提供准确、详尽的有关资料与综合性的信息服务。行业组织通过对本行业市场状况的调查，将收集到的资料公布到信息交流平台上，使高职院校能够依据有关的调查结果来制订人才培养的计划，并能够对教学活动进行相应的调整，从而使学校所培养的人才更接近于社会的需求，也可以提高经济和社会效益。与此同时，通过信息沟通交流平台，能够为高职院校与企业合作提供更多的有针对性和时效性的信息，并能更好地反映高职院校和相关企业的合作意愿。如果学校与企业能够充分利用好这个信息沟通交流平台，使其充分地发挥自己的优势，不仅能够加深校企之间的交流，实现信息的共享，还能够使双方之间的合作关系变得更加和谐。除此之外，行业协会引导各龙头企业、高职院校通过定期发布信息通报、组织交流研讨会等在产教融合信息沟通交流平台总结经验，促进产教深度融合各主体间研讨交流和借鉴，优势互补，不断精进管理模式与合作机制(赵阳等,2023)。

利益诉求是企业参与产教融合的基本出发点，高职院校应该理解这一诉求，并且发挥学校学科专业与人才优势，主动服务企业技术创新与产品升级的需求。行业协会可以在产教融合信息沟通交流平台上组织企业、高水平大学、高职院校等开展科技创新与应用转化等研发合作，构建研发导向、协同攻关、开放共享的科研合作运行机制，打造产教融合研发共同体。通过协同创新，将创新要素融入产业链，把高职院校科研人才的创新能力、创新成果以及培养人才的技术应用能力、产品开发能力转化为行业企业发展的现实推动力，形成促进产业转型升级和创新发展的驱动力。与之相对，行业企业与高职教育协同创新，将创新要素和需求要素融入教育链，把产业最新发展趋势、动态信息、技术进步、工艺流程改造、产品研发、人才需求等转化为高职教育的创新资源和动力。这种协同创新机制双向整合、互相激励、协同推进，形成以创新为核心的价值链，使职业院校、行业和企业都能够有效解决各自发展中的难题，并增强行业企业参与产教深度融合建设的内生动力。

三、健全多元评价体系，提高融合成效

《国务院办公厅关于深化产教融合的若干意见》指出，要积极支持社会第三方机构开展产教融合效能评价，健全统计评价体系。产教融合、校企合作政策落地，还需要配套考核机制，才能更好地落实，才能实现可持续发展（张静，2020）。围绕产教深度融合健全多元、多层次的评价体系，既要关注产教深度融合整体推进现状与融合成果，又要分类、分层次进行具体的过程性评价。产教深度融合不仅依赖资源、政策、平台等外部环境的支持，而且离不开课程开发、实习实训、技术研发、成果转化、师资培养、社会服务等内部基本要素的支撑。因此，设计评价体系既要根据产教深度融合的组织保障构建科学指标体系框架，又要细化各类指标，将定量评价和定性评价相结合，增强评价体系的准确性和针对性。

目前，多数产教融合项目缺乏质量监控与评价机制（白逸仙等，2022），建立政府、行业协会、企业等多元主体参与的产教融合水平评价体系显得非常重要。它既可以引导学校和企业加强实质性的合作，又可以根据产教融合水平调整政策制度，并对项目运转、人才培养、投入产出情况进行监督与指导。在建立多元多维评价机制时，不仅要关注共同培养人才的质量，还要关注产教融合成果的转化率，更要关注人才培养与产业需求的供需匹配度以及产教融合的广度和深度。第一，要明确评价指标体系。可以根据产教深度融合的推进目标和任务，制定合理的一级评价指标，包括课程设置、实训平台、协同师资、

企业参与度、融合进度、人才培养质量等方面;也可以引入学生反馈评价等指标,从学生视角设立产教深度融合项目中课程体系、实践平台、社会服务、企业教师的协同度,专业与实践课的匹配度等指标。第二,要建立健全的数据收集和分析机制。可以借助产教融合服务平台,对各参与主体的资源依赖情况、平台支撑情况、成果转化情况进行项目细分、指标细化,从而更好地进行评价。第三,可以采用多种评价方法,如定量分析、定性分析、案例研究等,以确保结果的全面和准确。第四,产教双方应及时进行反馈与检测,了解产教融合推进现状及学生培养情况,实时追踪学生阶段性实践学习成果及学习状态,并将评价结果及时反馈给相关成员,确保他们了解产教深度融合建设中存在的问题和不足。同时,建立改进措施的跟进机制,确保结果能够转化为实际行动,推动产教融合的持续深入。通过建立科学合理的多元监管和多维立体评价机制,可以全面了解产教融合共同体的发展状况,及时发现问题和障碍,提高绩效和效率,推动持续改进,更好地实现产教深度融合,培养高层次技术技能人才。

第四节　高职院校层面:
赋能产教深度融合的人才培养

产教融合作为我国高等职业教育改革发展的基础性和根本性动力保障,其重要作用就是提高教育供给侧和产业需求侧的要素整合能力和协同育人能力。通过高等职业教育变革创新,有利于推动知识创新机制和技术创新机制的紧密融合,促进产教融合的可持续发展,为产业转型升级、区域经济发展提供源源不断的动力(蔡文伯、田璐,2022)。

一、对接产业需求优化专业设置

职业教育发展紧密对接行业企业与区域产业需求,职业教育的专业设置与建设紧密联系产业,与产业发展息息相关。专业是职业院校人才培养的基本单元,是学校职业教育的生命所在(林宇,2022)。2021年,教育部印发的《职业教育专业目录（2021 年）》，第一次系统地按职业教育中高本一体化思路设置了中职专业 358 个，高职专科专业 744 个，高职本科专业 247 个。该专业目录坚持职业教育类型特征，遵循专业设置对接产业，对应新经济、新技术、新业态、新职业，构建现代职业教育专业目录体系，做好不同层次专业间的区别和衔接，提高了职业教育适应性。根据高等职业院校产教深度融合水平评价结果，专业设置与区域产业匹配度指标权重占比为 2.94%。若专业设置与行业产业需求出现脱节，将直接导致课程设置无法紧跟行业新技术、新工艺、新材料、新设备，致使人才培养与行业企业实际需求不相符。

首先，在产教融合过程中，将产业发展的具体要求融入职业院校的专业建设，不仅可以凸显职业教育发展的行业性、地方性特征，还能够提升职业院校的教学创新及服务社会能力（汤智华，2019）。应改变以往高职院校专业设置以就业为导向的理念（余静、李梦卿，2022），树立起"面向市场、服务产业"的专业设置理念。通过以地方支柱产业为基础、以区域经济发展战略为导向、以就业和市场需求为目标的原则，更好地发挥高职教育的社会服务功能，培养出更符合市场需求的人才，推动地方产业的升级和经济的发展。一是高职院校应以地方支柱产业为基础进行专业设置。浙江省拥有丰富的产业资源，各地区有各自的产业特点和优势。因此，高职院校应该深入了解当地的支柱产业，分析其发展趋势和需求，根据实际情况设置专业。例如，杭州市作为浙江省的省会城市，以互联网和信息技术产业为支柱，数字经济是驱动经济增长的重要引擎（高晟星、陶丽萍，2022）。高职院校可以设置与计算机科学、人工智能等相关的专业，以满足当地企业对技术人才的需求。而温州市则以制造业为主要产业，高职院校可以设置与机械工程、电子工程等相关的专业，以支持当地制造业的发展。通过这种方式，高职院校的专业设置将更加贴近地方产业的实际情况，有助于培养出更符合市场需求的毕业生。二是高职院校的专业设置应以区域经济发展战略为导向，既能使高职院校的专业建设更具区域特色和生命力，又能使区域产业的发展更具竞争力和发展潜能（费杉杉，2020）。高职院校应该密切关注当地政府发布的发展战略，了解其重点支持和发展的产业方向。根据这些方向，高职院校可以有针对性地设置相关专业。通过与区域经济发展战略的紧密对接，高职院校的专业设置将更具前瞻性和战略性，有助于培养出有竞争力的毕业生,为地方经济的可持续发展作出贡献。三是高职院校的专业设置应以就业和市场需求为目标。高职院校的存在意义之一就是为学生提供就业机会和培养市场需要的人才。因此,高职院校应该深入了解市场的需求,与企业建立紧密的合作关系,了解他们对人才的要求。根据市场需求,高职院校可以灵活地调整和优化专业设置,确保毕业生具备市场竞争力。

其次,要根据经济发展水平、产业结构特征及技术变革趋势等因素,科学调整专业设置结构,突出高等职业教育的技术技能特征。在经济发展水平方面,产教融合项目的成熟度与区域经济发展水平直接相关(白逸仙等,2022)。因此,对于区域经济发展水平较高、产业结构较为合理的地区,可通过扩大高职院校招生规模的方式,引导更多学生报读与当地重点产业和新兴产业相关的专业,加大高职院校对当地重点行业、重点产业和新兴产业的支持力度;对于区域经济发展水平较低、产业结构较为单一的地区,可通过国家高职扩招政策支持地方高职院校面向全国招收应往届高中毕业生、退役士兵和退役运动员等。作为高等教育结构的核心构成部分,专业结构与产业结构的适应是产教融合的重要内涵之一(汪旭晖、阚庆迎,2021)。高职院校应该根据当地的产业结构特征来调整专业设置。对于产业结构多元化的地区,可以设置更多涵盖不同领域的专业,以培养多层次、多领域的人才;而对于产业结构单一的地区,需要着重培养与主导产业相关的人才,以推动产业升级和转型。在新时代技术变革、产业发展快速变化的背景下,一些传统职业可能面临就业机会减少的挑战,而新兴领域则可能崭露头角。高职院校应该关注技术发展的前沿动态,及时调整专业设置,培养学生掌握最新技能和知识的能力,以提高他们在就业市场上的竞争力。

此外,高职院校在调整专业设置时,还应深入了解区域经济发展对人才的需求特征,以更精准地满足市场需求。可以积极与当地的行业企业建立合作关系,开展深入的调研工作,了解行业的最新趋势、技术需求和人才要求,更好地指导专业设置的调整。这种合作还可以为学生提供实践机会,使他们能够紧跟行业动态,提高就业竞争力。根据深入调研的结果,高职院校可以有针对性地设置专业。例如,对于新一代信息技术产业,可重点发展大数据与云计算、人工智能与智能制造等专业；对于生物医药产业，则应重点发展生物制药技术、医学影像学等专业；对于新能源汽车产业，则应重点发展汽车检测与维修技术、新能源汽车技术等专业。这种精准的专业设置可以更好地满足不同行业的用人需求。随着行业的发展，人才需求也变得多样化和综合化。高职院校可以鼓励跨学科融合，培养具备综合能力的学生。例如，不仅可以培养专业技术人才，还可以注重培养学生创新能力、团队协作能力和跨领域沟通能力等方面的素养。这样的跨学科教育将有助于学生更好地适应不断变化的市场需求。

二、基于岗位能力完善课程体系

专业群课程体系建设实施过程是产教深度融合的落脚点，课程体系设置的关键在于以工作过程的特征为建设逻辑，对接专业群岗位职业能力要求，建立工作任务与专业知识间的联系，构建课程内容，将课程建立在产业需求链和技术链上（王作鹏，2021）。根据高等职业院校产教深度融合水平评价结果，相较于协同育人下的其他三级指标比重，校企共同开发的课程数量占比指标相对偏小，仅占 4.88％，故校企在进行合作时应加强对课程体系的开发，基于岗位能力建设模块化课程体系，完善产教深度融合的育人过程。

首先，产教融合育人过程起始于高职院校对区域产业特点和需求的深刻理解。只有深刻理解区域产业的特点和需求，高职院校才能制定合适的专业设置和课程体系，为学生提供与实际产业需求相匹配的教育内容。积极主动地与当地的产业企业进行合作与对话，深入了解各个行业的发展趋势、技术要求以及用工需求等方面的信息，有针对性地进行教育体系的设计。一体化设计是产教融合育人过程的核心，它将学生的学习与实际工作相结合，使学生能够在实践中应用所学知识。深刻理解区域产业特点和需求有助于确定如何进行一体化设计，以确保培养出符合产业需求的人才。因此，在深刻理解区域产业特点和需求后，高职院校应将学生的工作过程与学习过程有机结合起来，通过在课程设置中融入实践教学、实习实训、产教融合项目等一体化课程设置，帮助学生直接参与实际工作，将理论知识应用于实际工作。为确保产教融合育人过程的顺利进行，高职院校与产业企业可以通过紧密衔接教育链和产业链更好地开展协同合作,实现教育与产业的有机结合。这包括制定双方合作的具体计划,明确教育和培训的目标与方向,确保学生在校期间能够接触到最新的工作技术和行业发展趋势,为他们的职业发展提供有力支撑。除此之外,产教融合育人过程应当是一个"闭环式培养"的过程,既有连续性,又有完整性,覆盖学生从培训、实践、实习到就业的全程,确保他们在不同阶段都能够获得实际工作经验。高职院校应在学生就业之前和之后都与企业保持联系,跟踪学生的职业发展情况,为他们提供持续的支持和培训机会。

其次,产教深度融合的课程体系也需要内部体系的变革,比如人才培养目标和规格的重新定位和课程体系的打通和重构。既要体现不同学历层次的知识、技能衔接,也要对接职业标准、职业资格与岗位证书,突出"就业与升学并进"的培养导向。根据现代职业教育人才培养目标,高职院校的课程体系应构建多个模块化课程体系,不仅关注专业核心课程,还要充分考虑学生的综合素质和文化水平,包括基础理论课程、专业核心课程以及实践教学课程等方面的内容。多元性的课程设置可以更好地满足学生的不同需求,使其在职业发展中更具竞争力。在构建课程体系时,为了确保课程内容与实际工作需求贴合,应积极推动校企合作机制体制创新,加强专业与行业、企业衔接,邀请业内大师名匠、行业专家等共同组建课程体系规划小组,通过实地考察、走访座谈、阅读文献、信息收集等多种方式方法主动融入相关产业活动、深度介入应用前沿,细致分析对应岗位的主要工作任务和职业能力需求,匹配适当的教学内容、教学方式、实习实训等,避免出现学校课堂教学和企业实际工作"两张皮"的现象,确保学生在校期间获得的知识和技能能够直接应用于实际工作中。

再次,高职院校课程体系的构建要坚持以专业技能为核心,兼顾学生的文化水平和综合素质来设计。在基础理论课程中,注重思想引导、常识讲解和行为习惯培养,以学生的综合素质提高为主;在专业核心课程建设中,应能够体现出专业发展方向,并符合学生职业发展的需求,从而形成系统完善的专业核心课程体系;在实践教学课程中,应该将技能实训作为主线,对基础理论课程和专业核心课程内容进行设计并进行融合,最终形成以学生直接参与、亲身体验、角色扮演为主,教师指导为辅的模块组合,提高学生的职业能力。

最后,在课程体系的优化过程中,高职院校应注重整体性、实用性和创新性。通过建立灵活的动态课程调整机制,确保课程内容能够符合行业企业新发展要求;通过建立有效的课程评估机制,收集学生和企业的反馈意见,以了解课程的实际效果,帮助高职院校不断改进课程内容和教学方法,确保其与产业需求保持一致;通过与行业相关机构合作制定职业标准,根据岗位职业标准的变更和人才培养目标的变化调整课程结构与教学内容。

三、加强"双师型"教师队伍建设

师资队伍建设是产教融合过程中的重要环节,也是提升人才培养质量的重要保障(周桐等,2022)。根据高等职业院校产教深度融合水平评价结果,人力资源指标在产教融合投入指标中的权重值为 10.78%,高于基地建设指标,但与经济投入指标还存在一些差距。目前,行业、企业参与产教融合的程度不深,缺乏对接地方经济发展的专业体系,长期形成的"封闭"或"半封闭"的教学模式造成了"双师型"教师普遍不足(童卫丰等,2022)。高职院校可转变传统的教师培养模式,以学校为主导、企业为辅助、行业为支撑、学生为主体,构建校企合作、工学结合的人才培养模式。

首先,可以改变传统的师资引进模式,增加教师的专业实践经历。加强与企业的联系,引进企业高技能人才、技能大师等作为兼职教师,邀请企业专家到校指导教学工作。高职院校的教师来源有三个,传统的职业技术师范大学、综合性大学和行业企业。一般来说,大学毕业的教师相对缺乏工作实践经验,实践教学能力不强,来自企业的教师则缺乏教育教学能力。一方面,高职院校要积极组织企业技术人才参加教育教学能力培训,利用岗前培训、在岗培训、专项培训、科研培训等校本培训形式和途径鼓励他们参加培训、进修。学校可设立一批产业导师特聘岗,聘请企业工程技术人员、高技能人才、管理人员、能工巧匠等到学校工作。采取兼职任教、合作研究、参与项目等方式。其工作内容主要包括承担教学工作,参与学校专业建设、课程建设,参与"双师型"名师工作室建设、校本研修、产学研合作研究等。另一方面,组织开展新进教师的实践技能培训。《国家职业教育改革实施方案》要求"职业院校、应用型本科高校教师每年至少 1 个月在企业或实训基地实训,落实教师 5 年一周期的全员轮训制度"。职业学校可以打通使用校企共建的平台、师资、设备及场地资源,强化专业的企业实践,通过"校中厂""厂中校"等方式,让教师有更多机会参与企业的技术研发、产品设计以及技术改造,熟练掌握本专业工作过程或技术流程,在实习实训教学、设备改造、技术革新、成果转化等校企合作中得到锻炼,并鼓励专业教师获取相关的国家职业资格证书或职业技能等级证书。职业院校也可选派青年教师到国家级教师企业实践基地开展产学研训一体化岗位实践,采用教师企业实践流动站顶岗、参与研发项目、兼职任职等方式,开展企业跟岗实践,可分阶段进行。内容主要包括了解企业的生产组织方式、工艺流程、产业发展趋势等基本情况,熟悉企业相关岗位职责、操作规范、技能要求、用人标准、管理制度、企业文化等,学习所教专业在生产实践中应用的新知识、新技术、新工艺、新材料、新设备、新标准等。

其次,高职院校可建立健全"双师型"教师的选拔与考核制度,按照"优进优出"原则,采取考核评价机制,择优选聘"双师型"教师进入专业教学团队,不断提升教师的教学能力与水平。2022 年 5 月,《教育部办公厅关于开展职业教育教师队伍能力提升行动的通知》,将研制"完善职教教师标准框架"作为职业教育教师队伍能力提升行动的首要任务。2022 年 10 月 25 日,《教育部办公厅关于做好职业教育"双师型"教师认定工作的通知》下发,从国家层面统筹规范了职业教育教师标准,进一步完善了教师评价体系。但是,我国大部分职业院校尚未建立科学合理的教师评价体系(吴显嵘、郭庚麒,2019)。因此,可以制定分层、分类、分级的"双师型"教师选拔与考核标准,聚焦教师教育教学能力和专业实践能力,突出对理论教学和实践教学能力的考察,注重教学改革和专业建设实绩,将教师在专业建设、课程改革、教学方法等方面取得的教学改革成果,以及在校企合作、技术创新、社会服务等方面取得的专业实践成果作为选拔与考核对象。同时,将行业企业工作经历或实践经验作为培养教师专业技能的必要途径。

最后,高职院校要不断完善教师队伍建设机制,通过建立健全专业技术职务晋升制度,为教师提供晋升的机会和通道,鼓励教师不断提升自己的教育教学水平和专业技术技能,以更好地满足产教融合中的教学需求。一是通过建立合理科学的职称评定制度,准确反映教师的教育教学水平和专业技术能力,激励教师积极参加教改科研项目和行业企业实践,提高其能力。二是高职院校可以在职称评聘、考核评优、推荐国内外培训进修等方面对"双师型"教师予以优先支持,课时费标准原则上应高于同级别教师岗位,激发教师的工作热情,吸引更多的优秀人才从事职业教育事业,特别是那些在行业企业、产业界有丰富经验的人才。三是高职院校应鼓励教师积极参加国内外培训和进修项目。省、市、县、校四级要认真落实教育部职业院校教师素质提高计划的五年任务,根据职业学校教师等不同群体的成长规律和途径,优化完善教师培训内容,落实立德树人根本任务,将思想政治和师德师风纳入教师培训必修内容。创新培训模式方法,注重岗位实践和能力建构,积极探索问题导向、专家引领、任务驱动、团队研修、返岗实践、成果转化等培训模式。充分运用数字化、信息化手段,丰富培训课程资源,调动学员参训积极性和自主性。加大教师参加国际培训力度,国际培训涉及跨界的知识和经验交流,可以帮助教师了解国际教育趋势、不同教育体系和文化,从而拓宽自己的国际化视野,提高自己的教育水平。通过参加培训课程,教师可以学习到最新的教育教学方法、教育技术和教育理念,如在线教育、互动式教学、项目化学习等,将这些知识技能和教育方式运用到自己的教学实践中,更好地适应不断变化的教育环境和产业需求,为学生的职业发展提供更好的支持。

第九章　高等职业教育
产教深度融合案例

　　随着高等教育由大众化进入普及化,教育供给的扩大加剧了供需两端结构性矛盾,以产业基础高级化与产业链条现代化为特点的产业转型升级迫切需要大量高素质技术技能人才,作为类型教育的职业教育使命在肩。产教融合既是加速汇聚产业转型升级核心要素、加快建设科技和人才引领的现代化产业体系的关键机制,也是职业教育办学的基本模式与本质特征,办好职业教育的关键在于处理好产教融合关系。高等职业教育经过 20 余年的快速发展,基于在人才培养、实习实训基地建设、技术服务合作等方面对产教融合模式的大量探索与实践,取得了一定的成效,推动了产教融合的政策制度体系逐步健全。深化产教融合,促进教育链、人才链、产业链、创新链有机衔接,是新时代教育服务经济社会发展和全民终身学习型社会建设的战略性路径,也是衡量职业教育改革成效的重要因素。

　　在长期探索构建央地互动、区域联动,政府、行业、企业、学校协同发展机制的基础上,产教融合已经从制度供给上升为国家战略。教育政策方面相继出台了《关于加快发展现代职业教育的决定》《关于引导部分地方普通本科高校向应用型转变的指导意见》《职业学校校企合作促进办法》《国家职业教育改革实施方案》等,对深化产教融合进行了全面的供给侧制度设计;产业政策方面相继出台了《中国制造 2025》《"十三五"国家战略性新兴产业发展规划》《新一代人工智能发展规划》《建设产教融合型企业实施办法(试行)》《试点建设培育国家产教融合型企业工作方案》《"十四五"大数据产业发展规划》等,对深化产教融合中发挥企业主体作用进行了需求侧制度安排;人才政策方面相继出台了《关于深化人才发展体制机制改革的意见》《"十三五"国家科技人才发展规划》《关于加强新时代高技能人才队伍建设的意见》等,对深化产教融合的人才创新动力作了培育激励;财政金融政策方面出台了《关于加强实训基地建设组合投融资支持的实施方案》《财政部关于调整部分政府性基金有关政策的通知》《国家税务总局关于调整部分政府性基金有关征管事项的公告》等,对深化产教融合中参与企业作了激励支持。

《关于深化产教融合的若干意见》对全面深化产教融合进行了系统规划,提出了教育、产业、科技、人才、金融等综合改革战略举措。2022年修订实施的《中华人民共和国职业教育法》进一步明确了企业实施职业教育的义务和责任,推动校企之间形成互利共赢的全面合作关系。特别需要强调的是,《关于深化现代职业教育体系建设改革的意见》和《职业教育产教融合赋能提升行动实施方案(2023—2025年)》为职业教育改革与发展提供了产教深度融合的路径与方法,旨在统筹解决产教"两张皮"的问题,推动职业教育提级赋能,有效推动各类主体协同配合,深化产教融合、服务国家战略与区域经济社会发展。

在产教融合相关政策法律的引领下,各地不断创新产教融合的体制机制、校企合作的模式,形成了多样化的产教融合形式。本章选取了万向集团与吉利集团两家首批国家产教融合型企业以及台州市域职业教育产教融合案例作为剖析对象,探讨地方政府或行业企业牵头实施产教融合的特色与实践,为高等职业教育如何围绕产业发展加大产科教融合、创新产教融合方式、推动学校与企业高质量发展提供经验。

第一节　万向集团的产教融合案例

万向集团由鲁冠球于1969年创立,是第一个进入全球市场、配套国际一流主机厂的中国汽车零部件企业,是国家大众创业万众创新示范基地,中国企业500强。集团致力于清洁能源和动行智控领域前沿研究、技术开发和应用制造,实现全球化运营。1984年,万向节产品首次出口到美国,成为第一个进入美国市场的中国汽车零部件企业,配套国际一流主机厂,是全球万向节专利最多、规模最大的专业制造企业。1999 年以来,围绕"让空气更清新"的使命,把握能源革命、科技革命的战略定位,集团深耕清洁能源和动行智控,具备世界先进的纳米级磷酸铁锂材料技术、能源控制系统和电芯、启停、储能、动力能源技术。2017 年下线的首款 KARMA 车交付客户,向欧美销售,是第一款由中国企业开发制造的、符合美国上路标准并在美国上市的汽车产品。万向聚焦轴承和底盘两大领域攻坚突破,代表中国企业在世界占领行业制高点,打造中国智造品牌。

万向创业发展 50 余年间,始终重视并全力以赴投入教育、公益事业。2003 年,公司出于公益目的与杭州市人民政府合作举办了杭州万向职业技术学院,持续推动产教融合,为社会培养了 4 万多名人才。2015 年,公司提出建设万向创新聚能城,聚焦清洁能源与动行智控,为产教融合提供广阔的产业应用场景,同时通过积极引入知名高校的创新智力资源,赋能人才高地建设,打造"产教融合 4.0"升级版。2021 年 7 月,公司获批成为首批国家产教融合型企业之一,"企业＋国内外高校"的产教融合新模式得到了认可。

一、万向产教融合模式

杭州万向职业技术学院立足自身需求,遵循产业规律,实现互动合作共赢,着力破解机制、制度、模式和标准等障碍,实施产教融合"357 计划",即"三化"(专业化、市场化、项目化)、"五合"(校企、校研、校校、校政、校地等五方合作)、"七家"(一个专业群与七家企业合作),继续与万向一二三股份公司、杭州优迈科技有限公司、杭州轻创电子商务有限公司、宁波市轨道交通集团有限公司等企业共同开展现代学徒制、管培生、订单班、岗课赛证达人班等订单培养模式,与杭州品向位食品有限公司、杭州凡闻科技有限公司、广汽乘用车(杭州)有限公司等签订校企合作协议,与杭州市总工会合作开展杭州工匠培育与研究。在此基础上,不断完善产业学院机制,开展"岗课赛证"达人班培养,积极探索中国特色学徒制。与企业全面深入合作,开展紧密型校企协同育人,并积极服务乡村振兴与共同富裕。

(一)数字贸易系产业学院"岗课赛证"达人班

基于耦合理论,产教融合本质上是一种产教合作关系,产业部门和教育部门两大系统的内在要素相互作用、相互影响以形成耦合机制。按国际贸易实务高水平专业群建设计划要求,要实施"三层递进"工学交替实训体系,其中最重要的一层就是开展全真贸易实战项目训练。通过参考其他"双高计划"学校人才培养模式改革经验,同时结合万向职业技术学院数字贸易系的专业建设基础和人才培养优势,学系努力通过创新校企合作机制,实现校企双赢可持续合作。数字贸易系与杭州启迪电子商务有限公司、杭州左盟电子商务有限公司、杭州磐恒科技有限公司、杭州夏弥电子商务有限公司四家企业达成共识,企业与学系专业团队共建跨境电商"能力站",在跨境电商专业 2020 级学生中遴选 15 名优秀学生尝试"实战型"校企双元管理模式——"岗课赛证"达人班,探索真实业务引领下的"工学互嵌"新型人才培养模式,以实际项目与课程互嵌的形式进行基于工作的学习,推动创新创业型人才培养。

1. 校企合作人才培养内容

在校企双方签订校企合作协议后,合作企业入驻校内实训基地,以速卖通平台店铺运营、跨境电商直播等业务操作为主要实践内容,由校企共同培养学生,基于校内生产性实训基地的教学平台实现"岗课赛证"全面对接(见图 9-1)。

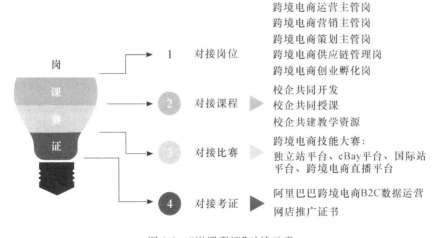

图 9-1　"岗课赛证"对接示意

（1）专业职业对接

对接岗位包括跨境电商运营主管岗、营销主管岗、策划主管岗、供应链管理岗、创业孵化岗,学生以一岗为主岗,多岗为副岗,在校内生产性实训基地从事真实业务平台操作。

(2)专业课程对接

业务内容与专业课程直接对接,学生的学习和工作过程相统一,在学习中工作,在工作中学习。校企双方结合工作内容,对接专业人才培养目标,针对专业核心课程进行课程开发、共同授课。

为与原人才培养方案中按知识体系构建的专业课程对接,"岗课赛证"达人班将原有专业课程嵌入整体真实运营项目,以这种方式开展教学,并由校企双方按企业生产标准共同考核,考核结果对应专业课程成绩。除规定的对接课程外,其他课程仍需正常上课。对接课程和学分如表9-1所示。

表9-1 "岗课赛证"达人班对接课程及学分一览

学习运营项目	主要工作任务	对应专业课程	学分数
跨境电商店铺运营准备	①市场背景分析应用 ②平台对应市场数据分析、选品业务操作	跨境市场数据分析与商品挖掘	3
跨境电商平台店铺运营	①运营平台业务操作 ②平台客户服务与管理 ③团队创业项目实施	跨境电商客户服务与管理	2
	①创业项目策划 ②创业项目实施管理 ③创业团队管理	跨境电商创业孵化	3
	①速卖通平台店铺产品选品和上传 ②速卖通平台产品定价管理 ③速卖通平台店铺物流管理等	跨境电商平台模拟操作(2周)	2
跨境电商平台店铺运营	①跨境电商平台支付方式选择 ②跨境电商平台汇率风险防范与控制	数字支付结算	2
	①跨境电商平台店铺整体运营管理 ②店铺损益核算等	数字化沙盘	2

学习运营项目	涉及主要工作任务	对应专业课程	学分数
数字营销操作	①市场调研中的财经英语应用 ②平台店铺上传产品英语描述 ③平台店铺中售前售后服务中英文表述	财经英语	2
	①平台店铺活动策划文案写作 ②社交媒体软文写作 ③跨境电商直播文案写作	新媒体文案策划（拓展课）	2
	①平台店铺运营推广策划 ②平台店铺运营推广实施 ③平台店铺运营推广复盘	网店运营推广（拓展课）	2
	①跨境电商直播活动策划 ②跨境电商直播实施 ③跨境电商直播场控等	跨境电商网络直播（拓展课）	2
合计			22

"岗课赛证"达人班将对学生进行两个层次的考核：一是考核项目运营过程中的整体表现；二是考核对应课程内容。两个成绩按照规定1∶1折算对接课程成绩。其中整体表现考核由校内专业团队老师和企业指导老师负责，各课程内容考核由课程老师负责，任课老师按照规定的比例折算课程成绩并上报。

（3）技能比赛对接

全面对接全国大学生电子商务"创新、创意及创业"挑战赛"跨境电商实战赛道"，包括独立站平台、eBay平台、国际站平台、跨境电商直播平台四个平台赛事。

（4）1＋X证书对接

对接跨境电商1＋X证书，包括阿里巴巴跨境电商B2C数据运营、网店运营推广证书，未来将继续增加电商直播、新媒体推广等方面的证书。通过全真业务学习掌握考证内容，因为业务学习内容就是考证内容，这种方式能促进学生一站式考证。

　　"岗课赛证"达人班校企双方有明确的分工与职责(见表9-2),双方共同参与管理,校内课程老师与企业人员共同进行项目化课程开发,共同完成对接课程的指导和考核工作。

表9-2　"岗课赛证"达人班项目管理分工一览

管理人员	分工内容	需要完成的工作
专业团队老师	组建入驻"岗课赛证"达人班学生团队	完成通知、筛选和团队组建工作
	日常考勤管理和周记批阅	负责每天学生日常考勤管理、处理学生在项目运行和业务中遇到的问题,完成学生周记批阅
	期中和期末汇报	与企业共同完成学生期中和期末汇报工作,根据汇报表现评定成绩
专业课授课教师	项目化课程开发	结合课程内容与企业共同开展项目化课程开发
	课程教学和辅导	进入校内实训基地为学生提供课程教学和辅导(结合课程内容和企业真实业务进行教学和指导)
	课程考核管理	负责所授课程学生的考核评价
杭州启迪电子商务有限公司	培训安排	负责整体培训项目的安排
	企业对接	负责与入驻企业的对接和日常沟通管理
其他合作企业人员	业务培训	企业日常业务培训
	业务操作指导	企业日常业务操作指导
	业绩管理	对学生业绩进行统计认定
专业团队和企业	项目方案制定	共同制定项目实施方案
课程老师和企业指导人员	课程学习资源开发	建设学习支持平台,开发典型案例与学习支持资源,编写活页,争取形成有特色的校企合作教材

2.项目实施效果

　　"岗课赛证"达人班计划项目的实施有效提升了实战项目的训练效果,同时在专业人才培养质量提升、教学资源库建设、学生创新创业能力培养等方面产生促进效果。

（1）形成了较稳定的校企双赢合作模式

创建校企深入合作的具体载体，解决项目类产教合作项目不可持续的痛点，形成校企课程共设、人才共育、过程共管、利益共享的可持续发展机制。通过组建"岗课赛证"达人班，学生基于企业在跨境电商平台的店铺提升实践操作能力，并参与企业业务运营工作，为企业真正带来经济效益。企业通过深度融入专业人才培养过程，与专业教师团队共同承担课程教学、业务培训、课程考核等教学工作，实现校企共建实训基地、校企共育专业人才的双赢目标。

（2）创新了岗课赛证综合育人机制

通过基于工作过程的模块化课程开发，实现工作与学习相结合，并为技能大赛积累业绩。同时，在业务训练内容中融入考证技能，实现岗位业务与课程学习、技能比赛训练和考证培训的一站式学习。"岗课赛证"达人班的实施，使学生在"做中学、学中做"，每个学生都能在真实的跨境电商平台店铺进行运营操作。通过一个学期的实践，首批参加"岗课赛证"达人班的 15 位学生全部出单，出单总金额达到 11748.71 美元，其中徐同学个人出单金额达到 5000 多美元，说明该同学已经具备较强的平台店铺运营实操能力。

（3）建立了数字化职业学习的新范式

创建以工作过程为导向的学习与工作交互的多媒体学习平台"能力站"，改变目前展示性教学资源的弊端，建立起支持学生自导学习的支持系统。

（4）积累了学徒制规模培养的经验

在试点积累经验后，将进行系统化的深入改革，在二年级进行基于典型任务的 B2C 与 B2B 岗位化学习，三年级对接公司的项目化学习。通过"岗课赛证"达人班的实践，学生提前参与企业的业务运营，使双方能够互相了解，有利于学生就业。达人班已经有两位学生被企业录用，以实习生的身份进入公司工作，另外有三位同学得到合作企业的推荐到相关企业实习。

（5）提升了专业整体建设水平

推动专业课程建设、新形态教材开发、1＋X 证书考取、职业技能大赛参赛、社会服务等工作，并为专业申报各类项目和成果打下良好的基础。

（二）共建智能制造产业学院

为了充分发挥学校、企业的教育资源优势与行业资源优势，为杭州经济建设和社会发展服务,全面提升高职院校人才培养质量,实现学生高质量就业,满足企业对高端技术技能人才的需求,为企业发展提供技术研发支撑和人力资源保障,本着"资源共享、优势互补、互利互惠、共同发展"的原则,经友好协商,杭州万向职业技术学院于 2020 年与万向一二三股份公司、杭州优迈科技有限公司联合成立智能制造产业学院,各合作方以此为平台,开展产教融合实践基地、课题研究、技术开发、课程建设、现代学徒制人才培养、企业培训等多方面的合作。

1.合作方式

依托万向职业技术学院智能技术专业群现有办学资源,合作双方以场地设施、设备、技术、师资、课程和技术资料、资金的投入等资源开展合作。合作资源以双方确认清单为准。双方风险共担、利益共享。智能制造产业学院为隶属于万向职业技术学院的二级院系机构,不具有独立的法人主体资格。双方用以合作的资源(包括房屋、土地、设备等),在合作期限内仅提供其使用权入股,不转移所有权。双方各自委派、任命进入智能制造产业学院工作的员工,员工的人事及劳动关系责任由各自承担。双方对合作的成果享有同等的支配权。校企共同组建智能制造产业学院理事会,具体运作模式等由理事会协商确定。

2.合作内容

共同培养人才。综合考虑杭州市产业人才需求和企业需求,调研开发、设置、调整专业。实施企业冠名办班,实施现代学徒制及新型学徒制,为企业提供人才支持。组建专业建设指导委员会,共同设计并实施人才培养方案、制订教学计划、研发 X 证书、开发课程标准和教材等,共同开展办学质量考核与监控。例如,校企共同开发产业学院课程:机电产品市场营销、工业机器人离线编程技术、电梯智能制造综合、锂电池生产制造综合等。学院与万向一二三股份公司还联合实施现场工程师培养,针对现场生产班组长岗位,共同构建基础课程—专项课程—强化课程三段递进式课程体系,创新"小班教学、师徒配对、学工同班、动态调整"和企业主导、任务化集中培训教学的新型教学组织形式。与相关企业沟通合作,实现 1+X 考证课证融通。2023 年机电一体化技术专业(数控综合实训课程)1+X 考证(中级)全覆盖;大数据技术专业 Python 大数据处理 1+X 考证的合格率为 96%;新能源汽车技术专业 1+X 考证的通过率为 100%。

共建师资队伍。利用双方资源,互相开展师资培训与企业员工培训,使智能制造产业学院成为技能培训与鉴定基地、中华优秀文化传承与引领基地、培育企业工匠精神基地。主要措施包括:选派专业带头人、骨干教师、教学能手到企业生产车间轮训或研修,推行面向企业真实生产环境的任务式、项目化培养模式;选派企业专家、工程技术人员、技术能手等到学院任教、开设讲座和技能工作室。例如,新能源汽车技术专业教师参与杭州富嘉汽车部件有限公司职业技能鉴定点(汽车饰件工)申报工作,七名专业教师受聘企业专家。

共建生产性实训基地建设。共建生产性实训基地,开展生产性实习实训,建设"校中厂""厂中校"。合作开展学生教学实习和顶岗实习,共同促进毕业生高质量就业等。建设"工作室+达人训练营"的校内创新创造平台,实现混专业、混年级、混身份、混学校培养。此外,产业学院还与杭州凡闻科技有限公司建立媒体融合实验室,成立杭州新时代城市品牌研究与开发基地、机电与智能控制技术研究所、大数据技术与应用研究所、西湖区科普教育基地。

共建技术技能创新服务平台。通过成果转让、联合攻关、产品研发、技术服务等方式,开展科技项目合作,积极促进企业科技开发与成果推广。建设应用技术创新中心进行技术研发,建设公共技术服务咨询中心提供技术技能和咨询服务。

3.合作成果

智能制造产业学院设立了电梯教学虚拟现实技术研发中心,合作研发电梯门系统仿真训练系统;开展多项横向课题研究,发表高水平论文多篇,其中一篇被 SCI 收录;先后获得发明专利 2 项,实用新型专利 43 项,成果转化 2 项。产业学院以现代学徒制的模式校企联合培养学生 200 余名,学生在多个国家级和省级比赛中获得奖项。产业学院同时开展了企业培训等社会服务,为各类校企提供电工、数控加工等技能考证培训逾 500 人次;"校中厂"生产轴承外圆、传动轴、柱塞等产品 5 万余件。2023 年出版校企合作新形态教材 3 种:《数控车床实训》《城市轨道交通车辆构造与运用》《新能源汽车运用技术》。完成《单片机应用技术》校编教材的编写。立项两门院级活页教材。

二、产教合作机制的协调

(一)制度引领,大力支持探索创新

"建设数字万院,打造智慧校园",是万向职业技术学院在"十四五"期间的重要任务之一,立足自身需求、遵循产业规律,实施深化产教融合的"357 计划",以深度链接企业数字化转型需求为手段,聚焦"数智化"主体开展系统研究与实践,提升"数智化"教育能力,培育"数智化"技能人才。

为全面贯彻落实"建设数字万院,打造智慧校园,提升办学品质"的工作方针,2022 年,学院研究制定了《"数智赋能年"活动实施方案》,以"数智赋能、争先进位"为主线,以数字化改革为总牵引,推进数字化转型与发展,综合运用数字化技术、数字化思维、数字化认知,推进教学、教育、管理与服务。实施方案明确了相关工作开展的指导思想和主要目标,制度化引领数智赋能工作开展;分解具体任务,按照基本工作任务、重点工作任务进行分类;同时大力支持各部门、系及教职工根据职责与实际大胆探索创新,完成有意义的自主任务。

(二)强化顶层设计,做好"智慧校园"规划

为了补上信息化短板,学院在推进专业、课程数字化的同时,对实现数字化跨越进行了顶层整体设计。围绕一个主体单元——大数据仓,五大支撑中枢——数据中枢、用户中枢、消息中枢、业务中枢、流程中枢,构建万院大脑,打通信息孤岛,实现决策反馈智慧化。围绕课程资源、教育资源、管理资源、服务资源构建学院资源中心万院驿站,为师生与社会提供资源服务。整合校内外应用和信息资源,构建统一门户"万院广场",为师生与社会提供在线"查、采、办、用"等综合业务服务。

(三)开展系统研究,提升教育能力

数字化教育不仅要运用互联网、信息和数字技术,还要培养学生的数字化思维、能力和素养,实现手段与内容的统一。为了打破新时代背景下高职教育工作在技术、机制、体制等方面的瓶颈,牵引和推动学院整体工作迈向数智化,

学院实施教职工大数据素养提升计划,2022 年组织全院教职工数字化培训 6 次、信息化教学能力培训 7 次,并总结推广有价值的标志性成果,通过多渠道学习宣导,强化示范和引领作用。

以院级专项研究课题为载体,引导和促进教师与行政管理人员积极参与数智万院建设。围绕"未来学校——数智化教育实践与思考"这个主题,从教育、教学、管理、服务、智慧校园五大领域开展行动研究,推进数智化教育实践与探索。以研究的视角解决工作中的实际问题,全面拓展教职员工数智化思维,培养数智化能力,提高数智化素养。2022 年共培育 43 项课题成果,由浙江大学出版社正式出版《数字化教育探索与研究》一书。

(四)平台化建设,建设数字化平台系统

一是利用数字技术举办元宇宙(线上)毕业生招聘会。2022 年 5 月 18 日,学院利用数字技术创新招聘会形式,在校内首次开辟了"元宇宙招聘"的新场景,共有 40 家企业、300 余位毕业生参加招聘会,被《中国教育报》、光明网、新华网等多家媒体报道。参加此次招聘的师生和企业纷纷用"叹为观止""惊艳"来形容招聘会,表示这是一种超越传统招聘模式的全新体验,不仅降低了学生应聘的经济成本和时间成本,对企业而言也是降本增效的有效方式。二是搭建人力资源数字化平台,推进"一件事"服务场景建设,实现线上闭环管理。"线上教务处"建设成形,开发"今日提醒""我的课表""我的科研""学分银行""师生个人数字档案"等五个数据场景应用,打造线上教学管理"云生态"。三是发布"三创教育云广场","云广场"设置多个三创栏目,有线上课程思政、在线视听、云展馆、三创资讯等丰富的数字化资源,是"建设数字万院、打造智慧校园"的重要组成部分,也是将企业家精神、三创教育融入育人全过程的重要载体,"云广场"建设经验在浙江省教育厅教育领域数字化改革工作动态第 26 期刊载。

全面高质量建设国际产教科创平台。一是充分利用数字化手段、数智化平台提升效率。学院创新"元宇宙招聘"新场景,极大提升了企业、学生的参与意愿和沟通效率,同时充分调动周边及更远地区的人才资源与岗位需求;学院发布的"三创教育云广场",将丰富的教育资源数字化发布,极大提升了资源

利用效率,具有较大的社会意义。二是定位国际化,积极引入国际智力资源,打造产教融合的国际科创平台。学院通过全球业务和科技研发资源统筹布局,与美国西北大学、麻省理工学院等多家国外知名高校保持长期、深入的合作关系,并以中美"十万强计划"等具有特色的行动为契机,推动国际智力资源引入,为产业发展注入动力。2022 年,杭州万向国际聚能城被纳入科技部印发的《长三角科技创新共同体建设发展规划》,核心任务就是加快集聚国际创新资源,促进国际先进科技成果在浙江转化落地。为更好地完成上述任务,学院将加快建设杭州万向创新聚能城,打造国际人才高地。

(五)坚持国际化定位,集聚国际数智创新资源

万向集团作为清洁能源行业龙头企业,立足投资兴办的杭州万向职业技术学院的产教融合"初级阶段",提出建设万向创新聚能城,逐步迈入打造国际科创合作平台、引进培育国际顶尖人才的产教融合"高级阶段",提出"龙头企业＋国内外高校"产教融合模式,充分发挥自身作为民营企业在国际人才交流、科技资源集聚过程中的灵活性,强化科技创新资源集聚效应,将万向创新聚能城打造成为国际顶尖人才落户、培育的重要基地。具体实践过程中,万向集团在学院设立"鲁冠球教育奖",用于奖励和帮助优秀师生。学院每年派出大量教师与管理骨干赴澳大利亚、加拿大、英国及美国等地进行标杆考察;选送优秀学生赴美国、英国、新加坡等地学习,并接收新加坡等地学生来学院访学。

中美国家元首计划"十万人留学中国"对外交流项目开展至今,接待了来自美国 8 个州的 58 个研习团 1409 名美国师生,同时 600 余名学院学生作为"学生大使"全程参与了项目的课程学习、文化体验工作坊、企业参观、家庭访问、社区服务等活动,获得《环球时报》《中国日报》《人民日报》《华盛顿邮报》等国内外知名媒体报道,引起了积极的社会反响。交流项目中建立的中美师生友谊,将为未来的学院建设、万向创新聚能城人才高地建设注入新动力。

三、万向产教融合的特征

(一)消耗性实践向生产性实践递进

消耗性实践是一种传统的实践训练方法,一般是指在实践课堂当中提升学生的实践技术与技能的模拟加工和操作,因为在训练过程中存在大量实践材料耗费、设备损耗和能量损耗,故称之为消耗性实践。生产性实践区别于传统的消耗性实践,在校企协同育人模式下,以企业生产环境作为教学训练环境,以企业真实的产品生产作为实践训练,因此实践过程中将创造出真实可用的产品,由此产生了更多的价值。生产性实践在学校内一般在"校中厂"进行,其具有如下优势:实践过程真刀真枪,完全贴合企业实际生产要求,大大消减了学校课堂实践与企业生产之间的隔离带,为学生毕业走向工作打下更为扎实的基础;生产性实践需要以工作的心态来对待实践,迫使学生在实践过程中提高工作效率,有助于实践技能的快速提高。

杭州万向职业技术学院机电一体化专业根据杭州市属高校产学对接校企共建校内实训基地建设的要求,与钱潮轴承有限公司共同合作完成的"数控技术校内实训基地",建立"校中厂",将真实产品生产过程和企业生产管理引入实训教学,在校园内打造真实的生产实践场所。充分依托本项目合作企业钱潮轴承有限公司的生产技术、设备与人员优势,将企业的30205/NEW轴承外圈零件数控车削加工环节、检测环节引入"校中厂"。在三年建设过程中,总共生产企业产品3万余件,参与生产过程的学生达到150人次。

(二)以校内师资单一授课向校企融合式授课递进

实践课程由校内师资单一授课向依托于"校中厂"的校企融合式授课新模式转变。学院机电一体化专业与绍兴复正机械科技有限公司合作,在数控方向采取校企融合式授课模式,将企业的技术、管理和生产产品引入课堂,并整合校企双方优势资源,形成专业教学与企业生产融合的局面。此外,机电专业与日立电梯开展合作,将企业员工培训课程融入电梯实训课堂,师资队伍由企业技师与学院教师混编而成,共举办三期日立—万向电梯维保进阶培训班,受益学生近百人次。通过校企协同,充分解决了校内实训师资在实践技能上的短板,同时使实践课堂内容完全贴合企业的实际需求。

(三)传统订单班模式向现代学徒制递进

顶岗实习是一门纯实践课程,其组织形式一般为学生到企业参加顶岗实习。过去采用传统的企业订单班的形式,以班级为单位安排学生到订单合作企业进行顶岗实习。这种传统的订单培养项目使学生到合作企业实习的人数达到了一定的规模,但也表现出以下几点不足:一是传统的加工制造型企业出于淡旺季等原因,其在用人需求方面呈现一定的波动,而订单班学生数量较多,当企业用人需求与订单班庞大的实习学生数量不匹配时,往往出现学生扎堆实习、名为实习实则"打杂"等岗位设置不合理的现象,影响了实习的效果。二是传统的订单班模式下,实习管理相对粗放。企业员工的流动性和实习岗位轮转等因素使企业实习指导人员多变,加上实习指导人员自身素质参差不齐,使学生在实习过程中缺少科学系统的引导。三是传统的订单模式下,由实习单位人事处制订实习生的实习计划。部分实习计划设计与岗位实际脱节,体现不出岗位自身的特点。

现代学徒制模式下的企业顶岗实习以师傅带徒弟的形式进行,与传统订单班模式下的顶岗实习相比具有如下特点:充分发挥企业的主观能动性,更加注重根据企业实际的需求,来安排实习岗位;学徒制模式下的企业师傅聘任制,使师傅由经验丰富、具备一定资历的企业技师担当;由师傅根据岗位特点,结合师傅在自身职业生涯发展过程中获得的经验,为实习生量身定制实习计划,更加符合学生的职业发展规律。

近年来,万向职业技术学院机电专业与合作企业深度对接,在学生顶岗实习阶段为每一位实习学生选拔配备企业师傅,以师傅带徒弟的形式完成顶岗实习课程教学。在教学过程中,师傅为学生制订实习计划,全程负责辅导学生的实习教学,使该实践教学环节的教学质量有较大提升。机电专业与万向集团下属万向一二三股份公司进行现代学徒制模式下的顶岗实习,是一个典型的校企合作项目,顶岗实习的实践教学效果显著。万向一二三股份公司具有世界领先的汽车锂电池智能制造生产线,机电专业的毕业班"顶岗实习"课程与其进行产教融合,该项目至今已运作近三年,有超过半数的学生实习期满后留在企业工作,为万向集团的汽车锂电池制造基地培养各类专业的储备人才。

第三节　吉利集团的产教融合案例

浙江吉利控股集团有限公司(简称吉利集团或吉利)始建于 1986 年,1997年进入汽车行业,一直专注实业,专注技术创新和人才培养,坚定不移地推动企业健康可持续发展,现资产总值约 3300 亿元,员工总数超过 12 万人,连续七年进入全国企业 500 强。2023 年 10 月 16 日,吉利集团宣布,9 月汽车总销量达 26.44 万辆,同比增长 26%。其中,新能源汽车销量为 9.37 万辆,同比增长 38%,新能源渗透率达 35%,创下历史新高。目前,吉利集团已发展成为一家集汽车整车、动力总成和关键零部件设计、研发、生产、销售和服务于一体,涵盖出行服务、线上科技创新、金融服务、教育、体育等的全球型集团。集团总部设在杭州,旗下拥有吉利汽车、几何汽车、领克汽车、沃尔沃汽车、极星汽车、宝腾汽车、路特斯汽车、伦敦电动汽车、远程汽车、曹操出行、太力飞行车、荷马、盛宝银行、铭泰等品牌。吉利集团还是沃尔沃集团第一大持股股东、戴姆勒股份公司第一大股东。2021 年 7 月,吉利集团成为浙江省四家首批国家产教融合型企业之一,吉利集团举办的浙江汽车职业技术学院成为大型民企参与职业教育的成功典范。

一、企业举办职业教育的价值取向

自 1997 年吉利集团进入汽车制造行业,就开始涉足教育事业。在办学过程中,吉利集团先后创办了九所学校,培养范围涵盖从职高到研究生不同层次,共计为社会培养人才超过 15 万人,其中大部分都是汽车行业急需的专业性人才。这些院校培养的人才不仅是为满足吉利自身发展需要,更是助力中国汽车行业发展形成了一种人才闭环,为中国校企办学模式树立了样板。

吉利式"产教融合"民办教育既是对教育事业的向往,也是因地制宜,为汽车工业发展提供人才保障。1997 年,初次涉足汽车制造的吉利立足汽车行业开始筹办学校。相关资料显示,当时中国汽车人才匮乏,尤其是汽车制造生产的应用型人才极度匮乏。在对比国际汽车产业发展趋势后,吉利集团判断"国产汽车要想有出路,就必须有强大的人才队伍作为支撑"。时间拨回到1997年,浙江汽车职业技术学院教师清楚地回忆:最开始,工厂的600亩①地被分为三块:一块办学校,一块进行产品试制,另一块就是老师、工程师和专家的生活区。当时国内汽车人才相对匮乏,不仅是应用型汽车人才短缺,连教师、教具也十分匮乏,整个办学过程十分艰难。

梳理吉利办学史发现,吉利办学经历可以分为三个阶段。第一阶段,培养技术型人才需要。1997年3月,浙江吉利教育中心在临海市城东吉利工业园奠基,由此拉开了吉利兴办教育的序幕。20余年来,已为吉利及汽车产业链单位培养了2.5万余名优秀人才,众多毕业生已经成长为企业骨干人员。第二阶段,吉利汽车在发展过程中遇到的问题,在办学实践中找到答案。吉利在三亚学院增设全球型企业文化研究中心,目的就是推动全球型企业文化的融合和推广,帮助跨国企业接受和形成全球型企业文化。第三阶段,吉利办学已经超出企业化实用性的发展思路。在这一阶段,吉利汽车已经形成有针对性的人才培养系统,吉利在办学路上已经有了自己的差异化和高度。民办教育无论是在理论研究,还是产学研结合方面更加有针对性,更能满足当下时代的新需求。

如今的吉利教育事业规模和当初的艰难起步已经不可同日而语。20余年坚持下,吉利先后创办了浙江汽车职业技术学院、吉利学院、三亚学院、湖南吉利汽车职业技术学院等九所院校,涵盖从职高到研究生不同培养层次,累计培养了超过15万名毕业生。截至2020年8月,吉利汽车校园招聘员工10%来自旗下院校。教育事业的蓬勃发展为吉利突飞猛进的业绩发展提供了源源不断的内生动力。

---

① 1亩约等于666.67平方米。

二、产教融合的举措与成效

(一)"实岗实战,产教通识"双师培养

2020年起,为深入贯彻习近平总书记关于职业教育的重要讲话精神及相关政策要求,吉利集团基于现有的校企合作院校资源,进一步推动产教深度融合,发挥企业重要办学主体作用,以专业建设为纽带,以产业发展需求为结果导向,推动企业资源和办学资源的整合优化,创立"春雷计划",为"双师型"教师培养搭建平台,促使技术技能人才培养与行业发展相融合,助力培养适应行业发展与企业需求的高素质应用型人才。截至2023年3月,吉利集团陆续开展了订单式、统招式、集团内外部教师等不同类型的双师培养项目共十期,培养并认证了216名"双师型"教师,项目评价综合满意度高达98.89%。

1.创新模式

吉利集团与职业院校的合作模式可分为三类:

一是"报名式",分为企业跟岗访学和先进技术研学。企业跟岗访学的推荐群体为辅导员、专业教师、定向班班主任等,重点学习了解企业的生产组织方式、工艺流程、产业发展趋势等基本情况,熟悉企业相关岗位职责、操作规范、技能要求、用人标准、管理标准、应用技术需求等;先进技术研学的推荐群体为分院长、系主任、专业带头人和资深教师等,通过在企实地调研,探寻所在院校教育教学中的差异点或需求点,以课题形式完成改革方案,推动先进技术技能在院校落地并普及。

二是"订单式",即院校根据自身需求下达培养订单,企业在院校协作下按订单进行人才培养。该模式开展形式参照"报名式",同时可以结合院校实际需求量身定制教师企业实践方案。

三是"驻厂式",适用于在学生实习期间,由院校派到企业的驻场教师。该模式围绕学生实习相关工作展开,重点了解企业的生产、工艺、产业发展趋势等,熟悉相关岗位职责、技能要求、用人标准等,并根据教师或所在院校的实际需求定制实践内容,最后形成促进校企合作、提升学生实习感受的相关方案或建议。

2. 才岗匹配

一是按需配岗。根据企业岗位和人才需求、院校专业设置比重以及校企双方用人标准等,评估提出历练岗位30余个,涉及汽车类、机械自动化类及工商管理类等专业。

二是因人选岗。专业教师结合培养目标、自身专业与历练课题方向、院校教学管理实际等情况选择历练岗位,真正做到从教师实际需求出发,具有现实针对性。

三是配置导师。聘任"铁三角"导师团。项目导师由项目组成员担任,帮助历练教师完成项目全流程设计等;专业导师由生产制造一线技能大师、工程师或管理科长担任,根据历练教师资质、经历以及课题的难易程度不同,匹配对应层级导师;文化导师由基地管理人员担任,帮助历练教师走进企业、融入文化。

3. 岗位历练

一是历练前期。组织开展导师团与历练教师的见面会,由导师亲自带领教师步入历练岗位,导师团充分了解教师历练课题内容及需要达成的目标,共同商讨并制订历练计划,将知识点进行细化整合。导师负责教师历练期间的考勤情况,同时全面保障教师在历练期间所需资源,如带领教师走访供应商公司、子公司等。

二是历练中期。教师认真履行岗位职责,逐一推进课题计划。导师定期开展课题总结会,督促课题进展。项目组负责做好人员关爱活动,如生日会、夏日福利、文化游学、摄影大赛等,让教师们劳逸结合、分享收获与成长,在思维碰撞中产生课题思路、提升课题质量。

三是历练后期。依据教师历练考评细则,对教师的表现进行多维度综合考核,并根据最终考评结果授予教师结业证书。

4. 课题共创

教师经过企业历练期间的文化融合、厂部参观、产品知识和工艺介绍等,对企业形成较全面的了解,了解企业实际生产设备、工艺标准、使用技术、管理模式等方面与院校教学设备的差异,提炼蕴含其中的共性和个性问题。通过项目导师的思路引导,教师从工作目标、基本思路、常见问题及研究内容等方面进行课题共创。同时,各院校教师互通有无、共商共议,结合历练岗位工作,进一步明确历练课题研究方向。最终,教师输出可实施、可复制、周期允许的课题(案例),回校后进一步将历练成果落地转化,促进教学教改,使吉利企业文化更好融入校园。

5.落地转化

教师结束企业历练后,向所在院校汇报历练过程与收获、校企差异及后续课题落地转化计划。在此阶段,企业导师与教师保持密切联系,做好专业与课题落地的支撑工作;教师以图文方式分阶段反馈在校落地转化实况,项目组定期进入学校回访考察,经过三个月左右时间,总结形成完整的历练课题总结报告,并在吉利全国合作院校间进行高校与企业的双重评选。评选出的优秀案例将在吉利线上学习平台上推广。

6.项目特色与不足

(1)成果与特色

沉淀教学经验,输出模式案例。形成《校企合作教师入企历练管理办法》1.0版,总结沉淀项目模式案例1篇,编写项目双师案例集1本。"春雷计划"采用"案例推动＋导师负责"的模式,实现历练教师能够讲一门企业课程、顶一个业务岗位、做一项教改课题、转一项实施案例的目标,组织双师输出优质教改课题,目前已完成"基础开展→标准沉淀→品牌营造→价值提升"四个阶段的过渡。2020年9月至今,"春雷计划"累计开展双师型人才培养项目十期,赋能高校教师216人,完成沉淀教学转化课题116项。

创新教改模式,输出技能人才。推进"双师型"队伍建设,促进专业教学改革和人才培养模式转变,持续培养行业所需的高素质应用型人才。"春雷计划"以融合教学与企业管理、制造差异为出发点,对标找差,获得企业导师、业务单位、历练教师的一致好评,该计划进一步增强校企融合度,提升教师对企业管理、新型技术、工艺、先进设备的认知,为职业教师教学改革提供创新思路。"春雷计划"已成功申报四川省"国培计划"项目和2022年机械行业职业教育师资培训项目。2023年,吉利汽车集团有限公司成功申报成为第二批全国职业教育教师企业实践基地。

（2）经验与不足

经验方面，一是以理论提素质。以"产教融合、协同育人"为主题，对学员进行产业政策和教学教法的理论培训，参训老师与相关专家、企业代表进行面对面交流，从产业发展、人才需求、专业建设、课程构建、师资队伍建设等角度，共同探索新时代新汽车职业教育的改革与发展。二是以实践促发展。结合院校及个人发展需求，从企业跟岗实践、先进技术研学、驻厂兼职实践、院校订单定制四种类型中，选择适合的类型，开展项目所需周期的教师企业实践。以集中赋能培训、跟岗实践、课题任务、教学案例沉淀为主，过程结合文化活动体验、文化制造游学。

不足之处在于，一是项目对职教改革大方向的助力有限。多数项目周期在一个月左右，经调研，大部分教师认为七天左右较为合适。实际上，教师需要更长时间历练才能在职业教育改革上有所建树，七天乃至一个月的时间远远不够。引导院校新教师（无企业经验，即学校→学校）、传统汽车教师入企的时间周期亟须突破。二是项目对不同需求群体的助力有限。参与项目的教师专业广泛、需求出发点各不相同，目前项目对覆盖群体的分类划分还不清晰。

（二）校企双主体深度融合育人模式

浙江汽车职业技术学院是由浙江吉利控股集团于1997年创办的第一所学校——民办浙江经济管理专修学院——发展而来，现由临海市人民政府和吉利控股集团联合办学，是全日制民办普通高等职业院校。学校是吉利汽车人才培养基地、领克汽车人才培养基地、临海市首个工业机器人职业能力培训基地、台州市首批退役军人就业创业基地、浙江省现代学徒制试点单位，是全国机械职业教育教学指导委员会汽车类专业教学指导委员会（高职）委员单位。

学校秉承"走进校园是为了更好地走向社会"的办学宗旨，遵循"德技双馨、自强不息"的校训，立足汽车行业，服务浙江及台州区域经济发展，重点建设汽车、电子、机械制造和商贸流通服务类专业，培养生产、建设、管理、服务第一线的高素质技术技能型专门人才。学校下设汽车工程系、机械工程系、电子工程系、经济贸易系、实训中心、成人教育学院、创业学院等七个教学部门，以汽车产业链专业为特色,开设有交通运输、装备制造、电子信息、财经商贸、新闻传播等五个专业大类的 18 个专业。其中汽车检测与维修技术为浙江省高校"十三五"优势专业建设项目,汽车制造与装配技术、汽车电子技术、汽车营销与服务为浙江省高校"十三五"特色专业建设项目。

学校依托吉利及旗下企业,大力开展产教融合、校企合作,已建成工业机器人实训中心、汽车制造工艺实训中心、汽车实训中心、机械加工实训中心、电子电气实训中心、数字化实训中心等六大实训中心,实习实训基地设备先进、工位充足、功能齐全。汽车实训中心为浙江省高职高专院校示范性实训基地,并被教育部确认为中央财政支持的职业教育实训基地。学校的国家职业技能鉴定所可开展钳工、维修电工、汽车修理工、数控车工等多层次、多职业(工种)鉴定;2019 年汽车修理工获一级考核鉴定等级,通过市级五星级评估。

学校背靠吉利产业优势,在人才培养中坚持产教融合、校企合作,坚持工学结合、知行合一,为汽车产业链相关企业培养了大量人才。学校聘请吉利汽车研究院及吉利旗下各生产基地的诸多资深专家、中高级工程技术人员与管理干部担任学校的兼职教师,充分利用校企教育资源,按照企业岗位标准,将学校的教学过程与企业的生产过程相对接,实施校企双育人模式,为企业发展"培育人才森林"。学校毕业生初次就业率连续五年达 98% 以上。

1. 汽车制造业"1.5+0.5+1"工学交替模式

浙江汽车职业技术学院"依托集团、立足地方"已成为学校办学体制上的独特优势。吉利汽车的跨越式发展,为校企合作创造了得天独厚的有利条件。从 2015 级开始,汽车制造与装配技术专业实施"1.5+0.5+1"现代学徒制人才培养模式。该模式以提高学生技能水平为目标,按照"学生→学徒→准员工→员工"四位一体的人才培养总体思路,实行三段式育人机制。现代学徒制培养的核心阶段在第四学期,即模式中的"0.5"阶段。根据定向培养需求,由校企共设课程,并与吉利集团培养新进大学生的"成蝶计划"有效对接,校企共同实施教学。通过企业捐赠、校企共建等多种途径,以实训基地、"校中厂"、企业大学等多种形式,为学生提供优越的实训条件,校企双方均为育人主体,最后一年定向到企业顶岗实习。

2.校企联合评价引领人才培养标准

将企业专家纳入专业建设委员会,双方研究确定人才培养目标定位、培养模式,共同制定人才培养实施方案。企业全程参与学生的学业及思想道德评价,作为毕业后学生录用的条件之一。建立了校企联合答辩的学生质量评价模式。将教师评价和企业师傅评价、企业评价相结合,以评促教,以评促学,切实提高学生的就业基础能力、岗位核心能力、职业迁移能力,实现"人人有技能,个个有特长"的目标。

3.改革教学实训模式

以适应职业岗位需求为导向,改革教学方法,加强实践教学,着力促进知识传授与生产实践的紧密衔接,构建现代学徒制。推行工学结合,实施双导师制,学院确定专业教师为导师,到实习单位指导学生理论学习;实习单位选派技术人员为师傅,负责教授实习生岗位技能。以现代化实习场所作为教学的重要阵地,注重能力培养和技能训练,促进知识学习、技能实训、工作实践的融合,推动教、学、做的统一,帮助学徒在实习中积累国家职业资格评估所需的证明材料,助力学生全面发展。创新实习内容,以人才培养对接用人需求、专业对接产业、课程对接岗位、教材对接技能为切入点,深化实习内容改革。将相关岗位分解成若干个技能元素,并进一步提炼为训练点,校企共建实训基地,把技能训练纳入在校实训。

4.强化"双师""双导师"队伍建设

建立"亦师亦傅"校企互聘共用教师队伍保障机制,畅通专业教师与企业工程师及管理人员双向挂职锻炼渠道。吉利集团优秀的高层管理人员、高级技能人才、明星员工以客座教授、技术顾问、兼职教师的身份融入学校的人才培养全过程。校企文化交融,促进了协同育人,为培养"原生态"忠诚度的员工打下了基础,逐渐完善了现代学徒制模式的管理制度。双方共同建设了《校企合作共建实训基地协议书》《校企人员"互兼互聘"管理办法》《指导教师工作职责》《校企定期会商制度》《学员考评管理办法》《现代学徒制学生上岗前培训计划》等管理制度,保障了模式的运行。以教师培养、评聘和考核为核心,强化"双导师制"队伍建设。坚持以教师全员培训、集中专题培训为主要形式,建设高素质专业化教师队伍。实施学院与企业管理人员双向挂职锻炼,提高专业教师的实践能力和教学水平。推动专业教师与企业共同开展技术研发,及时完善和更新相关理论知识。鼓励企业选派有实践经验的行业企业专家、高技能人才和社会能工巧匠等担任学院的兼职教师,并建立了企业兼课专家库。

5.项目特色成效

(1)形成了校企"双主体"育人机制

汽车制造与装配技术专业实施"1.5+0.5+1"现代学徒制人才培养模式,企业管理和学院管理两条主线对学生成长起到了重要的助推作用。一是汽车制造与装配技术专业学生的职业能力得到了较好训练,从"对企业生活感到茫然"转变为"提前适应企业工作环境,学会与同事、师傅相处与沟通,了解企业规范的运作与管理"。对企业和已毕业学生的回访表明,该模式行之有效,满意度高。二是该模式拓宽了企业工程师和学校教师的交流互动渠道,学生在企业学习期间,教师也要到企业轮岗交流,大大促进了教师的技能和教学水平的提升。在该项目带动下,超过30名企业工程师和专家来校承担教学任务,并成立了学校技能导师、专家委员会,以全国技术能手吕义聪领衔指导校企合作育人和专业建设。三是学校汽车相关专业均实施现代学徒制模式,对专业群的发展起到了重要的助推作用。2020年,学校汽车类专业群获批台州市高水平专业群。

(2)形成了人才培养制度和标准

通过座谈研讨,双方研究确定人才培养目标定位、培养模式,共同制定了人才培养实施方案。企业全程参与学生的学业及思想道德评价,作为毕业后学生录用的条件之一。2019年起,学院专职教师和辅导员与企业工程师组成联合答辩组,对在企业以现代学徒制培养的学生进行毕业答辩,既考查他们的专业知识,也考察他们的职业素养。通过联合答辩,校企双方对合作育人的理念更清晰,对学生的能力培养和过程性评价也形成了一些新思路,并用以指导下一步更广泛和深入的校企合作工作。

(3)大力改善学徒实训条件

为了解决学生正式上岗前的培训问题,通过企业捐赠、校企合作等方式,2017年,校企共建了汽车制造工艺技能训练中心,面积近2000平方米,培训容量达 2000 人次/年以上。该场馆主要技能培训项目为汽车制造四大工艺技术，即冲压、焊装、涂装、总装。每个训练项目都是将车间的设备、制造工艺经过提炼、模拟再造出来，供学员进行实际操作。培训期间，贯穿理论讲解、操作示范、实践练习、案例讨论等教学环节，并结合实物、图片、视频等建立立体化教学场景。另外，增设精益管理和安全感知等训练区。目前，该实训中心已升格为吉利企业研修学院，校企共建共管共用。作为"学生"和"准员工"之间的培训纽带，该基地也是企业新员工的培训场所。

吉利集团现代学徒制办学培养模式大大拉近了校企距离，双方合作更加紧密，互利共赢，形成了良好的发展共同体，并且在"老学徒"与"新学徒"之间建立了沟通桥梁和精神传承。吉利集团对"1.5＋0.5＋1"现代学徒制模式高度认可，并作为企业产教融合项目典型案例。

三、吉利式产教融合民办教育的主要特征

(一)公益性

自 1997 年涉足教育产业以来，吉利内部始终将教育定性为社会公益性事业。与此同时，吉利没有将教育作为主业，而是通过主业来支持教育。这与将"教育"作为主业的一些民办高校的运营模式是不同的。吉利办学是一项公益事业，这是吉利始终坚持的宗旨，吉利在教育领域只有投入，没有经济回报，也不追求经济回报。

(二)前瞻性

吉利在教育方面的前瞻性探路与执着投入，既给产教融合发展提供了许多可资借鉴的经验，也是在夯实"中国质造"的根基。吉利对教育事业不懈投入，致力于为汽车等工业提供有力人才支撑，顺应了劳动力成本递减形势下的人才红利之需，也有助于提升产品技术含量跟层次质量，撬动"中国制造"在全球价值链上的位阶上移。吉利教育以"助力更多人实现更高价值"为发展理念，聚焦优质资源，促进协同创新，持续推进产教融合及全球产业合作，孕育民办高等教育全球品牌，以前瞻性姿态为中国校企培养走出了一条新路。

（三）实用性

吉利致力于研究深度产学研融合、探索应用型人才培养新模式,不断推进中国教育改革,推动经济高质量发展。针对人才和技术痛点,探索出了"订单教育"的新路子,其教育还侧重于应用型人才培养,切入最前沿的工业技术。到头来,其效果也很显著:"鞋子合不合适,脚知道",在需求导向和产教并举、校企一体的新模式下,培育出大量跟社会需求适配度极高的人才,也为鼓励企业办职业教育提供了参照。依托吉利丰富的产业资源和全球化资源,吉利旗下各院校深入探索产学研结合,不断推进校企"双元"发展,全面推进双主体育人模式。吉利充分发挥企业重要办学主体作用,从市场需求出发,以培养一批大国工匠、能工巧匠为目标,聚焦高水平应用型人才培养。

（四）高水平

20 余年来,吉利创办九所学校,形成了从中高职到研究生的多层次培养体系。民办教育要可持续发展,必须形成自我运营生存能力与体系培养能力,这需要一定规模。民办教育必须实现师资力量、教材、实训基地等共享,才能在一定程度上形成人才培养优势,培养高层次甚至是博士层次的人才。吉利以企业办学推动教育链、人才链与产业链、创新链衔接,用以教促产、以产养教提升人力资源质量、涵养更多工匠,实现了民办教育高质量培养的目标。

第三节　台州市域产教融合案例

台州市是浙江省辖地级市,地处浙江省中部沿海,南邻温州市,西与金华市和丽水市毗邻,北与绍兴市、宁波市接壤。据《台州市 2023 年国民经济和社会发展统计公报》,截至 2023 年末,台州市常住人口 671.2 万人。台州市是长江三角洲中心区城市,江南水乡型城市,还是全国文明城市、国家新型城镇化综合试点地区。2023 年,台州市实现地区生产总值 6240.68 亿元,增速为4.5%。其中第一产业增加值 334.03 亿元,第二产业增加值 2628.43 亿元,第三产业增加值 3278.22 亿元(台州市统计局,2024)。目前,台州正在扎实推进全市域统筹发展、市区融合发展,全面提升城市能级,力争到 2030 年把台州建设成为在全国乃至世界独具魅力的"山海水城""和合圣地""制造之都"。

民营经济作为国民经济的重要组成部分,不仅是经济制度的内在要素,还是推进供给侧结构性改革、推动高质量发展、建设现代化经济体系的重要主体。台州是我国民营经济发祥地、股份合作经济发源地、市场经济先发地,同时也是民营经济最集中和最活跃的地方之一,但是台州部分民营企业面临技能人才缺乏、技术发展滞后、管理机制落后、产业转型升级困难等问题。这些问题的存在及问题的纾解都归结为高技术技能的积累与高技术技能型人才的培养。2021 年 1 月,教育部、浙江省人民政府印发《关于推进职业教育与民营经济融合发展助力"活力温台"建设的意见》,旨在深入贯彻习近平总书记考察浙江重要讲话精神,推动落实《国家职业教育改革实施方案》,加快形成政府统筹管理、社会多元办学的格局,以制度创新推进温台职业教育与民营经济融合发展,强化职业教育对民营经济高质量发展的人才与技能关键支撑,服务长江三角洲区域一体化发展和浙江"两个高水平"建设。该意见出台以来,台州充分发挥国家职业教育创新发展高地城市试点倍增效应,制定《台州市职业教育校企合作促进条例》,以地方立法方式细化固化推进台州校企合作实践落地。截至目前,台州市共开展 32 个混合所有制办学试点,成立 14 个实体化运行的职业教育集团,培育 154 个市级、获评 69 个省级产教融合项目,组建 20 个中高企一体化教科研训团队,职技企一体化育人试点涉及 16 所学校 43 个专业,研制 15 个一体化专业教学标准和课程标准,出台浙江省首个技术工人薪酬分配指引,行业能级工资集体协商覆盖 3913 家企业,惠及 48.15 万名职工。台州市域职业教育高地建设的实践创新在于以机制改革为重点,以产学城一体协同发展为路径,以提高职业院校办学关键能力为基础,加快现代职业教育体系建设改革,与市域经济发展特别是民营经济发展共融共生,实现了一年成"式"、两年成"是"、三年成"事"的蝶变。

一、职业教育与民营经济融合发展的举措与成效

2020 年 12 月,台州被列为部省共建国家职业教育创新高地建设城市,立

项以来,政、行、企、校聚焦台州"七大千亿"产业、"456"先进产业集群培育与高素质技术技能人才的培养与培训,在激发企业参与职业教育新动能、创新产教融合校企合作方式、提升技术技能人才培养能级、协同推进产教人才高效流动、合力打造创新创业服务平台、完善多元参与的职业培训体系等方面,开展了大量产教融合政策供给与多元协同推进改革,取得了预期成效,为市域层面推进产教融合提供了较好的样板经验。

(一)搭建产教融合发展平台

台州充分发挥区域产业资源、教育资源、技术资源集群的优势,以区域职业教育一体化赋能民营经济高质量发展为目标,健全区域内合作育人、共建共享、协同治理机制,通过"平台融合、资源融合、师资融合、技术融合、发展融合",构建"平台共建、资源共用、人才共育、师资共培、成果共享",实现"产业链、教育链、人才链、供应链、价值链五链一体",探索形成了"五融五共五链"三位一体的职业教育与民营经济融合发展的台州模式。

1.构建区域职业教育一体化协作平台

台州按照2021年教育部、浙江省人民政府印发的《关于推进职业教育与民营经济融合发展助力"活力温台"建设的意见》要求,牵头建立了定期商会、信息互通、资源共享、齐抓共管等工作推进机制,通过高位推动、政策拉动、创新驱动,有序推动了区域职教高地建设,为"活力温台"高质量发展提供了高技能人才支持。一是加强制度供给,为区域职业教育一体化发展提供完善的配套制度;注重收益分配、成本分摊、任务承担的硬性指标,为各个主体在协同合作、资源共享中设置弹性要求,完善教师互聘、学分互认、课程互选、成果互评、资源共享等相关政策。二是转换治理模式,为区域职业教育一体化的发展组建多中心治理的协调组织,由政府统筹、地方教育部门协调、多元主体共同参与,实行多中心治理、多层级管理的现代化区域治理模式。三是促进多维联动,为区域职业教育一体化发展形成多主体联动的长效格局,由"点—线—面—体"逐步演变,推动不同主体的多维联动,加强不同类型、不同层次院校之间的交流合作。四是以发展区域职教共同体为抓手推动台州经济共同体的建设。组建长三角汽车、模具等19个产教联盟,成立"活力温台"高职大学生双创联盟、非遗文化传承职教联盟、技工院校（产业）联盟。

2.打造多主体共融职教综合体

台州建设由产教融合型企业牵头，中高职院校、科研院所、相关企业、行业协会等共同参与的职教综合体，在企业生产、学校教学、学生学习、技术创新、科技研发、科研转化等方面实现全过程全方位的融合对接。一是构建政企校协同科研创新共同体平台。统筹产教融合发展规划，提升职业院校人才培养、科技研发、技术服务的能力，依托院士工作站、科技创新团队、产业技术联盟、重点实验室、技术孵化中心等科技服务平台，实现职教综合体的联动。二是完善以民营企业为中心的共同体协同机制。围绕民营企业技术创新关键问题开展协同创新，联合开展应用技术研究、科技攻关、成果转化、项目孵化等服务，共同完成教学科研任务。三是实施"高水平科研团队"培养计划。实施校企科研人员双向流动机制，建立台州市教师企业实践流动站、台州市技术技能传承创新工作室，激励教师跨专业跨学科组建科技创新团队和校内研究平台，拓宽服务面向，汇聚各环节专家和行家，组建服务全链条的科技创新团队，打好科技服务"组合拳"。四是深化技术攻坚合作，推动行业龙头企业和职业院校联合组建技术研究平台与技术创新联盟，共同申报科技重大项目和研发计划，全市职业院校校企合作技术服务转化累计到款额增长超过5倍，共获得国家实用新型专利1216项、发明专利171项，其中台州职业技术学院入选为浙江省知识产权服务业集聚发展示范区、浙江省知识产权信息公共服务网点，在"中国高校专利转让排行榜"连续两年居全国高职院校前两位。

3.共创人才共育联动平台

一是建设"匠才荟"职教云中心，搭建互联互通的信息服务平台。以市教育行政主管部门协同其他部门、行业、企业共同完善数字内容，依托大数据、云计算等现代化信息技术的发展，及时收集、发布和更新人才资源供需信息，服务职业教育供需多方全要素流通，建立健全专业性、开放性、市场化的区域信息服务平台，汇聚本区域内产业结构、人才需求、专业建设、技能要求、研发服务、招生计划等供求信息，通过信息服务平台及时公示区域内产业趋势及行业的动态，提升职业院校人才培养的敏锐性和前瞻性，为职业院校的专业设置建立风向标，提高职业院校人才培养和企业人才需求的耦合度。二是打破区域行政壁垒,联合培养高水平"双师型"教师。提升职业院校内"双师型"教师的比例,建设一批区域内龙头企业和高质量职业院校共建的融合性、开放性师资培训基地,以产业建造师资培训基地,并制订有针对性的培训计划,提升区域内职业教育教师的胜任力。三是搭建学生横向技能拓展平台,打通学生纵向学业提升通道。完善学生学分互认、学分转换制度,明确学生学分转换规则,增强学生在区域内的流动性和灵活性,激励以"引企入校"和"引校入企"的方式建设面向区域的生产实训基地,通过共建、共享、共治的方式,确保实训基地与企业生产保持同频共振,真正实现区域协同育人,建设一批市级以上精品在线开放课程、搭建一批专业教学资源库等数字化资源建设。建立 30 支教育教学创新团队、28 支中高职一体化教科研训团队,重点开展专业带头人、校长等六类师资培养。台州职业技术学院荣获职业教育国家级教学成果奖一等奖,台州科技职业技术学院两支教师团队在全国职业院校技能大赛教学能力比赛中获得一等奖和二等奖,四本教材入选"十四五"职业教育国家规划教材,实现历史性突破。

4. 建设开放性公共实习实训基地

2021 年,台州市发展改革委、台州市教育局等八部门印发《台州市产教融合"五个一批"工作方案》,全面推进全市产教融合"五个一批"建设、实训基地建设项目。市场化运营的开放型公共实习实训基地除了具备其他基地公共性、公益性、可持续性的特征,更加强调区域性、市场化、可持续发展性。目前,台州市已共建校内生产性实训基地、校外实习实训基地 1000 余个,共建共享生产性实训基地工位 3 万余个,为民营经济的高质量发展提供了人才培养平台。一是通过转变政府角色来激发公共实习实训基地的市场化活力。地方政府以提供资源、资金、政策、监管等服务的方式来发挥其引导作用,职业院校主动承担起实训基地的管理和服务责任,发挥职业院校的主导地位,提升校企合作能力;行业针对公共实习实训基地出台相应标准,并提供行业指导;企业积极参与公共实习实训基地的建设,将企业的人才需求及培养要求充分体现在实习实训基地的建设中,组建"政、校、行、企"四位一体的职业培训网络。二是不同主体加强协作和互动。政府对于参与实习实训基地共建的企业给予一定的政策扶持和资金支持,让企业在实习实训基地的建设中得到相应的权益保障。

（二）创新产教融合发展机制

1.推进职业院校混合所有制改革

职业院校混合所有制改革就是通过跨界合作、多元共治的方式，以尊重差异、寻求共识为共同目标，形成一套动态可持续的长效机制，保障多个主体在增强互动、权力制衡中实现有序合作。目前已培育80余个混合所有制试点项目、教师企业实践流动站、职业教育集团、产业学院和产学研合作平台，推进职业教育集团实体化运行。

以立体化政策布局推动多元协同办学。台州率先将职业教育混合所有制办学纳入全市经济社会整体规划，把混合所有制改革项目任务纳入县（市、区）政府考核内容。2021年，台州市教育局出台《关于建设职业教育"窗口"城市工作方案》，开展32个混合所有制办学项目试点，建立由市政府主要负责同志担任领导小组组长的全面协同推进机制，出台支持台州市混合所有制办学相关配套政策，加快转变企业参与职业院校办学的角色定位，让企业成为职业院校混合所有制办学重要主体，优化民营经济参与渠道，强化过程管理与监督保障，让企业必须参与，参与不难，参与有利。通过二级学院混合办学、共设专业、共创研发中心、共建实训基地的方式开展混合所有制办学模式，逐步形成了"政府统筹、多元办学、立体育人"的"台州经验"，台州职业技术学院首创的"院司一体"混合所有制二级学院合作办学模式在国内产生广泛影响。

以制度标准规范混合办学运行。借助创新高地先行先试的优势，2021年，台州市教育局协同多部门共同印发《关于推进职业院校混合所有制办学实施意见》，对职业院校混合所有制办学的设立办法、投入管理、运行机制、支持保障及监督管理等方面进行规范，围绕混合所有制办学的法人治理结构、产权归属、企业投入收益、师资绩效奖酬等问题提供突破性解决方案。其一，制度建设方面，政府充分发挥统筹协调的作用，建立教育、发改、经信、财政、人社等多部门对民营企业参与职业教育办学中的土地使用、税收优惠、财政投入等决策部署的快速响应机制，优化职业教育联席会议制度，加大金融政策与财政支持力度，激发企业利用技术、资本、设备、设施和管理等要素参与职业教育的积极性，加强过程管理和绩效评价制度，健全国有资产评估、产权流转、权益分配、人事管理等制度,充分用好混合所有制办学带来的高素质技术技能人才"红利"。其二,学校治理方面,建立"党委领导、董事会决策、校长负责"的治理体系,明确各项资产权益,明晰各个主体的职责,由政府、企业、职业院校组建的多方代表董事会制定学校办学章程、管理机制,保障企业的合法权益,充分发挥企业在专业设置、课程开发、实训安排、产业衔接等方面的优势,在企业人才需求的基础上建立学业评价机制。其三,师资队伍建设方面,强化灵活用人的方式,允许以社会自主招聘、校企选派教师和管理人员等多种方式打造多元师资队伍,同时要求企业选派教师数不得低于办学机构专业教师总数的30%,保证企业一线生产经验真正进入课堂;要求企业教师参与混合所有制办学授课量不低于学校专业课课时总量的35%,加强企业师傅在专业技能传授中的主体作用。其四,利益分配方面,明确提出营利性办学机构前三年不进行股东利益分配,学费及财政资金不作为收益进行分配,营利性办学机构在进行利润分配前需提出不少于50%的利润作为办学发展经费,实现混合所有制办学市场化运作与教育公益性兼顾。

以数智化改革提升职业教育治理能力。以数字化改革为牵引推动地市级统筹职业教育发展责任落地落实。以提升职业教育智慧校园服务能级为着力点,完善职业教育的两平台建设,九所职业院校入选浙江省职业教育信息化标杆学校,其中台州科技职业学院、温岭市职业技术学校入选教育部教育信息化标杆学校。第一,完善"基础设施平台"建设,升级现有数据中心服务器群,实现设施上云、服务上云、安全上云,提供稳定、便捷、可扩展的信息化公共基础设施服务;第二,建设"全量数据平台",规范数据生产、共享和应用行为,编制数据目录,从源头上消除"数据孤岛",提升学校治理体系和治理能力现代化水平;第三,构建"整体智治综合应用"主题场景,建成多维度动态数据可视化平台,对接职业教育"数字大脑";第四,构建"教学科研数字化"主题场景,适应职业教育教学个性化、智能化新需求,推动职业教育的课堂教学改革;第五,构建"校园生活数字化"主题场景,以"校园一张图"为载体,以"服务智慧化"为目标,建立综合集成、协同高效、闭环管理的校园生活智慧服务体系,全面提升校园生活智慧感知力。

2.完善产业学院建设体系

台州市政府鼓励民营企业积极参与产业学院建设,以政策扶持和财政支持的方式保障企业利益。在财政支持方面：其一，将参与产业学院建设的民营企业纳入产教融合型企业建设，企业可以享受相应财政补贴（投入金额与补贴额，如 3∶1 配套）、金融支持（设立产业发展基金，加大信贷投入，提高贷款额度等）、税收优惠（一定百分比税收减免、土地税、营业税）等政策；其二，企业若以出让、租赁方式提供土地用于产业学院发展，建设用地按科教用地管理，加大产业学院财政支持力度；其三，对产业学院及共建民营企业新引进的人才，依据人才层次设立相应的生活补助及购房补贴。在政策支持方面：探索以产业学院为主体建立相关产业的中小企业联盟，形成多主体参与的理事会（董事会）制度，纳入联盟的中小企业共享产业学院政策红利、共担义务，在联盟内部强化民营企业岗位（群）与职业院校专业（群）的匹配发展路径，有效提升人才培养与企业需求的契合度。

在政策、财政的支持下，形成了"政府＋企业""企业＋二级学院""企业＋学校"的办学模式，成立了企领学院、工匠学院、精雕产业学院、凯华模具产业学院、智能制造学院、永高产业学院、恩泽护理学院等一批品牌产业学院，搭建20 余个产业学院和产学研合作平台，新增教育部示范性职业教育集团（联盟）培养单位 1 个、国家产教融合型企业 1 家。

3. 加大政策制度保障力度

台州市积极落实《国务院办公厅关于深化产教融合的若干意见》《职业学校校企合作促进办法》，2023 年 9 月立法《台州市职业教育校企合作促进条例》，出台"金融＋财政＋土地"的组合拳激励措施。

（1）财政支持

加强资金保障，设立专项经费。对于在校企合作中具有较好合作经历与实践的产教融合型企业，可以享受政策福利和专项经费的支持。《台州市职业教育校企合作促进条例》规定市、县（市、区）人民政府应当安排校企合作相关经费，并在年度教育经费预算中予以明确，用于校企合作项目或者活动，鼓励单位和个人依法通过捐赠、设立基金等方式参与校企合作。支持共建共享产教融合平台、探索区域协同创新发展等重点任务，设立接收学生实习实训专项补贴资金、校企创新技术技能开发研究专项资金等，对民办非营利性机构给予公办生均经费 20% 的支持。

企业参与办学投入可按照一定比例抵免企业当年应缴教育费附加和地方教育附加,减少混合所有制办学机构的金融担保费用。此外,台州市政府会优先考虑将校企合作实训基地项目纳入教育现代化推进工程和产教融合工程资金支持范围。对纳入产教融合型企业建设培育范围的试点企业,按投资额30％的比例抵免企业当年应缴教育费附加和地方教育附加。信用良好的产教融合型企业在办理申请、审核各项业务时可享受简化手续、绿色通道等服务,优先推荐其参与评优评先活动。优先开展现代学徒制或企业新型学徒制培训,按规定开展新型学徒制培训给予企业每人每年 4000—6000 元的培训补贴。

（2）土地政策

台州市规定企业投资或者企业与政府合作建设职业院校的建设用地,市、县(市、区)人民政府应当优先安排,按照教育科研用地管理,符合国家划拨用地目录的,可以通过划拨方式供地。鼓励开发区、产业集聚区规划建设标准厂房、国家大学科技园、科技企业孵化器,供中小企业进行生产、研发、设计、经营等多功能复合利用。标准厂房用地按工业用途管理,国家大学科技园、科技企业孵化器实行只租不售、租金管制、租户审核、转让限制的,其用地可按科教用途管理。对国家级、省级科技企业孵化器、大学科技园和国家备案众创空间自用以及无偿或通过出租等方式提供给在孵对象使用的房产、土地,免征房产税和城镇土地使用税;对其向在孵对象提供孵化服务取得的收入,免征增值税等。

（3）金融政策

企业建设实训基地可以优先获得国家开发银行贷款申请资格,并视情况给予贷款利率优惠。支持符合条件的企业申请发行专项债券,主要用于开展校企深度合作、产教融合实训基地建设项目。对轻资产运营、融资抵押物不足的创新型产教融合企业,鼓励运用知识产权质押融资模式,并鼓励金融机构开发适合产教融合项目的融资产品。

（三）融合培养高素质技能人才

1.创新职技融通模式

技工教育具备职业教育的"类"属性，同时其也具备"型"的特质，表现在实施主体形态、人才培养形态、人才评价形态、教学形态和师资形态方面，职技融通具有应然性。2022年出台的《台州市职技融通改革实施方案》明确了11项工作举措和17项重点任务，清单化项目化统筹推进，实施职业院校和技工院校同目标引领、同政策保障、同平台支持、同归口管理、同频率发展等"五同"改革行动，构建学历与技能"双培养"育人体系。

职技融通管理机制。2020年，中共浙江省委办公厅、浙江省人民政府办公厅印发《关于实施新时代浙江工匠培育工程的意见》，开展学分互认试点。台州立足汽车产业优势，先行先试，在浙江汽车职业技术学院与浙江吉利技师学院进行学分、证书互认试点，对已有工作经历、技术技能达到一定水平且在相关领域获得一定级别奖项或荣誉称号的学生，经学校认定后可折算成相应学分或免试相应技能证书考核。推广试点经验，启动实施职业院校与技工院校课程学习、企业实践等学分互认，加快推进技能人才学历证书和技能等级证书互通转换。建立职业院校和技工院校学分互认、证书互通体系，逐步形成管理体制顺畅、布局规划合理、办学理念先进、培养模式科学、服务社会功能显著、"双轨融合"发展的现代职业教育培养培训体系，目前已在全市16所学校43个专业开展试点。

一是协同推进机制。建立以市教育局、市人力资源和社会保障局主要负责人任组长的职技融通改革工作领导小组，定期召开职技融通协商会。支持符合条件的职业院校按程序加挂技师学院或高级技工学校牌子、符合条件的技工院校按程序加挂职业院校牌子。二是统筹管理机制。不改变学校原有隶属关系、加强分工统筹。教育部门牵头统筹管理教育教学、学生管理、学籍学历、考试招生等业务，人社部门统筹管理社会培训、技能人才评价、毕业生就业创业等业务。三是学分证书互认机制。支持职业院校与技工院校之间开展学分互认试点，通过双方互认课程学习、企业实践等取得学分，完成规定学分的学生，可取得相应学历证书或技能等级证书。

职技融通运行机制。一是统筹开展招生。由多部门统一制定年度招生计划、发布招生简章、开展招生宣传,实现中职学校与技工院校统一招生政策、统一招生计划、统一招生代码、统一招生平台。二是统筹学籍学历管理。将中职学校和技工院校学籍纳入平台管理,实现统一管理、分工负责、数据共享。在有关部门关于学籍管理规定的框架下,实现中等职业学校三年制中专学生与技工院校前三年学制学生学籍互转互认。三是统筹推进"三教"改革。统筹推进职业院校与技工院校"双师型"教师队伍建设,研发新型活页式、工作手册式教材。深化职业院校与技工院校教学改革,依据《职业教育专业目录(2021年)》《全国技工院校专业目录》《国家职业资格目录》有关规定,修订专业人才培养方案,逐步建立以国家职业标准为依据、以工作任务为导向、以综合职业能力培养为核心的一体化教学课程体系。台州职业技术学院的"标准研制　行动教学　持续改进:高职成果导向课程建设的创新与实践"荣获国家教学成果奖一等奖;台州科技职业学院参与的"'技能创富'到'技能带富':涉农高职院校培养智慧新农匠的创新与实践"荣获国家教学成果奖一等奖、"匠心铸魂·数智赋能·四维通融:基于智慧生态圈的大关贸育人模式创新与实践"荣获国家教学成果奖二等奖。四是统筹开展技能大赛。定期举办全市技能大赛,鼓励职业院校(技工院校)参加各级职业技能大赛并承办各级大赛,加强世界、全国、全省技能大赛备赛合作,共享训练设备、共建专业师资团队。近三年职业院校学生比赛获国家级奖项 77 个、省级奖项 168 个;在首届世界职业院校技能大赛中荣获铜奖,中职学生创新创业大赛的获奖等次及数量连续 12 年居全省前列。

职技融通培养机制。2022 年 3 月 22 日,台州市人力资源和社会保障局印发《台州市技术工人职业发展通道设置指引》,提出以"职技融通"改革为牵引,突破学历"天花板"、打通技工"成长链",推动构建全生命周期、全技能贯通、全领域覆盖、全社会认可的职业教育体系,让技术工人在技能致富方面有"奔头"、有"学头"、有"盼头",实现学历能力"双提升"。一是中高职一体化培育"台州工匠"。统筹编制全市中高职一体化五年制职业教育招生计划,支持技师学院开展长学制试点。支持职业院校与技工院校互派师资,加强对专业设置、人才培养方案和教材使用的指导和监督,逐步统一课程设置、教材标准、质量体系等。二是共推产教融合校企合作。充分发挥企业在技术技能人才培养中的主体作用,全面推广现代学徒制和企业新型学徒制,职业院校、技工院校按相关规定同等享受学徒制相关补贴。支持校企在专业规划、教材开发、教学设计、课程设置、实习实训、评价考核、共同就业等方面开展深度合作。建设一批名技师、技能大师工作室及公共实训基地,全面提高技术技能人才的培养能力。三是统筹开展职业技能培训。充分利用职业院校(技工院校)优质培训资源,协同做好在职职工、退役士兵、新型职业农民、农村转移劳动力、失业人员、残疾人等重点群体职业教育和培训,支持企业和职业院校(技工院校)以混合所有制合作共建技能培训中心、举办产教分院或产教培训中心,落实开展社会化培训的激励政策,全市职业院校近五年培训技术技能人才近80万人次。

2. 创新一体化人才培养模式

台州市以中高企一体化改革为契机,鼓励企业深度参与开发一体化专业教学标准、研发一体化专业课程和教材、建设一体化教学资源、完善一体化质量监测与评价制度,挖掘企业技能工匠典型案例,通过强化企业价值的引领拓展"升学—就业"一体化通道内涵。

中高职(企)一体化。台州市遵循产教融合、友好合作、院校企三方联动培养人才的原则,打造中高企(业)产教联合体,构建"中高一体、工学结合、多元发展"人才培养体系,培育人人出彩的高素质技能人才。如台州职业技术学院采用"中高职一体化＋企业新型学徒制"培养模式,携手浙江华海技术学校,与国家产教融合型企业华海药业共建华海学院;台州科技职业学院携手仙居县职业中专,与浙江仙琚制药股份有限公司等四家药企、浙江神仙居旅游集团有限公司等四家旅游服务企业签署中高企一体化人才培养方案;温岭市职业技术学校、浙江工业职业技术学院与爱仕达电器股份有限公司合作的"电气自动化技术(爱仕达班)3+2"订单班,创新"中职—高校—企业"一体化长学制人才培养模式。

目前,台州已开展长学制人才培养改革培育项目11个,其中温岭市职业技术学校等四所中职学校入选浙江省区域中高职一体化人才培养模式改革试点学校;积极推进中高职一体化课程资源建设,组建28个中高职一体化教科研训团队、研制27个一体化专业教学标准和课程标准、编写40本一体化课程新形态教材,其中获评职业教育国家在线精品课程 2 项、省级精品课程 15 项。

中本一体化。中本一体化是将中职和应用型本科阶段教育全面打通,以培养学生能力为核心,以区域行业企业对应用型人才的需求、学生个体发展的需要为导向,由中职院校、本科高校、行业企业三方协同,围绕改进质量评价、实施教学改革、重构课程体系、找准培养定位来构建人才培养体系框架。实施路径是:综合分析各主要办学相关方的利益诉求以及区域内企业、行业的人才需求,根据中等职业院校与应用型本科院校办学情况设置中本一体化专业,以专业推导岗位并分解岗位能力要求,以能力为导向开发中本一体化的课程体系,划分阶段性人才培养目标,兼顾人才培养的连续性与阶段性,在中本一体化人才培养过程中建立监测和反馈机制。目前,开展中本一体化招生的学校与专业如表 9-3 所示。

表 9-3　2023 年台州市中本一体化招生学校与专业

中职学校		本科院校	
学校名称	专业名称	院校名称	专业名称
临海市中等职业技术学校	模具制造技术	台州学院	材料成型及控制工程
临海市高级职业中学	幼儿保育	台州学院	学前教育(师范)
温岭市职业中等专业学校	汽车运用与维修(新能源方向)	温州理工学院	新能源汽车工程
玉环市中等职业技术学校	数控技术应用	台州学院	机械电子工程
天台县职业中等专业学校	工艺美术	浙江外国语学院	艺术与科技(传统手工艺)
台州市黄岩区第一职业技术学校	模具制造技术	台州学院	材料成型及控制工程
温岭市职业技术学校	机电技术应用	浙江水利水电学院	电气工程及其自动化

学历教育与职业培训一体化。学历教育和职业培训作为职业教育的重要组成部分,共同构成了职业教育的类型结构。职业技能培训的载体主要包括行业企业、公共实训基地、普通高校、职业院校、职业技能培训机构等。职业院校作为职业教育的学校形态,始终坚持学历教育与技能培训并举,2021 年至2023 年,每年开展各类职业技能培训 20 万人次。一是积极争取地方职业技能

培训资源和政府补贴性培训项目,以培训为切入点,全面服务地方技术技能人才需求。二是争取政府公共实训基地建设和数字培训资源建设项目,不断完善职业技能培训基础。三是实施教师职业技能培训能力提升工程,将培训能力与教学能力充分融合,加强"双师型"教师队伍建设,提升教师的个体技能水平与团队合作能力。

(四)服务民营企业高质量发展

1. 强化产教多元生态体系建设

激发企业参与职业教育新动能。建立企业参与职业教育办学负面清单和企业利润替代补偿机制,落实政策性补贴、税收优惠、融资支持、教育附加费减免等政策。支持企业举办职业院校,鼓励特色化高质量发展,财政部门对此给予一定的补助。完善多元主体参与的办学治理结构,健全国有资产评估、产权流转、权益分配、人事管理等制度。支持行业龙头企业、产业园区与职业院校合作举办产业学院、职业技能培训机构、产学研协同创新公司。印发《关于深入推进职业教育集团实体化运行的实施意见》等文件,成立台州市职业教育与产业研究院、产教融合专家指导委员会,成立 19 个产教融合联盟,建立 50 余个教师企业实践流动站、技术技能传承创新工作室、职业教育集团和产学研合作平台。

完善协作开放的职业培训新体系。建立职业培训"两清单一指数"制度,开展职业培训机构"信用及质量星级指数评价"管理,推进职业培训供给侧结构性改革,构建政府统筹、主体多元、社会参与的职业培训体系。职业院校参与企业大学建设,与龙头企业共建面向行业的职工培训基地,联合开发优质教育资源,广泛开展非学历教育和技能培训。建设远程职业教育培训基地,建立产业技术课程和职业培训包交易制度,政府购买职业教育培训服务。开展企业职工技能培训和退役军人、农民工、建档立卡贫困劳动力、残疾人就业创业培训,以及失业人员再就业培训。校企共建职业培训综合体,面向中小微企业提供"共享员工"培训服务,打造服务民营企业技术技能人才蓄水池。加大职业技能培训品牌建设力度,打造乡村厨师、红色月嫂等一批在浙江"叫得响""立得住"的特色培训品牌。构建"1+3"社区培训体系,以台州开放大学为引领,在每个县(市、区)建设一个开放学院,在每个乡镇街道建设一个社区教育中心,在每个中心村建设一个乡村技能服务站。重点开展农村劳动力转移培训、农民实用技术培训、下岗失业人员培训、城乡新增劳动力培训、外来务工人员培训等普惠性技能培训项目。2021—2023 年,全市社会培训规模达 35 万人次、职业技能考核评价 32 万人次,培养本专科农民大学生 7000 人。

2.夯实产教协同服务社会能力

建设校企协同创新中心。台州根据主导产业发展需求,积极搭建院士工作站等科技服务平台,为校企联合推进人才培养、科学研究、社会服务等提供了新路径。推动浙江省知识产权服务业集聚发展示范区建设,发挥高校创新孵化器作用。紧紧围绕台州产业发展的重点领域、重大需求,重点建设台州市智能制造协同创新中心、台州市微反应技术研究推广应用平台,强化以应用技术研究为主的科研工作定位,重点面向台州先进制造产业集群开展科研应用研究、技术服务和成果转化,帮助企业解决转型升级中的技术问题。政府支持企业与学校、科研机构共同组建技术研究平台与技术创新联盟,推进校企协同成果转化,加强"高校＋中职＋企业＋研究院"新型综合体、教学工厂、高技能人才培训基地、技能大师(劳模)工作室建设。鼓励职业院校主动与企业、科研机构合作,共同组建产业研究院等技术技能创新服务平台,开展协同创新。

提升职业院校社会服务价值。落实职业院校可提取培训收入的 35％用于教师劳务报酬激励政策,做大做强职业院校参与社会培训、社会人员学历提升行动,推进社会人员学历提升、职业院校职业培训等职业教育实事项目,让有学习意愿的社会人员"愿学尽学""想学尽学"。优化中高级技能人才留台政策,大幅度提高留台率,2023 年高职院校毕业生留台率达 50.6％。有针对性地开展企业职工岗位培训、退役士兵技能培训、家政服务培训、就业困难人员培训等普惠性技能培训项目,每年培训 10 万人次以上。建设基于互联网的远程职业教育培训基地,广泛开展线上线下结合的培训。实施社会人员学历提升行动,力争让有意愿学习的低学历社会人员在学历上提升一到两个层次,每年新增成人初高中学历提升 1 万人、大专及以上学历层次教育学员 3 万人。近五年为退伍军人、失业人员、进城农民等培训技术技能 80 万人次,有力促进了产业工人等重点群体增收受益。大力提升职业院校的科技研发技术服务能力,助推新型学校建设。将成果转化成效作为职业院校评价、项目评价和人才评价的重要内容。吸引来自全国各地的多所高校与当地企业开展产学研合作,为企业产生利润上千万元。仅浙江银轮机械股份有限公司一家企业就与17所高校开展校企合作,近三年投入校企联合开发经费3000多万元,申请专利12项,合作培养基层管理和技术研发人才100多人次。

推动职业教育国际交流合作。 引导职业院校中外合作办学,鼓励职业院校引进海外高层次人才、优质教育资源和通用证书,联合优势产业研制产业行业技术标准和教学标准,培养国际化技术技能人才。首先,实施职业教育伴随计划,在"一带一路"共建国家建设"鲁班工坊"、丝路学院,开展"中文＋职业技能"项目,为企业"走出去"提供本土化高素质技术技能人才,积极筹措资金建设中德职业教育园区;其次,依托商(协)会,实施携手计划,联合研制泵阀、智能卫浴、智能缝制等特色优势产业行业区域性技术标准和教学标准,培养国际化技术技能人才,携手民营企业抱团"走出去";再次,拓宽职业院校教师海外培训渠道,推进专业教师海外轮训,提高海外教育培训经历的专业教师比例;最后,支持职业院校师生参加国际技能大赛,承办高层次技能大赛。在顶层设计下,引入《悉尼协议》专业建设范式,运用成果导向教育推动课程教学改革,引入国际通用工程技术人才标准,建设德国 BBW 学习型工厂,开展德国工商联合会(IHK)国际通用职业资格及相应培训师认证,与德国 IHK、西门子等合作开展 1＋X 考证。台州职业院校的中德学院推进"双元制"育人模式,形成对接德国职业标准、适应区域产业需求的本土化职业教育新模式,用人单位对其毕业生综合素质满意度居全省第二位,2021届毕业生初次就业平均起薪比一般高职毕业生增长47%。

3.深化产教融合赋能提升新行动

2021年印发的《台州市国民经济和社会发展第十四个五年规划和二〇三五年远景目标纲要》明确提出,"推进国家职业教育创新高地试点,深化产教融合……推动高职教育高质量特色发展"。以企业的生产引领学校的教学,建立以提高实践能力为引领的人才培养流程,实现专业链与产业链、课程内容与行业标准、教学过程与生产过程对接、人才培养与产业需求相融合。

台州将产教融合作为促进经济社会协调发展的重要举措,融入经济转型升级各环节,贯穿人力资源开发全过程,纳入全市经济社会发展总体规划。推进产教融合与产业集聚发展、园区建设等同谋划、同推进、同落实,与产业转型升级和动能转换相适应,与职业院校建设布局相衔接。深化"六业"联动机制,同步推进产教融合发展政策制定、要素支持和重点项目建设。2022 年 6 月,台州市人民政府发布了《台州市临港产业带发展规划》,随后出台《台州市临港产业带职业教育发展规划》,对接临港产业带新能源城、新材料城、新医药健康城、未来汽车城、精密制造城等"五大产业城"建设,重点推进"1 个园区、9 个中心、N 所特色化学校"的总体布局。2024 年起实施的《台州市职业教育校企合作促进条例》从地方立法角度促进产教深度融合,明确校企责任和权益,深化产教协同育人成效。同时,以实施产教融合"五个一批"项目工程为抓手,着力推进人力资本强市建设。明确职教"窗口"城市建设重点任务清单,成立了 19 个产教融合联盟,10 个产教融合示范基地(高水平公共实训基地),立项市级产教融合"五个一批"项目 248 个,获批省级项目 85 个,台州湾职教集团入选教育部示范性职业教育集团(联盟)培育单位名单,摸索出一套与产教深度融合相适应的创新发展机制。

加快构建市域现代职业教育体系。台州制造业基础扎实,是长三角重要的先进制造业基地,浙江制造的重要板块,已形成了 35 个工业行业大类、170 多个行业种类的产业体系。台州职业教育办学体系丰富,全市共有职业院校 28 所,其中高职 3 所、中职 25 所、技工院校 11 所;国家级重点职校 10 所,省中职名校 4 所,省一流技师学院建设单位 2 所,创成国家、省级中等职业教育改革和发展示范校分别为 3 所、7 所。开设 339 个专业,专业与支柱产业对接率达 90% 以上。每年培养 3.3 万名技能人才,有效夯实了民营经济高质量发展的人才根基。基于雄厚的民营企业经济基础,建立具有台州特色的现代职业教育和培训体系,助力"技能台州"建设,服务共同富裕先行市建设。统筹教育、人力资源和社会保障等多方资源,主动对接产业发展趋势和市场需求,优化职业院校与技工院校学校、专业布局,深化办学体制和育人机制改革,共同推进职业院校与技工院校融合发展、协调发展,实现学分互认、证书互通,逐步形成了管理体制顺畅、布局规划合理、办学理念先进、培养模式科学、服务社会功能显著、职业院校与技工院校"双轨融合"发展的现代职业教育和培训体系。

  全力打造市域产教联合体。推进产教深度融合、实施创新驱动发展是国家作出的重大决策部署,是新时代职业教育发展的重大战略,是促进教育链、人才链与产业链、创新链有机衔接,推进人力资源供给侧结构性改革的迫切要求。台州市以体制机制创新为突破口,推进产教深度融合,打造多要素创新联合体,涌现出施耐德产业学院、石梁旅游产业学院、台州湾产业学院、绿翼环保产业学院、供应链管理产业学院等一系列实体化运行的产业学院,引入社会资本,共建专业、共培师资、共育人才、共研项目、共同发展。成立市域高端模具智能制造产教联合体、精密智造产教联合体、医药大健康产教联合体等,推进组织管理机制创新,组织结构涵盖决策层、协调层、管理层和执行层。引入市场机制,多要素协同参与,纵横同向联动,产生了较好的"雁群效应",如玉环职教中心新建工程总投资 13.4 亿元,建筑面积 23.6 万平方米,打造集中高等职业教育、职业培训、产学研联合体、社会公共实训中心于一体的现代化职业教育中心,提供 6000 个学位。再如玉环现代制造公共实训中心,通过政府和社会资本合作(PPP)模式投资 6500 万元建成建筑面积 1 万平方米的智能制造实训大楼,形成集职业教育、公共实训鉴定、产学研联合体、技术服务于一体,辐射台州现代制造业的公共实训基地。

  创新打造行业产教融合共同体。台州积极探索市域产教协同育人机制,加强市区职业教育统筹,编制市区职业教育发展共同体建设行动方案,创新打造"学校、专业、教师、学生、产教融合、双创教育"六大市域共同体建设。目前,台州市共有 1500 多家企业与职业院校签订长期合作协议、打造了 70 余个校企合作共同体。通过技术共研、师资共培、人才共育的融合方式,推进职业教育与民营经济融合发展。成立筹备旅游产教融合共同体、智能建造产教融合共同体等九个,如台州市旅游产教融合共同体由 90 家旅游产业企业、一个科研机构、一所高校和八所中职学校等 100 个成员单位组成,涵盖职业院校、行业组织、科研机构、上下游企业等,目的是以服务台州市高素质技能人才需求为导向,以产教融合、校企合作为宗旨,深入推进多种形式的校企深度合作,将院校专业建设和产业企业发展有机结合,实现校企协同、育用贯通、资源共享、优势互补、合作共赢。

（五）提技增收助推共同富裕

1. 构建"扩中提低"分配格局

坚持把职业教育发展作为"扩中提低"改革的一项重要内容，助推居民收入十年倍增计划。秉持职业教育"使无业者有业，使有业者乐业"的使命，组织实施职业教育助推共同富裕行动计划，深入推进"职技融通"改革和职教体制改革，系统重塑技术工人全周期培养路径。将技工院校纳入中高职一体化五年制招生计划，开展学分互认试点，突破技工学历"天花板"，打通技工"成长链"，使学生既能拿到全日制学历也能取得职业技能等级证书。同时，坚持学历教育与培训并举，推动更多的劳动者通过自身努力跨入中等收入群体行列。

出台"股权激励"改革方案。台州率先探索实施"职技融通""薪酬分配""股权激励"三大改革，制定《台州市技能创富型企业激励办法（试行）》《台州市技能创富型企业建设质量等级遴选评价办法》《台州市技术工人职业发展通道设置指引》《台州市上市公司技术工人股权激励改革方案（试行）》等相关政策，强化"技高者多得"导向，让技能等级与薪酬待遇"挂钩"。积极引导上市公司开展对技术工人的股权激励，若符合技工"扩中提低"改革目标导向（技工股权激励比例 30% 以上）的，给予中介服务费补助（最高不超过 30 万元）和股份支付成本费用补助（按成本的 1% 至 2% 比例支付，最高不超过 100 万元）。比如，浙江艾迪西流体控制股份有限公司将 15% 的股份纳入员工红利分配体系。2022 年，该公司员工平均收入为 9.48 万元，近两年年均增长 16% 以上。更多技术工人从"打工者"变为"合伙人"，技术工人队伍能够更多分享经济发展红利，为实现共同富裕提供了台州样本。

出台"薪酬分配"改革方案。台州共有技术工人约 124 万人，其中高技能人才约 42 万人，分别占全市人口总数的 18.5% 和 6.3%。提高技术工人薪酬待遇，让技术工人"能者多得"，实现高技能高收入、中等收入群体不断扩大。台州出台全省首个技术工人薪酬分配指引，制定《行业性能级工资集体协商操作标准》，强化"技高者多得"导向，让技能等级与薪酬待遇"挂钩"。截至目前，台州开展能级工资集体协商覆盖企业 3913 家，惠及职工 48.15 万人，技术工人年度预期薪酬同比往年提升 6%。积极引导上市公司调整和优化股权激励对象结构,加大对高技能工人收入激励力度,台州市人力资源和社会保障局对台州 500 多家企业进行抽样调查,结果显示,2022 年技术工人薪酬同比增长 8.9%。

促进重点群体增收。成立乡村振兴研究院、现代农业产教联盟,开展劳动力就业技能培训、新型职业农民培养、高素质农民培育。成立全国首家在校大学生专业合作社"一冉花果合作社",累计产值近千万元,培养新型职业农民数万名。成立台州区域工会联盟,成员单位以创建"山海情"品牌为抓手,打造思想共处、人才共育、服务共推、活动共办和集体共富五大平台,引导企业园区工会树立工资正常增长理念。在技能创富型企业打造技术工人职业发展通道,推动技术工人提技增收,助推建设共富城市。比如,相较于 2022 年,浙江汇富春天电商产业园有限公司工会委员会通过召开职工代表大会选举协商代表,与企业方召开工资集体协商会议,明确平均工资提高 2.2%,温岭市祥龙中通速递服务有限公司职工平均工资提高 6%。

2. 构建"共同富裕"科创引擎

高质量发展建设共同富裕示范区是中共中央赋予浙江新的光荣使命。浙江省第十五次党代会确定了"两个先行"奋斗目标,提出了"更大力度建设教育强省"的工作要求,为台州适应新形势、探索职业教育助力共富先行创造了良好的实践环境。台州把职业院校作为"创新台州"首位战略的重要板块,搭平台、优服务、提能力,助推做大做强共同富裕的科创引擎。职业院校通过打造科技创新团队、产业技术联盟、重点实验室、技术孵化中心等科技服务平台,为企业提供技术服务。台州推进智能制造协同创新中心建设,着力打造集机器视觉与机器人研究室、智能制造与物联网研究室、材料精密加工研究室等于一体的科技创新服务场所。推进数字农业综合体、智能模具协同创新中心、上市公司研究中心建设,全市职业院校每年承接技术服务项目达 400 多项,科技成果转化 450 项以上、科技服务实际到款额 6000 万元以上。

立足人才质量畅通资源要素。深入推进"招生工作+学籍学历管理+'三教'改革+技能大赛"全链条全领域全方位一体化统筹体系,打造"机制共商、平台共建、人才共育、利益共享"的台州特色职技教育发展共同体。实施"中高企""校校企"等一体化人才培养模式改革,编制中高职人才一体化培养实施方案。深化教材教法和学业考核评价改革,全面推行现代学徒制和企业新型学徒制。印发《台州市匠苗成长行动计划》,构建"团队＋体系＋平台＋模块"的人才培养路径,推行"校企协同、中高一体、育用贯通"的人才培养新模式,形成台州特色的职业教育标准,深化教材教法和学业考核评价改革,构建线上线下协同教育新体系。全面推进1＋X证书制度试点,建立学分积累与转换制度。鼓励企业开发优质教育资源,按职工总数3％及以上安排实习岗位,接纳学生实习。构建"中—高—本—硕"贯通的现代职业教育体系,把长学制一体化培养作为提升职业教育人才培养质量的重要通道,有序推进中职与高职"3＋2"、高职与职业教育本科和应用型本科"3＋2"贯通式培养,整合多方资源提升高端技术技能型人才产出效率。

立足就业创业培训职业技能。职业教育是国民教育体系和人力资源开发体系的重要组成部分,肩负着培养多样化人才、传承技术技能、促进就业创业的重要职责。台州以构建技能型社会为抓手,持续推进职业教育高素质人才高地建设,促进技术技能积累;以学校、企业职业技能大赛为抓手,大力培育高素质技术技能人才、能工巧匠、大国工匠;以职业技能培训为抓手,提升新生代农民工、农村转移劳动力、"再就业"重点人群的职业技能,健全面向全体劳动者的终身职业技能培训制度。围绕企业职工技能培训、重点人群就业创业培训、失业人员再就业培训、职业指导和就业服务、培训资源建设和模式改革、培训师资队伍建设、多方合作共建培训实训基地等领域的体制机制建设,开设创业教育课程,培养在校生和社会人员的创新意识和创业精神,提升创业素质和创业技能,完善创业带动就业的支持体系。比如,台州实施"金蓝领"职业技能提升行动,大规模多层次开展职业技能培训,2022年全市技能人才占从业人员的比重达33.24％,跃居全省第二位。

立足民生构建服务新格局。鼓励职业教育以开放的格局服务社会各领域发展,以启蒙型、体验型职业教育为抓手,赋能"朝阳"职业潜力,常态化开放图书馆、体育馆、美术室等便民空间,向周边社区提供医疗护理、教育咨询、文化科普等信息资源供给服务,开展面向中小学生的职业体验、面向社会的便民服务、职教成果展示等宣传展示及服务活动;以城乡社区教育为抓手,构建学习型社会,赋能"正阳"职业技能;以老年职业教育为抓手,增强"夕阳"职业能力代际传递,赋能银发经济动力。推进社区教育系统服务农村文化礼堂,覆盖率达 97.68%,每年开展社区教育进礼堂活动 1 万场次以上。

出台《关于推进社区教育高质量发展的实施意见》,将学前教育、青少年教育、成人教育、老年教育、外来人口教育等全范围、全过程社区教育纳入服务社会;强化职业学校的继续教育功能,职业学校要面向多种社会群体开展多种形式的继续教育;运用云计算、大数据、人工智能、区块链、5G 等新技术,解决公共文化数字资源开发中的实际问题;以提供公共性、公益性服务为主,遵循市场规律,无偿服务与有偿服务相结合,形成充满活力、高效有序的发展机制。台州开放大学成为全省首个完成更名挂牌开放大学的地市级电大,创成全国首家乡村振兴学院、全国首家垃圾分类公众教育学院、全省首个市级社区家庭教育指导中心。打造教育部"优秀成人继续教育院校"3 所、国家级"终身学习品牌"5 个、国家级品牌项目 45 个,入选教育部"智慧助老"项目 11 个和"能者为师"实践创新项目 3 个,建成浙江省现代化社区学校 17 所。

二、市域产教融合成功的基础分析

台州市推进职业教育创新高地建设,助推民营经济高质量发展,有其成功的职业教育与企业行业融合的两个先决基础。

(一)职业教育基础

一直以来,台州聚焦"技能台州、职教高地",以职业教育与民营经济深度融合发展为路径,以改革创新为动力,推动政府、行业、企业、学校"四方"协同,企业、行业、产业、专业、就业、职业"六业"联动,实现职业教育提质增效。

一是职教统筹推进有力。坚持把职业教育作为一种业态,融入城市发展战略、汇入民营经济发展,努力提升职业教育赋能城市发展贡献度、显示度、辨识度。注重高位推动。市委书记专题会议、市政府常务会议、市人大常委会会议专题研究,市委、市政府高规格召开建设职业教育"窗口"城市动员大会,建立市长担任组长的职教改革发展工作专班顶格推进机制。注重政策拉动。出台《建设职业教育"窗口"城市工作方案》《职业教育"十四五"发展规划》等纲领性文件,制定《台州市匠苗成长行动计划》等 18 项系列配套政策,将职业教育发展任务纳入县(市、区)政府考核内容并提高比重。

二是职教资源供给有力。聚焦职业院校办学质量提升,对标找差、对标达标、达标创优,努力让学生满意、家长放心、社会认可。扩大资源提能级。加大投入补短板,扩大资源增学位。截至目前,全市共有应用型本科高校1所,职业院校30所(高等职业院校4所),技工院校11所,其中入选国家级改革发展示范校3所,省中职"名校"4所,省"双高计划"建设职业院校17所,省一流技师学院2所,省高水平专业群技工院校8所。建强专业提内涵。聚焦台州临港产业带产业集群,系统布局建设模具加工与装配、汽车技术等35个职业院校高水平专业群,新增智能制造、新能源等一批新兴专业。培优人才提质量。落实"三全育人",深化"三教改革",全面提升学生技能竞赛成绩和技能水平。

三是职教服务发展有力。坚持把职业教育放入共同富裕大场景来谋划工作,印发职业教育助推共同富裕行动计划,主动融入"九富"路径全局,着力提升职教三种服务能力。提升服务国家战略能力。积极探索"精准协作、智慧叠加"职教扶贫模式,两次在全国会议上作对口支援工作典型发言。主动服务乡村振兴战略,成立乡村振兴研究院、乡村振兴协同创新中心,挂牌成立10个"乡村振兴实践基地",开展乡村振兴特色职业培训,近年来培训约7万名新型职业农民。提升服务"扩中提低"能力。把职业教育作为"扩中提低"改革试点重要支点,全市职业院校面向社会人员年培训超20万人次,推动更多劳动者通过自身努力跨入中等收入群体行列。提升服务民企发展能力。推动行业龙头企业和职业院校联合组建技术研究平台与技术创新联盟,共同申报科技重大项目和研发计划,全市职业院校年承接技术服务项目400多项、科技成果转化450项以上、科技服务实际到款额6000万元以上。

(二)产业融合基础

近年来,台州抢抓省部共建职教创新高地和技能型社会建设试点契机,创新产教"五融合"改革,健全区域内合作育人、共建共享、协同治理机制,持续推进职业教育与民营经济深度融合发展,完成职教创新高地和技能型社会建设试点任务并取得初步成效,为创建国家产教融合试点城市奠定了良好基础。

一是学城共兴的顶层架构基本确立。2022年9月印发的《台州市临港产业带职业教育发展规划》，明确按照"产教融合、学城共兴"理念，以新能源城、新材料城、新医药健康城、未来汽车城、精密制造城等"五城"建设为依托，推进"1个园区、9个中心、N所特色化学校"的总体布局，构建对接临港产业带发展的职业教育专业群，创新适应临港产业带转型升级的技术技能人才供给链。

二是政策支持体系相对完善。相继制定了《台州市产教融合"五个一批"工作方案》《台州市职技融通改革实施方案》《职业教育"窗口"城市建设"一县一策、一校一案"方案》等一系列配套政策，在全国地市级层面率先出台《关于推进职业院校混合所有制办学的实施意见》《台州市职业教育校企合作促进条例》。成立了台州市职业教育与产业研究院、产教融合专家指导委员会。2021年以来，每年投入不少于1亿元专项资金用于推进职业教育高质量发展。

三是高能级平台载体优势显著。在教育部、浙江省政府的支持下，温台获批成为第二个国家职业教育创新高地建设城市试点。截至目前，台州市已成功申报浙江省产教融合联盟2家、产教融合基地3家、产教融合型企业23家、产教融合工程项目17个、产学合作协同育人项目40个，数量居全省前列。组建了14个职业教育集团、19个市级产教融合联盟，开展混合所有制办学试点32个。其中，浙江华海药业股份有限公司入选国家产教融合型企业名单、台州湾职业教育集团入选教育部示范性职业教育集团（联盟）培育单位名单、台州职业技术学院为教育部现代学徒制试点单位。

四是校企合作环境日趋优化。全市职业技工院校现共开设339个专业，专业与主导产业对接率达90%以上。校企共建校内生产性实训基地、校外实习实训基地1000余个，技工院校和市级公共实训基地实现县（市、区）全覆盖。建成凯华模具产业学院、智能制造学院及高档数控机床技术创新中心、智能模具协同创新中心等40余个校企深度合作的产业学院和产学研合作平台，70余个校企合作共同体。台州职业技术学院为中德先进职业教育合作项目首批试点院校。

五是技能人才队伍持续壮大。截至目前，台州技能人才总量约为128万人，技能人才总量占全市从业人员比例的33.24%，居全省第二。全市拥有享受国务院政府特殊津贴的高技能领军人才4名，全国技术能手16名，钱江技能大奖获得者2名，省首席技师13名，浙江省"百千万"高技能领军人才509

名。累计培育"浙江大工匠"1名、"浙江杰出工匠"7名、"浙江工匠"115名、"浙江青年工匠"349名。

六是可复制推广的标志性成果不断涌现。成立全国首家混合所有制汽车学院,形成"市场主体＋教育主体融合的产学研育训一体的新型教育形态"的校企合作长效机制,在第三次全国职业教育混合所有制办学研究联盟会议上作经验介绍,2022年4月《中国教育报》刊发《台州:以"混改"激发职校办学活力》。深化育人模式的创新,浙江华海技术学校形成一套独具特色的医药化工人才培养模式,台州职业技术学院创新"德国IHK标准引领、双学习工厂赋能"高技能人才培养新模式,两者均荣获国家教学成果奖一等奖。率先在全省试点职业教育与技工教育融合发展,首创"高职＋技师＋企业"人才培养模式,开展"双证融通"人才培养试点,创新形成"双学习型工厂"高技能人才培养新模式。出台全省首个技术工人薪酬分配指引,制定《行业性能级工资集体协商操作标准》,台州技术工人"扩中"改革等相关做法被《新闻联播》头条报道。

三、市域层面深化产教融合的挑战与对策

(一)面临的问题与挑战

1.校企深度合作的多元协同机制有待破解

校企合作纵深发展涉及一系列深层次体制机制问题。从主体形式看,校企合作涵盖多元主体投资的职业教育集团、产业学院、产教融合联盟等新型产教联合体,企业全资举办的职业院校、职业技能培训中心等职业教育机构,校企合资举办的混合所有制职业教育机构等,不同利益主体的诉求差异化,造成处理方式多样化。

从协同内涵看,校企既要联合开展人才培养、技术创新和社会服务,又要整合双方资源要素,利用一方资源优势为另一方提供设备、场地、人员、培训等服务,双方互聘师资力量、互认学习成果、互通技术等级证书,还涉及诸如校企合作协议、目标任务、权利义务、知识产权归属等相关利益的界定,大量协作网络造成利益分配机制错综复杂。虽然《国家职业教育改革实施方案》《中华人民共和国职业教育法》《职业学校校企合作促进办法》等法律、法规允许职业院

校对合作办学等所得收益按一定比例作为绩效工资分配,但落实起来有一定难度;校企合作招生、"双主体"育人、协同标准研发机制等还有待进一步深化;市域职业教育落实金融、土地、税收等利益补偿机制尚缺乏制度保障。

2.高端产业与高水平专业匹配度有待提升

台州市鼓励职业院校与区域、行业内技术先进、具有较强品牌影响力的实体企业,以及其他具备支持举办高质量职业教育实力和条件的社会力量合作举办职业院校、二级学院、产业学院等办学机构,通过合作办学打通校企技术、人才壁垒,建立政府介入、企业主导、校企资源深度互通的多样化办学长效机制。技术先进、管理规范、实力雄厚的优质企业参与或独立举办职业技术学校(院)无疑起到引领示范作用,但从技能匹配与技能生态提升的视角看,在专业(群)与产业(链)匹配方面也存在两个主要矛盾:一是个体性与整体性之间的矛盾。集团型企业利用技术、资本等优势快速迭代升级,形成教育资源的垄断优势,但市域职业教育规模有限,大型企业与行业内其他中小微企业存在竞争关系,导致中小微企业很难享受职业教育的发展红利,长此以往很容易造成马太效应。二是单一性与复合性之间的矛盾。浙江汽车职业技术学院、浙江华海技术学校等民办职业院校的校企院一体化协同育人模式,在办学主体内部建立良好的人才流动通道,但这样的"一企一校"模式是否具有可复制性;如何将该模式向"一校千企"拓展,即通过龙头企业参与独立办学,形成行业内通用的技术标准、制造标准、专业标准等,向整个行业推广普及,满足行业内千万家中小微企业的技术和人才需求;如何突破单一办学瓶颈,进一步将全行业育人生态推广到台州市"七大千亿"产业和数字经济、智能制造等战略性新兴产业,培养各行业核心紧缺技术技能人才,推动办学资源由松散走向集聚、由局部匹配向全局匹配转变,亟须进一步改革推进。

3.高层次升学与高质量就业诉求亟须回应

随着中职从"以就业为导向"向"就业与升学并重"转变,高层次升学成为职业学校学生的首要选择,但市域职业教育升学通道仍受到诸多限制。

首先,地方高职院校数量不多,"中高职一体化"和"中本一体化"等升学通道容量有限;其次,升学导致区域内职业教育生源流失,为把技术技能人才更多留在本地,主管部门倾向于将高层次办学主体放在中职[①],但由于教师招聘门槛、薪资待遇等现实因素,很难吸引高水平高等教育的教师资源到中职任教;最后,升学的目的是高质量就业,台州市民营经济发达,学生家庭条件相对优越,就业首选国企、事业单位、公务员等,就读职业院校与就业民营企业的意愿较低,如何从招生、培养、就业等方面打破现有职业教育生源质量不高、"双师型"教师结构失衡、课程内容落后于产业发展以及学历歧视等瓶颈,提升职业教育认可度和吸引力,仍需尽快破解。

(二)深化产教融合的建议

1.硬化责任链条,理清各方关系

《台州市职业教育校企合作促进条例》基于台州实践,总结硬化校企合作责任链条,从地方立法角度厘清政府、行业企业、学校等各方责任,从法律层面破解产教"两张皮"、融合不够深的问题。

一是明确政府单位责任。该条例明确,市、县两级人民政府应该加强对校企合作工作的领导,履行纳入规划、保障投入、统筹协调、开展督导等八项职责,规定教育行政部门作为主管部门,负责校企合作的统筹协调、规划指导、综合管理和服务保障等工作,承担职业教育联席会议的日常工作。同时,对发改委等18个部门、开发区(园区)管理机构和工会、共青团、妇联、残联等群团组织的职责进行规定。

二是明确行业企业责任。该条例明确,行业组织应该积极指导和推动本行业企业的校企合作,组织和指导企业提出校企合作意愿或规划,开展人才需求预测、校企合作对接等服务,参与校企合作绩效评价、职业技能鉴定等工作;企业开展校企合作情况纳入企业社会责任报告,鼓励根据实际发展需要制订校企合作规划,利用人才、资本、技术、知识、设施、设备和管理等要素参与校企合作,及时、足额、直接向学生支付实习报酬。

三是明确职业院校责任。该条例明确,职业院校应该加强对产业人才需

[①]　例如,入选浙江省首批13所"区域中高职一体化"改革试点学校之一的温岭市职业技术学校,作为办学主体将"中—高—企"一体化"3+2"人才培养重心"下移"。

求的调研,主动对接企业开展合作,将有关情况纳入学校质量年度报告;和企业开展合作应当签订协议,依法保障各方参与者的合法权益,和企业一道为实习学生投保实习责任保险。

2.加强顶层设计,加大政策供给力度

进一步明确分工,建立教育、发改、经信、财政、人社等多部门对民营企业参与职业教育办学中的土地使用、税收优惠、财政投入等决策部署的快速响应机制,优化职业教育联席会议制度,加大金融政策与财政支持力度,激发企业利用技术、资本、设备、设施和管理等要素参与职业教育的积极性,加强过程管理和绩效评价制度。

发挥市域政府部门决策系统高效治理优势,开发互联互通、开放共享的数字化平台,市、县(市、区)教育行政主管部门会同其他部门、行业、企业共同完善数字内容,及时收集、发布和更新人才资源供需信息,服务职业教育供需多方全要素流通。

利用创新高地先行先试窗口优势,率先出台系列政策措施,破解职业教育服务民营企业发展、混合所有制办学、校企合作等领域的难点堵点,为混合所有制办学的法人治理结构、产权归属、企业投入收益、师资绩效奖酬等问题提供突破性解决方案。

加快推进市域职业教育校企合作促进条例地方立法工作,从合作机制、办学激励、土地供应、绩效评价、专项资金投入、财政金融支持、学生实习保障等方面保障办学主体及教学主体的利益,完善制度约束机制。

3.统筹资源要素,推动产教深度融合

完善利益分配与激励制度。继续加大对高技能工人收入激励力度,深化行业、企业、产业、专业、职业、就业"六业"联动机制,通过自主知识产权作价入股、技术成果认定补偿等形式,让技术工人队伍更多分享制造业发展红利。

打通行业资源流通壁垒。建立大型企业通过合作办学惠及行业内中小微企业的技术人才共享机制,引导集团型企业主导或参与制定行业标准、产品标准、专业标准、课程标准,以标准化体系建设破解"一企一校"单一生态,推动产教融合从松散走向紧密的利益共同体,更好地服务台州职业教育和区域经济社会发展。

建立高端产业协同育人长效机制。紧扣"456"先进产业集群①,在长三角汽车产教联盟建设的基础上,依托区域高端产业优势,拓展以专业群为纽带的技术辐射效应,广泛开展技术攻关、技术服务、成果转化等工作,拉长教育链和培养链,通过政府推动、学校主动、产业联动,开展多层次、全方位合作,推动职业教育稳定向企业输出高技术技能人才。

4.畅通发展渠道,提高职业教育吸引力

打通职业教育内外部体系壁垒。市域层面优化职普比例,探索建立职普联合办学、交叉授课、学分互通机制,开展不同形式的互动、合作内容,完善学生多通道成长路径。继续推进职业院校与技工院校融合发展,建立学分互认、证书互通体系,逐步形成管理体制顺畅、布局规划合理、办学理念先进、培养模式科学、服务社会功能显著、职业院校与技工院校"双轨融合"发展的现代职业教育培养培训体系。

建立不同层次贯通培养通道。夯实中高职一体化培养质量。在开展长学制人才培养改革培育项目、组建中高职一体化教科研训团队、研制一体化专业教学标准和课程标准、编写一体化课程新形态教材的基础上,发挥当地高职院校办学优势,积极引进外部教育资源,开展区域中高职一体化试点改革,嫁接人才培养上升通道。探索中高企一体化人才培养改革。以中高企一体化改革为契机,鼓励企业深度参与开发一体化专业教学标准、研发一体化专业课程和教材、建设高质量一体化培养教学资源、完善一体化质量监测与评价制度,挖掘企业技能工匠典型案例,通过强化企业价值的引领拓展升学—就业一体化通道内涵。

---

① 2020 年,《台州市实施"456"先进产业集群培育方案》提出,争取到 2025 年,初步形成汽车、医药健康、智能缝制设备、高端模具等 4 个有国际影响力的产业集群,泵与电机、航空航天、智能家居、电子信息、高端装备等 5 个国家级先进产业集群,轨道交通、时尚休闲、新型橡塑、水暖阀门、新能源电动车、绿色化工等 6 个国内有影响力的产业集群;力争到 2030 年,基本形成"456"先进产业集群体系。

参考文献

白逸仙,王华,王珺(2022).我国产教融合改革的现状、问题与对策——基于 103 个典型案例的分析[J].中国高教研究,(9):88-94.

蔡文伯,田璐(2022).高等职业教育高质量发展:路径粘性、迟滞效应与引导策略[J].职业技术教育,(4):11-17.

曹惠民(2015).基于耦合理论的城市基层社区治理研究[J].探索,(6):93-97.

柴草(2019).高职校企合作主体利益冲突的表现、成因与对策[J].襄阳职业技术学院学报,(6):25-28,43.

陈波(2020).基于人力资本匹配的产教融合动力机制探析[J].江苏高职教育,(1):51-58.

陈锋(2018).产教融合:深化与演化的路径[J].中国高等教育,(Z2):13-16.

陈光沛,魏江,李拓宇(2022).基于社区的企业创新模式形成与演化:资源依赖的视角[J].研究与发展管理,(5):16-31.

陈军,张韵君(2023).政策工具视角下我国高等教育产教融合政策分析[J].黑龙江高教研究,(3):64-71.

陈苗苗,杨佳鑫(2021).基于"五个对接"产教深度融合的新内涵与新路径[J].现代商贸工业,(13):17-18.

陈鹏,王辉(2019).我国产教融合政策的生产、分配与消费——话语分析的视角[J].教育研究,(9):110-119.

陈胜花,龙玉忠(2017).产教融合机制建设实践与研究[J].现代职业教育,(28):104-105.

陈新民,高飞,张朋,等(2021).资源整合视角下高职院校产教融合绩效评价研究[J].高等工程教育研究,(2):155-162.

陈志杰(2018).职业教育产教融合的内涵、本质与实践路径[J].教育与职业,(5):35-41.

池春阳(2021).利益相关者视角下高职教育产教融合长效机制研究[J].教育理论与实践,(33):16-20.

崔新建(2004).文化认同及其根源[J].北京师范大学学报(社会科学版),(4):102-104,107.

代洪娅(2023).省域职业教育深化产教融合的政策分析与推进策略——基于29省(区、市)教育"十四五"规划产教融合内容的文本分析[J].中国职业技术教育,(4):48-54.

邓创,曹子雯(2023).我国经济高质量发展的区域联动效应及其转化机制研究[J].统计研究,(4):34-45.

丁红玲,王晶(2015).职业教育产教深度融合的路径选择[J].教育理论与实践,(15):23-25.

杜安国(2022).构建产教深度融合协同机制的探索[J].中国高等教育,(8):59-61.

杜运周,李佳馨,刘秋辰,等(2021).复杂动态视角下的组态理论与QCA方法:研究进展与未来方向[J].管理世界,(3):12-13,180-197.

范可旭,姜乐军(2022).基于耗散结构理论的高职产教融合育人机制研究[J].教育与职业,(4):46-51.

方大春,马为彪(2019).中国省际高质量发展的测度及时空特征[J].区域经济评论,(2):61-70.

方文超(2022).产教融合背景下企业参与职业教育研究综述[J].兰州职业技术学院学报,(4):93-96.

费杉杉(2020).高职院校产教融合机制设计探析[J].教育与职业,(17):58-61.

冯宝琪(2019).广东省中职教育质量评价研究——基于广东中职教育的调查数据分析[D].广州:广东技术师范高职院校.

弗里曼(2006).战略管理:利益相关者方法[M].王彦华,梁豪,译.上海:上海译文出版社.

付明,祁晓(2015).黑龙江省高等教育促进区域经济发展对策研究[J].经济研究导刊,(14):154-156.

高慧,赵蒙成(2018).高职教育产教融合质量评价中"人"的维度[J].苏州大学学报(教育科学版),(3):13-20.

高晟星,陶丽萍(2022).数字经济时代职业教育产教融合新内涵、演进与关键策略[J].教育与职业,(13):42-47.

古翠凤,朱靖雯(2023)."双高计划"引领下高等职业教育多元治理主体的资源依赖关系研究[J].职教论坛,(6):23-31.

谷丽洁,蔡小娜,郭海龙(2022).产教融合型专业建设评价指标体系构建研究[J].职教论坛,(12):107-112.

关宏,刘嘉琪(2022).协同理论视角下校企合作产教融合动力机制的构建[J].中外企业文化,(8):214-216.

关宏,马亚林(2022).职业教育产教融合动力机制优化策略研究——以协同理论为例[J].教育信息化论坛,(17):81-83.

郭苗苗(2021).职业教育产教融合生态系统构建研究[D].武汉:华中师范大学.

韩连权,臧志军,尤婷婷(2021).产教融合型城市试点:要素、困境与改革路径——以江苏省C市为例[J].职业技术教育,(12):26-30.

郝天聪,石伟平(2019).从松散联结到实体嵌入:职业教育产教融合的困境及其突破[J].教育研究,(7):102-110.

何俊萍(2021).基于IPO模型的高职院校产教融合绩效评价研究[D].广州:广东技术师范大学.

何俊萍(2020).我国职业教育评价研究的知识图谱分析[J].职业教育(下旬刊),(16):9-19.

何姝颖(2023).利益相关者理论视角下呼和浩特市高职院校旅游管理专业产教融合人才培养问题及对策研究[D].大连:辽宁师范大学.

洪娟,黄亚宇(2020).利益相关者视域下职业教育产教融合的体制机制探索[J].教育科学论坛,(9):36-39.

胡昌荣(2017).五位对接:高职教育"产教融合"的有效路径[J].职教论坛,(12):42-45.

黄世涛(2023).产教融合视角下高水平专业群建设路径探究[J].长江工程职业技术学院学报,(1):41-44.

霍春光(2016).模糊数学方法在产教融合评价中的应用[J].科技资讯,(25):120-121.

霍丽娟(2020).区域发展背景下产教融合度的评价及优化策略研究[J].中国职业技术教育,(21):76-83.

霍绍周(1988).系统论[M].北京:科学技术文献出版社.

贾彦东,张红星(2006).区域性教育与经济协调发展关系的实证研究[J].财经科学,(3):94-101.

姜玉鹏(2009).理论与实践:人力资本理论的系统性研究[M].济南:山东人民出版社.

姜泽许(2021).职业教育产教融合高参与治理体系:政策演进、基本概念及推进策略[J].职教论坛,(11):140-145.

姜泽许(2018).职业教育产教融合质量评价体系的构建[J].职教论坛,(5):34-39.

教育部(2023).教育部办公厅关于公布第一批市域产教联合体名单的通知[EB/OL].

http://www.moe.gov.cn/srcsite/A07/s7055/202310/t20231010_1084842.html.

寇福明,秦俊丽(2020).地方应用型本科院校产教融合运行机制研究[J].山西大同大学学报(社会科学版),(5):88-92.

匡瑛,吴君逸(2023).基于"一统三融"的现代职业教育体系改革:新思路、新挑战与新举措[J].职教论坛,(7):26-36.

蓝洁(2023).中国本土情境中的"产教融合"实践发展与理论构建[J].教育与职业,(11):29-36.

雷望红(2022).组织协作视角下产教融合实践困境与破解之道[J].高等工程教育研究,(1):104-109.

黎菲,谭梦娜(2022).省级产教融合型企业遴选培育:实然考察、实践表征、问题透视与应然路径[J].职业技术教育,(36):65-70.

李兵,范人伟(2019).高职院校"双主体管理、五个对接"的现代学徒制人才培养模式研究[J].教育与职业,(1):50-54.

李昌禹,易舒冉,邱超奕(2024).大国工匠,总书记点赞的顶梁柱[N].人民日报,2024-05-01(1).

李春鹏(2014).广西高等职业教育产教融合现状分析与对策[J].广西师范学院学报(自然科学版),(2):107-111.

李佼阳(2020).产教融合模式下设计类专业课程教学评价体系研究[J].教育现代化,(12):55-57,61.

李金昌,史龙梅,徐蔼婷(2019).高质量发展评价指标体系探讨[J].统计研究,(1):4-14.

李静,谢树青(2015).基于网络DEA模型的新疆高等教育系统与区域经济发展的耦合分析[J].新疆社会科学,(3):132-138,170.

李礼,俞光祥,吴海天(2021).高职教育发展与经济发展的协调关系分析[J].中国高等教育,(7):59-61.

李梦卿,刘博(2019).高职院校深化产教融合的价值诉求、现实困境与路径选择[J].现代教育管理,(3):80-85.

李鹏(2022).职业教育产教融合制度化:新尺度、新挑战与新方向[J].南京师大学报(社会科学版),(6):24-33.

李祥,吴倩莲,申磊(2021).职业教育高质量发展的理论阐释与实践图景——基于《关于推动现代职业教育高质量发展的意见》的政策分析[J].终身教育研究,(6):18-26.

李响初,李依宸(2023)."双高计划"视域下高职院校产教融合创新发展:现状、困境与路径[J].南方农机,(22):169-172,195.

李新生(2023).高质量高等职业教育产教关系发展的逻辑、困境与策略[J].职业技术教育,(4):38-46.

李焱焱,叶冰,杜鹃,等(2004).产学研合作模式分类及其选择思路[J].科技进步与对策,(10):98-99.

李熠煜,佘珍艳(2014).资源依赖视角下农村社会组织发展模式研究[J].湘潭大学学报(哲学社会科学版),(2):69-73.

李玉珠(2017).产教融合制度及影响因素分析[J].职教论坛,(13):24-28.

李照清(2019).区域经济发展与高职教育互助共生关系的实证研究——基于6省数据的分析[J].现代教育管理,(11):111-115.

李振华,谢颖(2022).本科职业教育产教融合共同体模式构建研究[J].中国高校科技,(Z1):115-119.

李政(2018).职业教育的产教融合:障碍及其消解[J].中国高教研究,(9):87-92.

李志伟(2016).河北省产业结构与就业结构协调发展实证分析——基于人力资本理论视角[J].经济与管理,(4):42-48.

林丽超,陈兴明(2019).如何激发企业产教融合的内生动力[J].中国高校科技,(7):71-74.

林雪霏(2014).社会治理下的政治空间与嵌入性互动——基于B市T区三个组织的案例研究[J].甘肃行政学院学报,(1):38-48,125.

林宇(2022).21世纪以来高等职业教育发展的回顾与思考[J].中国职业技术教育,(15):5-12.

刘斌,邹吉权,刘晓梅(2017).职业教育产教融合的逻辑起点与应然之态[J].中国高教研究,(11):106-110.

刘波,欧阳恩剑(2021).职业教育产教融合的本质、特征与价值取向——基于耦合理论的视角[J].职教论坛,(8):60-67.

刘奉越,郑林昌(2023).职业教育产教融合发展水平测度及空间分异研究[J].国家教育行政学院学报,(5):38-46.

刘复兴(2003).教育政策的价值分析[M].北京:教育科学出版社.

刘继声,董会忠(2023).黄河流域经济高质量发展水平时空分异特征及形成机理[J].统计与决策,(18):114-118.

刘健,李忠红,梁红(1999).论高等教育与区域经济发展的关系[J].教育与经济,(4):20-21.

刘青(2012).财政投入教育的周期与经济增长反应:一个文献综述[J].改革,(2):53-56.

刘青(2022).共生理论视角下安徽高职院校产教融合路径研究[D].合肥:安徽建筑大学.

刘晓枫(2016).地方高职院校人才引进与激励问题及对策研究——以东莞职业技术学院为例[D].武汉:华中师范大学.

刘亚珍(2015).基于能力培养的高职实践教学体系的构建研究[J].职教论坛,(11):57-60.

刘耀东(2019).产教融合过程中企业逻辑和学校逻辑的冲突与调适[J].国家教育行政学院学报,(10):45-50,95.

柳劲松,潘紫晴,柳中奇(2023).中国式现代化语境下职业教育产教融合:本土探索与实践反思[J].教育发展研究,(7):37-45.

鲁加升,雷志忠(2023).高质量发展语境下产教融合机制创新[J].教育评论,(3):151-155.

吕海萍,邓宏刚,化祥雨,等(2023).高等教育与产业发展耦合协调效应探讨[J].中国高校科技,(6):73-80.

吕红,石伟平(2009).澳大利亚职业教育质量保障体系探究[J].外国教育研究,(1):85-91.

吕建强(2023).组织关系视角下职业教育校企合作问题研究[J].职业技术教育,(4):47-52.

吕路平,童国通(2020)."双高计划"背景下高职院校产教融合质量评价体系研究[J].职业技术教育,(30):31-36.

罗春婵,孙红月(2021).经济高质量发展与高等教育产教融合模式创新[J].创新创业理论研究与实践,(1):128-130.

罗瑶(2023).产教深度融合促进区域经济效能综合评价研究[J].职业技术,(9):31-39.

马佳宏,廖婷婷(2023).高等职业教育赋能区域经济高质量发展:价值、困境与应对[J].职业教育,(15):9-14.

马树超,郭文富(2018).高职教育深化产教融合的经验、问题与对策[J].中国高教研究,(4):58-61.

马迎贤(2005).非营利组织理事会:一个资源依赖视角的解释[J].经济社会体制比较,(4):81-86.

毛文静(2007).组织间合作关系不确定性缓释:资源依赖松弛视角[J].中国高新技术企业,(7):41,43.

门超,周旺(2023).职业教育产教融合的机理、表征、症结及策略[J].教育与职业,(3):

45-51.

潘海生,宋亚峰,王世斌(2019).职业教育产教融合政策框架建构与困境消解[J].吉首大学学报(社会科学版),(4):69-76.

潘海生,张玉凤(2023).职业教育产教融合复杂禀赋、内在机理与运行机制研究[J].西南大学学报(社会科学版),(4):176-186.

潘懋元(2010).潘懋元文集(卷一):高等教育学讲座[M].广州:广东高等教育出版社.

庞波,阮成武,谢宇,等(2023).高等职业教育赋能长三角一体化发展战略:现状、挑战与对策[J].高校教育管理,(2):62-73.

齐旭高,杨烨,杨勇(2023).新时代职业院校产教融合能力的关键维度、现代意蕴及提升策略[J].教育与职业,(13):55-61.

祁占勇,王羽菲(2018).改革开放 40 年来我国职业教育产教融合政策的变迁与展望[J].中国高教研究,(5):40-45,76.

钱炜,丁晓红,沈伟,等(2020).应用研究型地方大学产教融合培养机制探索[J].高等工程教育研究,(2):130-134.

秦芬(2020).产教深度融合的政策分析与推进策略[J].教育与职业,(15):13-20.

秦凤梅,莫堃(2022).基于 CIPP 模型的职业教育产教融合质量评价研究[J].西南大学学报(社会科学版),(3):194-203.

曲峰庚,董宇鸿(2016).城镇化健康发展协同创新理论与实践[M].北京:社会科学文献出版社.

任爱珍,冷雪锋(2018).产教融合视阈下高职专业产业对接的理论与实践[J].当代职业教育,(6):46-49.

沈洁,徐守坤,谢雯(2021).我国高等教育产教融合政策的逻辑理路、实施困境与路径突破[J].高教探索,(7):11-18.

沈军,杨鸿,朱德全(2016).论职业院校专业建设"两效四核"评价模型的构建——基于 CIPP 评价视角[J].职业技术教育,(34):19-24.

沈绮云,欧阳河,欧阳育良(2021).产教融合目标达成度评价指标体系构建——基于德尔菲法和层次分析法的研究[J].高教探索,(12):104-109.

石伟平(2023).全面深化职业教育综合改革,加快推进教育强国建设[J].职业技术教育,(12):7-8.

宋瑾瑜,张元宝(2023).计划行为理论视域下企业参与职业教育产教融合的影响机理研究[J].教育与职业,(15):65-71.

宋敏,刘欣雨(2023).中国新基建与经济韧性耦合协调度的时空演化及驱动因素[J].

经济地理,(10):13-22.

宋向东,章玉平,陶全军(2017).高职产教深度融合的运行机制研究[J].广东交通职业技术学院学报,(1):121-123,128.

宋亚峰(2022).定点·连线·拓面·筑体:职业教育产教融合的深化理路[J].职教论坛,(7):45-51.

宋亚峰(2020).高等职业教育产教融合政策的实践样态与优化逻辑[J].职业技术教育,(7):6-12.

孙健(2010).基于共生理论的职教集团研究[J].教育与职业,(33):7-9.

孙雷(2006).我国三大经济地带教育投入弹性的差异分析[J].清华大学教育研究,(5):29-34.

孙霞(2016).我国职业教育法律责任刚性问题研究[J].职教论坛,(19):15-19,76.

孙云志(2021).多元共治视域下我国高职院校产教融合发展研究[D].南京:南京师范大学.

台州市统计局(2024).台州市 2023 年国民经济和社会发展统计公报[EB/OL].https://tjj.zjtz.gov.cn/art.4/10/art_1229568183_58673600.html.

谭海林,王继山(2015)."校中厂"背景下产教融合人才培养模式的实践[J].职业技术教育,(29):8-11.

汤智华(2019).我国职业教育产教融合的经验、瓶颈及出路[J].成人教育,(1):71-75.

唐国华,曾艳英,罗捷凌(2014).基于资源依赖理论的高职教育校企合作研究[J].高等工程教育研究,(4):174-179.

唐未兵,温辉,彭建平(2018)."产教融合"理念下的协同育人机制建设[J].中国高等教育,(8):14-16.

陶红,杨阳(2017).广东高职教育产教融合现状及影响因素分析[J].职业技术教育,(9):44-47.

童卫丰,张璐,施俊庆(2022).利益与合力:基于利益相关者理论的产教融合及其实施路径[J].教育发展研究,(17):67-73.

涂宝军,丁三青,季晶晶(2020).应用型本科院校推进产教融合的四种思维[J].职业技术教育,(24):24-29.

万伟平(2012).地市级区域职业教育资源整合优化的实证研究——以珠三角 F 市为例[J].职教通讯,(16):50-54.

汪福俊,洪林,宋青,等(2018).美国应用型高校的合作教育机制——以德雷塞尔大学为例[J].教育学术月刊,(12):57-67.

汪旭晖,阚庆迎(2021).产教融合背景下高等学校本科专业结构优化调整——以辽宁省为例[J].现代教育管理,(2):40-47.

王琛(2018).高职产教深度融合的创新与实践[J].中国高校科技,(7):59-61.

王会波(2021).职业院校对接产业链的校企深度合作模式与运行机制研究[J].就业与保障,(18):50-51.

王敬杰,杜云英(2022).新时期产教深度融合:背景、意蕴和路径[J].职业技术教育,(10):34-40.

王俊霞,高菲,祝丹枫(2015).城乡经济均衡发展与基本公共服务均等化——基于耦合与协调模型的分析[J].华东经济管理,(7):36-42.

王坤,魏澜(2023).基于PMC指数模型的产教融合政策量化评价及优化路径[J].成人教育,(8):63-72.

王荣辉,幸昆仑,蒋丽华(2018).高职教育的经济现象及其解释[J].高教发展与评估,(6):28-40,118.

王盛辉(2023).丽水市中职教育与区域经济协调发展研究[D].南昌:江西财经大学.

王向红(2018).立地式研发:高职院校产教深度融合的新途径[J].中国高教研究,(12):98-101.

王小梅,陈解放,曾令奇,等(2007).高等职业教育院校管理模式研究与实践[J].中国高教研究,(5):37-41.

王旭,赵玉洲,唐君(2021).新时代高职教育加强工匠精神培育的对策研究[J].中国多媒体与网络教学学报(中旬刊),(11):148-150.

王战军,于妍,张微(2021).高等工程教育与高技术产业的耦合协调度研究[J].高等工程教育研究,(5):57-63.

王兆峰,许静,吴卫,等(2023).都市圈交通优势度与生态系统服务的空间耦合协调研究——以长株潭为例[J].经济地理:1-15.

王祝华(2019).产教融合从内涵深化到载体创新[J].中国高校科技,(12):61-64.

王作鹏(2021).以产教融合为逻辑主线的高职专业群建设实施路径探析[J].教育与职业,(22):91-96.

韦钰(2021).山东省高等职业院校产教融合发展策略研究[D].天津:河北工业大学.

魏敏,李书昊(2018).新时代中国经济高质量发展水平的测度研究[J].数量经济技术经济研究,(11):3-20.

温兴琦,周邦栋(2023).科技创新能力与能源利用效率耦合协调评价研究[J].华中农业大学学报(社会科学版),(5):182-192.

吴显嵘,郭庚麒(2019).美国社区学院"双师型"教师的培养经验、成长体系及启示[J].教育与职业,(17):78-85.

吴一鸣(2018).职业教育产教融合的现实问题与应对策略:一个市域案例[J].职业技术教育,(31):44-50.

肖靖(2019).从产教结合到产教融合——40年职业教育的政策变迁[J].中国高校科技,(8):66-71.

肖荣辉,田瑾(2020).基于政校企协同的高职教育与区域经济耦合机制研究[J].教育探索,(2):31-36.

谢敏,顾军燕(2018).产教融合视阈下高职院校校企融合度研究与评价实践[J].中国职业技术教育,(5):41-44.

邢晖,李玉珠(2015).民办高校产教融合现状调查与分析[J].教育与职业,(36):24-27.

许艳丽,高会(2019).职业教育产教融合政策特点与优化路径研究——基于38份政策文本的分析[J].职业技术教育,(3):39-44.

薛寿芳,吕路平(2022).高职院校产教融合型企业建设的成效评价和路径优化[J].中国高等教育,(20):59-61.

杨士弘(1994).广州城市环境与经济协调发展预测及调控研究[J].地理科学,(2):136-143,199.

杨耀武,张平(2021).中国经济高质量发展的逻辑、测度与治理[J].经济研究,(1):26-42.

杨运鑫,罗频频,陈鹏(2014).职业教育产教深度融合机制创新研究[J].职业技术教育,(4):39-43.

姚奇富(2016).高职院校与县域发展的共生模式研究[J].教育发展研究,(Z1):120-124.

姚永芹,李春燕(2020).基于系统论的高职院校产教融合动力机制探索[J].黑龙江科学,(19):24-25,29.

叶帅奇,蔡玉俊(2019).产教融合现状反思与改革路径[J].职业技术教育,(21):27-31.

叶云霞(2021).产教融合发展的"基本金"与"创新链"分析[J].教育理论与实践,(6):25-28.

易雪玲,邓志高(2014).探索"专业镇产业学院"高职教育发展新模式[J].中国高等教育,(Z3):59-61.

尹德伟,秦小云(2015).高等教育与区域经济发展的耦合协调机制研究[J].中国成人教育,(8):8-10.

尹秋玲,杨华(2022).职教院校产教融合实践模式的比较分析——以2020年桂、浙、湘三地调研为例[J].中国高校科技,(4):79-83.

余景波,朱少慧,周鹏(2023)."双高"时代高职院校产教融合发展研究[J].宁波职业技术学院学报,(5):13-18.

余静(2023).湖北省"双高计划"高职院校产教融合问题与对策研究[D].武汉:湖北大学.

余静,李梦卿(2022).技能型社会建设背景下技术技能人才培养研究[J].教育与职业,(9):13-20.

袁晓华,张淼(2022).我国产教融合政策的演进特征与发展趋势分析——基于2013—2021年政府104项相关政策文本[J].中国高校科技,(10):40-45.

张博(2020).江西省生态环境与城镇化耦合协调发展研究[D].南昌:江西财经大学.

张静(2020).职业教育"产教融合校企合作"政策落地的地方实践[J].中国职业技术教育,(16):49-53.

张军贤,张军华,甘坚强(2021).基于CIPP模型构建高职院校产教融合质量评价体系[J].职业教育研究,(9):19-24.

张培贵(2012).论教育与经济发展的关系[J].企业导报,(13):35.

张帅,李涛,廖和平(2021).经济发展与农村减贫耦合机理及协调性研究——以重庆市为例[J].中国农业资源与区划,(10):186-196.

张旭刚(2020).乡村振兴视阈下农村职业教育产教融合质量评价体系构建[J].职业技术教育,(31):48-53.

张璋,周新旺,曾播思(2023).基于共生理论的地方高校产教融合成熟度评价[J].高等工程教育研究,(4):122-128.

章晓明,南旭光(2017).基于共生理论的校企合作治理模式创新研究[J].成人教育,(7):60-64.

赵红梅,夏维(2022).以教育产业基金促进高职院校产教融合的研究[J].教育与职业,(19):60-64.

赵建峰,陈凯,戎成(2023)."双高计划"视域下高职院校产教融合共同体的建设路径[J].中国职业技术教育,(15):61-67.

赵普民(2020).资源依赖理论下政府购买居家养老服务问题研究——以海淀区政府购买C机构服务为例[D].北京:北京化工大学.

赵书虹,孔营营(2023).区域旅游经济与空气质量耦合协调的时空演化——以云南省为例[J].中国人口·资源与环境,(8):146-156.

赵阳,徐灵波,朱建清,等(2023).区域产教融合型企业的群像特征与培育路径研究——以苏州市为例[J].中国职业技术教育,(1):62-69.

郑鸣,朱怀镇(2007).高等教育与区域经济增长——基于中国省际面板数据的实证研究[J].清华大学教育研究,(4):76-81.

钟祖荣(2023).论职业教育"三融"的要义、意义和机制[J].中国高等教育,(6):57-60.

周丙洋(2019).共享发展理念下高职教育与产业深度融合机制研究[J].黑龙江高教研究,(11):92-95.

周春光,周蒋浒,王俊杰,等(2021).高职教育产教融合绩效评价研究——基于灰色聚类评估模型的分析[J].教育发展研究,(19):70-76.

周键,王庆金,吴迪(2017).创业激情与政治行为对创业认同的作用机理——基于资源依赖理论的研究[J].外国经济与管理,(6):68-82.

周江林(2003).高等教育区域化理论基础述评[J].理工高教研究,(5):10-11.

周桐,刘宇,伍小兵,等(2022).我国高职院校产教融合的现状、困境及创新路径[J].实验技术与管理,(9):228-234.

周文清(2021).项目管理视角下高职产教融合绩效评价体系的建构[J].机械职业教育,(3):19-22.

周晓刚(2019).试析职业教育与县域产业发展的耦合效应[J].江苏建筑职业技术学院学报,(1):67-70.

周益斌,肖纲领(2023).职业教育产教融合共生体的发展困境及推进策略研究——基于共生理论的视角[J].苏州大学学报(教育科学版),(2):80-87.

周芷莹,冉云芳,石伟平(2023).多源流理论视角下职业教育产教融合政策的演变与审思[J].职教论坛,(7):111-119.

朱成晨,闫广芬(2020).精神与逻辑:职业教育的技术理性与跨界思维[J].教育研究,(7):109-122.

朱德全(2021).职业教育促进区域经济高质量发展的战略选择[J].国家教育行政学院学报,(5):11-19.

朱靖雯(2023).我国高职教育发展的资源相互依赖与瓶颈突破[J].高等职业教育探索,(5):40-46.

朱文艳,邓勇,王骁,等(2022).高职院校产教融合机制探索与实践[J].科技风,(7):43-45.

祝影,王飞(2016).基于耦合理论的中国省域创新驱动发展评价研究[J].管理学报,(10):1509-1517.

庄西真(2018).产教融合的内在矛盾与解决策略[J].中国高教研究,(9):81-86.

邹雪梅(2020).资源依赖理论视角下社工机构在政府购买公共服务下的发展困境研究——以C市T机构为例[D].成都:西南财经大学.

Stufflebeam D L，Madaus G F，Kellaghan T. (2007). 评估模型. 苏锦丽等译. 北京：北京大学出版社.

Abramo G，D'Angelo C A，Di Costa F，et al.（2009）. University-industry collaboration in Italy：A bibliometric examination[J]. Technovation，(6-7)：498-507.

Babikova A V，Kaplyuk E V. (2018). The development of partnerships of universities and enterprises as a condition for the integration of the scientific and industrial sectors of the economy[C]//2018 ⅩⅦ Russian Scientific and Practical Conference on Planning and Teaching Engineering Staff for the Industrial and Economic Complex of the Region (PTES).

Bahemia H，Sillince J，Vanhaverbeke W. (2018). The timing of openness in a radical innovation project，a temporal and loose coupling perspective[J]. Research Policy，（10）：2066-2076.

Barnes T，Pashby I，Gibbons A. (2002). Effective university-industry interaction：A multi-case evaluation of collaborative R&D projects[J]. European Management Journal，(3)：272-285.

Bekkers R，Freitas I.（2008）. Analysing knowledge transfer channels between universities and industry：To what degree do sectors also matter?[J]. Research Policy，(10)：1837-1853.

Bektaş Ç，Tayauova G. (2014). A model suggestion for improving the efficiency of higher education：University-industry cooperation[J]. Procedia-Social and Behavioral Sciences，(C)：2270-2274.

Cain M S. (1999). The Community College in the Twenty-First Century. A Systems Approach[M]. Lanham：University Press of America.

Cedefop. (2011). The Impact of Vocational Education and Training on Company Performance[R]. Luxembourg：Publications Office of the European Union.

Deissinger T. (2022). The standing of dual apprenticeships in Germany：Institutional stability and current challenges[M]//Billett S，Stalder B E，Aarkrog V，et al. The Standing of Vocational Education and the Occupations It Serves：Current Concerns and Strategies for Enhancing that Standing. Cham：Springer，83-101.

Ehrismann D，Patel D. (2015). University-industry collaborations：Models，drivers and cultures[J]. Swiss Medical Weekly，(145)：w14086.

Fleming L，Waguespack D M. (2007). Brokerage，boundary spanning，and leadership in open innovation communities[J]. Organization Science，(2)：165-180.

Glassman R B. (1973). Persistence and loose coupling in living systems[J]. Behavioral Science, (2): 83-98.

Green A. (1995). Technical education and state formation in nineteenth-century England and France[J]. History of Education, (2):123-129.

Guerra-López I. (2008). Performance Evaluation: Proven Approaches for Improving Program and Organizational Performance[M]. San Francisco, Jossey-Bass.

Haasler S R. (2020). The German system of vocational education and training: Challenges of gender, academisation and the integration of low-achieving youth [J]. Transfer:European Review of Labour and Research, (1):57-71.

Hanid M, Mohamed O, Othman M, et al. (2019). Critical success factors (CSFs) in university-industry collaboration (UIC) projects in research universities[J]. International Journal of Technology, (4): 667-676.

Heinz W R. (2000). Youth transitions and employment in Germany[J]. International Social Science Journal, (164):161-170.

Hill V A. (2014). Lessons in manufacturing education for the U. S. from Austria's dual-track education system[C]// 2014 ASEE Annual Conference 和 Exposition.

Hippach-Schneider U, Huismann A. (2018). Vocational Education and Training in Europe:Germany[R]. Cedefop ReferNet VET in Europe Reports.

Iqbal A M, Khan A S, Iqbal S, et al. (2011). Designing of success criteria-based evaluation model for assessing the research collaboration between university and industry [J]. International Journal of Business Research and Management, (2): 59-73.

Jones B,Healey M, Matthews H. (1995). The thick sandwich:Still on the menu[J]. Journal of Geography in Higher Education, (2):189-195.

Koudahl P D. (2010). Vocational education and training:Dual education and economic crises[J]. Procedia-Social and Behavioral Sciences, (9):1900-1905.

Lee Y S. (2000). The sustainability of university-industry research collaboration: An empirical[J]. The Journal of Technology Transfer, (2):111-133.

Lom S E. (2016). Changing rules, changing practices: The direct and indirect effects of tight coupling in figure skating[J]. Organization Science, (1): 36-52.

Lucas R E. (1988). On the mechanics of economic development [J]. Journal of Monetary Economics, (1):3-42.

Maneejuk P, Yamaka W. (2021). The impact of higher education on economic growth in ASEAN-5 countries[J]. Sustainability, (2):520-550.

McGrath S, Powell L. (2016). Skills for sustainable development: Transforming vocational education and training beyond 2015 [J]. International Journal of Educational Development, 50:12-19.

Mouzakitis G S. (2010). The role of vocational education and training curricula in economic development[J]. Procedia-Social and Behavioral Sciences, (2):3914-3920.

Mulder R H, Messmann G, König C. (2015). Vocational education and training: Researching the relationship between school and work[J]. European Journal of Education, (4):497-512.

Phan P H. (2014). The business of translation: The Johns Hopkins University discovery to market program[J]. The Journal of Technology Transfer, (5):809-817.

Rasche A. (2012). Global policies and local practice: Loose and tight couplings in multi-stakeholder initiatives[J]. Business Ethics Quarterly, (4): 679-708.

Romer P M. (1990). Endogenous technological change [J]. Journal of Political Economy, (5):71-102.

Santoro M D, Gopalakrishnan S. (2000). The institutionalization of knowledge transfer activities within industry-university collaborative ventures [J]. Journal of Engineering and Technology Management, (3-4):299-319.

Schultz T W. (1961). Investment in human capital[J]. The American Economic Review, (1):1-17.

Vu T B, Hammes D L, Im E I. (2012). Vocational or university education? A new look at their effects on economic growth[J]. Economics Letters, (2):426-428.

Weick K E. (1976). Educational organizations as loosely coupled systems [J]. Administrative Science Quarterly, (1): 1-19.

Wen Y, Cheng F. (2015). On the problems and strategies of university-enterprise cooperation in China[C]//2015 Seventh International Conference on Measuring Technology and Mechatronics Automation.

Wesselink R, Biemans H J A, Mulder M, et al. (2007). Competence-based VET as seen by Dutch researchers[J]. European Journal of Vocational Training, (40), 38-51.

Whittle J, Hutchinson J. (2011). Mismatches between industry practice and teaching of model-driven software development[C]//Kienzle J. Models in Software Engineering: 40-47.

Wieland C. (2015). Germany's dual vocational-training system: Possibilities for and limitations to transferability[J]. Local Economy: The Journal of the Local Economy Policy

Unit，(5):577-583.

Wulandari K. (2021). Construction and application of comprehensive evaluation index system for long-term cooperation between enterprises，universities and research institutes [J]. Journal of Management and Strategy，(2):30-39.

Yin W，Zuo W，Zhang L，et al. (2018). Zijin mode：Industry and education deep integration in mining engineering [J]. International Journal of Georesources and Environment，(3)：64-68.